MW00783919

ENCUENTRA
TU PERSONA VITAMINA

MARIAN ROJAS ESTAPÉ

ENCUENTRA TU PERSONA VITAMINA

Obra editada en colaboración con Editorial Planeta – España

Diseño de portada: Planeta Arte & Diseño
Ilustración de portada: © Win Win artlab / Shutterstock
Ilustraciones de interior: Teresa Sánchez-Ocaña / Freepik
Fotografías del autor: © Lupe de la Vallina
Dibujo del corazón: © Ed Carosia

Bajo el sello editorial ESPASA M.R.
Avenida Presidente Masarik núm. 111,
Piso 2, Polanco V Sección, Miguel Hidalgo
C.P. 11560, Ciudad de México
www.planetadelibros.com.mx

Primera edición impresa en España: agosto de 2021
ISBN: 978-84-670-6204-5

Primera edición impresa en México: octubre de 2021
ISBN: 978-607-07-8036-3

Impreso en los talleres de Litográfica Ingramex, S.A. de C.V.
Centeno núm. 162-1, colonia Granjas Esmeralda, Ciudad de México
Impreso en México –*Printed in Mexico*

A mis padres, por mostrarme el camino hacia
mi persona vitamina, mi marido Jesús.

A mis cuatro hijos,
oxitocina en estado puro.

Índice

PLACER Y AMOR

Introducción

Siempre me ha fascinado la mente humana. Comenzó a interesarme desde que era una niña porque el mundo del comportamiento y de las emociones me apasionaba. Tras entender la importancia de la unión de la mente y el cuerpo y de comprender cómo funciona el cerebro y el mundo emocional escribí *Cómo hacer que te pasen cosas buenas.* Mi primer libro marcó un antes y un después en mi vida. Desde el principio dudé si publicar antes ese o este que tienes entre tus manos. Pensé que un libro sobre el aprendizaje personal y sobre el entendimiento del cerebro sería útil para poder enfocarme mejor en este segundo.

La experiencia de transmitir vivencias, ideas y conceptos de la ciencia enfocados en la biografía de cada uno me ha marcado y por tanto impulsado a entrar en otros aspectos de la vida. Me di cuenta de que hacía falta escribir sobre un concepto clave: la felicidad está determinada con la capacidad que tenemos de unirnos o desunirnos a los demás.

Encuentra tu persona vitamina trata de la relación entre las personas. Como seres humanos estamos diseñados para convivir, para vincularnos, tratarnos y querernos. Somos seres sociales y, por tanto, necesitamos, por naturaleza, relacionarnos con otros.

Las relaciones, incluso las mejores, tienen fallos, por eso, si no las sabemos gestionar bien, se convierten en motivo de sufrimiento. ¿Por qué hay gente que siempre tiene relaciones de pareja complicadas y dolorosas? ¿Es tan importante el apego y el vínculo como dicen? ¿Por qué hay quien genera más confianza que otra? ¿Hay «algo» bioquímico detrás de la confianza, el apego y el amor? ¿Influye la educación que damos a nuestros hijos en el tipo de pareja que elegirán en el futuro? ¿Cómo nos vinculamos con las personas? ¿Por qué a veces nos hacen sufrir tanto? ¿Por qué hay individuos con los que sintonizamos pronto y otros que desde un primer momento nos generan antipatía o desconfianza? ¿Cómo gestionar una relación tóxica? ¿Cómo acertar en la pareja?

En tiempos de pandemia nos hemos dado cuenta de este asunto. De hecho, uno de los factores que más ha contribuido a la ola psicológica de los efectos del covid ha sido el aislamiento: no poder relacionarnos con personas, no poder tocarnos ni abrazarnos, no poder ver las caras, las expresiones faciales y las emociones de los demás por las mascarillas y dejar de disfrutar presencialmente con las personas de nuestro entorno, nos ha perjudicado de manera notable. Por tanto, quiero destacar en el libro la importancia de entender cómo las relaciones humanas nos fortalecen o nos debilitan y nos hacen sentir vulnerables. Gran parte de la calidad de nuestra vida depende de cómo nos relacionamos, de cómo somos capaces de querer y de recibir el afecto de otros.

Intentaré responder a preguntas que siempre interesan. ¿Por qué a veces confiamos en alguien y otras desconfiamos? ¿Qué se activa en el cerebro al ver una persona que consideramos amable? ¿Qué cambios se producen en el organismo cuando estamos ante un individuo que nos genera ansiedad o malestar?

Estas van a ser algunas de las cuestiones que trataré. Es un campo amplio y lleno de matices, cada biografía es única, pero como insistí en el primer libro, **comprender es aliviar.** El hecho de entendernos como seres humanos genera un gran alivio. Cuando uno se comprende y se acepta es capaz de superar las heridas o los traumas para sacar su mejor versión. Tendrás información que te ayudará a comprender mejor la relación con tus padres, con tus hermanos, con tu pareja, con tus hijos, con tus amigos y con tus compañeros de trabajo... En definitiva, con tu entorno social.

Querido lector: empieza un viaje apasionante de tu historia. De cero a cien, desde tu concepción hasta ahora; quiero que captes y entiendas tu manera de relacionarte con los demás.

UNA PRIMERA PRESENTACIÓN: LA OXITOCINA

Para empezar quiero presentarte a una hormona clave en todo este camino: la oxitocina. Es la encargada del parto y de la lactancia. Es impresionante lo que hemos avanzado en el estudio de la neurociencia en los últimos años, y hoy se conocen muchos efectos de esta hormona en el comportamiento y en la salud. La oxitocina es la sustancia que se activa en el organismo cuando recibimos una muestra de confianza. Cuando aumenta, tendemos a ser más generosos y más atentos.

Al igual que en *Cómo hacer que te pasen cosas buenas* nos volvimos «expertos» en el cortisol, ahora vamos a conocer la **oxitocina, el apego y el amor** desde un punto de vista científico, psicológico y humano.

Este libro ha sido escrito durante la pandemia, Filomena —si no estuviste en España durante la primera quincena de enero, no conocerás a Filomena, la gran nevada que tiñó gran parte de la Península de blanco durante muchos días— y una baja maternal. Mis cuatro niños han estado presentes de forma intensa en esta obra. Lo que ha perdido de perfección por las circunstancias adversas y complicadas, lo ha ganado en verdad y en realismo.

Habrá capítulos que te aporten más que otros. Lo deseable es leer el libro entero; está diseñado para aprender algo en cada uno. En cada bloque existen temas que te pueden instruir y cautivar. También puedes coger el índice y subrayar los epígrafes que más te interesen, ojearlos y navegar por ellos para ir encontrando respuestas a muchos interrogantes de tu vida.

Estas páginas te ayudarán a comprenderte, ya que quien no lo hace no supera de manera real las heridas de su vida y se embarca en relaciones que no le conviene.

Unas pequeñas ideas:

— Si te interesa entender la fisiología y la bioquímica detrás de la amistad, la maternidad o el amor, comienza con la **oxitocina.**
— Si buscas conocer tu historia, cerrar heridas del pasado y comprender tus relaciones, el bloque del **apego** te aportará mucho.
— Si te interesa leer sobre cómo trabajo las heridas y los traumas, la voz interior y los trastornos del ánimo, te recomiendo **mi terapia vitamina.**
— Si buscas entender tus relaciones de pareja o la dificultad para ellas, el bloque de la **pareja** te ayudará.
— Si eres madre o padre y quieres sacar lo mejor de ti en esta etapa apasionante, te sugiero el bloque del **apego.**
— Si convives cerca de personas tóxicas que te alteran, te aconsejo el bloque de **personas tóxicas.**
— Si quieres saber de dónde proviene tu voz interior que te machaca y tira de ti hacia abajo, te invito a que leas la **grabadora interior.**
— Si buscas entender el mundo del sexo y el placer en el siglo XXI, te recomiendo el capítulo del **placer.**
— Si te afecta la relación con tus padres, no dejes de leer el **apego** y las **personas tóxicas.**

Si son muchos los temas que te interesan, te aconsejo que empieces por el principio. Todo tiene un sentido y el orden de los capítulos está muy pensado.

En cualquier caso, **gracias por confiar en mí.** Algunas páginas te sacarán una sonrisa, otras te emocionarán, otras te harán pensar y otras te serán más lejanas porque no te encuentras en ese momento vital. Sea cual sea tu historia y tu biografía, espero de corazón que el libro te ayude, **te acerque a tus personas vitamina** y te impulse a convertir tus relaciones más complicadas en positivas y entusiastas.

Y me encantaría que fueras tú la PERSONA VITAMINA DE TU ENTORNO.

Madrid, 10 de enero de 2021

LA OXITOCINA

A veces tocar la piel es tan dulce
como tomar entre los dedos un pedazo de bruma.
Como acariciar el agua casi sin tocarla,
cuando está fría y viva como la tierra misma.

JORGE DEBRAVO

1
LA HORMONA DE LOS ABRAZOS

Probablemente hayas escuchado hablar de la oxitocina. Es una hormona muy importante para la mujer en su vida reproductiva y tiene un papel esencial en el embarazo, el parto, la lactancia y las relaciones sexuales. Se libera por la glándula pituitaria, tras la activación del hipotálamo.

Cuando una mujer rompe aguas, se produce una liberación masiva de oxitocina que es responsable de las contracciones. De hecho, muchas parturientas son tratadas con oxitocina artificial para arrancar el trabajo de parto y apoyar el alumbramiento.

La hormona también está íntimamente ligada a la lactancia. La estimulación del pezón libera oxitocina en el tejido mamario y ello provoca la salida de la leche. Además, está presente en las relaciones sexuales: influye de manera activa en la sensación de bienestar y placer que surge durante las caricias, los masajes y el propio acto sexual en sí.

Todos los momentos en los que se segrega oxitocina están ligados al desarrollo de los lazos humanos.

Mis conocimientos sobre esta hormona venían de mi época de estudiante de Medicina. Escuché teorías varias, pero no ahondé en el tema hasta que un hecho en mi vida me hizo darme cuenta de que la oxitocina iba a ser la compañera de viaje de mis próximos estudios y conferencias.

Era invierno, unos meses antes había nacido uno de mis hijos y empezaba a incorporarme poco a poco al trabajo. Ese día me habían invitado a una jornada de psiquiatría en la que iban a presentar un nuevo fármaco. El evento tenía lugar en un céntrico hotel de Madrid y fui en coche.

El aparcamiento donde lo estacioné es un lugar donde las plazas son muy estrechas y las veces que he tenido que dejar el vehículo allí siempre he tenido problemas para maniobrar.

Nada más terminar la conferencia, me marché porque tenía que dar de comer a mi hijo que seguía con lactancia.

Esa tarde las luces del aparcamiento no funcionaban bien y estaba más oscuro de lo habitual. Según iba caminando al coche, vislumbré un hombre alto cerca que me miraba fijamente. Empezó a seguirme y en un momento dado se puso a gritar que le diera el móvil. Asustada, le dije que no. Mi corazón empezó a latir fuerte, comencé a angustiarme y el cortisol me invadió: todo mi sistema de alerta se puso en marcha; taquicardia, taquipnea, sudoración... Era incapaz de pensar, solo quería salir corriendo, pero estaba en la planta tercera del aparcamiento subterráneo.

Nerviosa, busqué las llaves en el bolso y le dije al tipo que me dejara en paz. En ese momento comenzó a acercarse más y dio un grito avisando a alguien. Aprovechando ese instante me subí al coche y no recuerdo ni cómo arranqué. Salí disparada, milagrosamente no tuve que detenerme con maniobras y logré dejar atrás el peligro.

Durante todo el recorrido hasta casa, el corazón me latía a gran velocidad y estaba alterada. Sentía miedo y no había manera de calmarme.

Ya pasado el peligro, una voz —mi yo racional— parecía decirme: «¡Pero si sabes perfectamente lo que te está ocurriendo,

¡intenta relajarte!». Pero no era capaz. Ni mi marido lo logró; estaba trabajando e intentó calmarme por teléfono cuando le llamé.

Ya en casa, aún en el ascensor, escuché a mi hijo llorar. Llegaba un poco tarde a su hora de la toma. Todavía con el corazón encogido me senté a darle de comer. Llevaba unos minutos alimentando al pequeño cuando mi marido irrumpió en la habitación. Venía con cara de susto, pero cuando me vio se tranquilizó. Mi voz ya no temblaba al narrarle de forma pausada lo que había sucedido. No habían transcurrido ni veinte minutos desde la conversación del coche.

—¿Qué has hecho para serenarte? —me preguntó, extrañado.

Tenía razón. El corazón había recuperado su ritmo y me encontraba muchísimo mejor, incluso excesivamente calmada, como si hubiera tomado un tranquilizante. Me conozco muy bien y la angustia vivida minutos atrás debería prolongarse más tiempo. Tiendo a analizar todos los cambios de comportamiento de forma exhaustiva y tengo conciencia de cuando entro en estado de alerta o en estado de relajación, pero en este caso, no comprendía qué había pasado.

En ese instante me quedé mirando a mi hijo que comía plácidamente y pensé: «¿Y si la oxitocina bajara el cortisol?». Al terminar de comer y acostarle, abrí el ordenador y me puse a leer varias páginas científicas a las que estoy suscrita. En ese momento un mundo apasionante se abrió ante mí.

Cuando aumenta el nivel de oxitocina, disminuye el cortisol.

Desde ese día he procurado estar al corriente en las últimas investigaciones y estudios sobre la también conocida como hormona del amor o del vínculo. En particular me he fijado en cómo se relaciona e interactúa con otras hormonas como el cortisol, la testosterona o la dopamina.

Los estudios sobre este tema se han multiplicado. Durante las próximas páginas voy a compartir contigo conceptos e ideas que pueden resultarte de gran utilidad para tu salud. Antes de proseguir, creo necesario recordarte unas pinceladas sobre nuestro viejo conocido: el cortisol.

Un viejo conocido, el cortisol

Entender la fisiología y el funcionamiento del cortisol es clave para comprender el rol de la oxitocina en las relaciones humanas —el cortisol fue el gran protagonista de *Cómo hacer que te pasen cosas buenas*—.

El cortisol es la hormona del estrés, y se segrega fundamentalmente en momentos de alerta o amenaza. Su utilidad reside en que nos ayuda a hacer frente a los desafíos, a los retos y a las amenazas con mecanismos de lucha o huida.

Cuando se segrega, genera diversas alteraciones físicas en el cuerpo preparándolo para la acción, lo que se pone de manifiesto en los conocidos taquicardia, taquipnea, sudoración y/o temblor. Otros signos propios de un pico de cortisol debido a una situación de miedo o amenaza son los problemas digestivos —estreñimiento o diarrea—, el bloqueo mental, la boca seca o la sensación de ahogo.

El cortisol y los cambios que supone en el organismo están evidentemente presentes si alguien te persigue por la calle, te enfrentas a una amenaza de incendio, te encuentras en un avión con turbulencias o ves un coche acercarse sin freno. Junto a esos casos evidentes, en la vida real más sedentaria y aburrida cada día el cuerpo se enfrenta a varios micro o macromomentos donde se activa igualmente —si bien no quizá con tanta intensidad— el estado de alerta: encontrarte cada mañana con tu jefe tóxico, estar viviendo una mala relación con tu pareja, la preocupación por un hijo, un asunto de salud que te nubla la mente…

El cortisol es una hormona cíclica y su liberación posee un patrón que sigue de manera habitual el ritmo de la luz: se libera más al despertarse, lo que resulta en cierto modo beneficioso para activarnos por las mañanas, decrece a lo largo del día y aumenta ligeramente al anochecer.

Aquí necesito apuntar un asunto que reitero en numerosas ocasiones: la mente y el cuerpo no distinguen una amenaza real de una imaginaria. Ante algo físico que sucede en la vida o ante una suposición que solo existe en la mente, el organismo reacciona de forma muy similar. Te pongo un ejemplo.

Imaginemos que estás en números rojos y que recibes una notificación del colegio de tus hijos porque no han podido cobrar la cuota mensual. Esa situación de tensión y de angustia activa un pico de cortisol y en los meses siguientes puede surgir en ti el miedo o la ansiedad de que esa situación de dificultad económica se repita. El impacto fisiológico de ese temor es semejante a la tensión que sufriste cuando ocurrió el problema en realidad.

El cortisol afecta a múltiples sistemas del organismo. Con una activación súbita, el cuerpo se prepara para salir corriendo y, por tanto, la sangre viaja desde los intestinos a los músculos tractores para ayudarnos y potenciar la acción evasiva o defensiva; por eso perdemos el apetito en los momentos de angustia. Tu musculatura recibe las señales necesarias —tanto nerviosas como bioquímicas— para prepararse para la evasión del peligro o la lucha.

Esta hormona ayuda a que el oxígeno, la glucosa y los ácidos grasos cumplan sus respectivas funciones musculares. El ritmo cardíaco acelerado hace que el corazón bombee más rápido, facilitando el transporte de sangre y nutrientes a los músculos para que estos respondan ante la eventual amenaza. Por otra parte, el cortisol inhibe la secreción de insulina, provocando la liberación de glucosa y proteínas a la sangre. También tiene relación con el sistema inmunológico, inhibiendo, en primer lugar, la inflamación. Ante el estrés, el organismo dosifica sus recursos energéticos. El sistema inmune precisa gran cantidad de energía, por eso cuando enfermas te sientes agotado. En gran medida esa energía está siendo canalizada y empleada por tu sistema defensivo.

El cortisol es una hormona muy importante
para el organismo; lo perjudicial es el exceso de la misma.

El problema con el cortisol es su liberación constante. Ante una situación de incertidumbre o preocupación grande, el organismo se intoxica de cortisol; es decir, hay demasiados niveles de esta sustancia circulando por la sangre. Ese cuadro de intoxicación va a modificar la respuesta del sistema inmunológico e inflamatorio. Una persona que vive con niveles altos de cortisol por un estado de estrés o alerta mantenido en el tiempo frena la capacidad de su organismo para regular la inflamación y el cuerpo tiene más dificultad para defenderse contra las amenazas y, por ello, en estas situaciones somos más vulnerables para contraer infecciones.

¿A quién no le ha sucedido que tras semanas de mucho trabajo, comienza las vacaciones y enferma? El cuerpo se encuentra más propenso para desarrollar, por ejemplo, un catarro, una infección de orina o una gastroenteritis.

Ese nivel de inflamación latente o leve está en la base de muchas enfermedades inflamatorias o autoinmunes. Una de mis metas en los últimos tiempos ha sido transmitir la importancia de cuidar la inflamación en el cuerpo y en el cerebro.

Un cerebro estresado se inflama. De hecho, las últimas investigaciones en depresión versan sobre este trastorno como una enfermedad inflamatoria del cerebro. Me parece un campo apasionante y esta es la razón por la que en algunas depresiones resistentes solicito analíticas de sangre para trabajar desde la inflamación y mejorar el estado de ánimo.

Existen dietas antiinflamatorias, suplementos o incluso algunos antiinflamatorios específicos para ayudar a revertir los síntomas depresivos.

La vida actual es inflamatoria

La gente va «inflamada» por la calle. Cuando nos intoxicamos de cortisol, el organismo permanece alterado y la mente y el cuerpo se ven afectados. Físicamente se pueden producir caída de pelo —alopecia—, temblor de ojos, sudoración excesiva, parestesias, trastornos gastrointestinales, problemas inflamatorios —gastritis, amigdalitis, artritis...—, fibromialgias, cambios en la piel —rosácea, dermatitis, arrugas—, problemas de tiroides... Pueden incluso surgir trastornos en la fertilidad, ya que el cortisol está vinculado al sistema reproductivo, razón por la que el estrés altera el ciclo normal de la mujer o su fertilidad.

En el ámbito psicológico hay alteraciones llamativas y son frecuentes los problemas para conciliar y mantener el sueño, múltiples despertares a lo largo de la noche o sensación de agotamiento por la mañana. Y anímicamente, se producen trastornos como irritabilidad, ansiedad e incluso ataques de pánico. Si el nivel de estrés se mantiene, acaba asomando incluso la depresión, pues en muchos casos se da por estados de alerta permanentes.

El hecho de vivir sometidos a situaciones de gran tensión durante mucho tiempo puede desembocar en un estado depresivo. En ocasiones es fisiológico; es decir, «normal». A todos nos ha sucedido estar batallando contra algo que nos desgasta, y cuando por fin se soluciona aparece un estado de tristeza y apatía. Es propio del organismo, que usa ese mecanismo para recuperarse; lo malo es cuando ese estado anímico decaído se agudiza y los pensamientos se vuelven negativos de forma reincidente. En estos casos en los que se vislumbra la depresión hay que pedir ayuda profesional con prontitud. Conocer cómo funciona la mente ante los distintos avatares de la vida ayuda a no sentirnos desconcertados cuando nuestro mundo emocional se tambalea.

Prosiguiendo con la intoxicación de cortisol, esta conlleva también cambios cognitivos. Estos pueden ir desde fallos de atención hasta problemas de concentración o de memoria.

El hipocampo —zona de los recuerdos— es sensible a las subidas de cortisol, y esta es la razón por la que en los momentos de más angustia notamos que la memoria nos juega malas pasadas. Por otro lado, cuando vivimos en modo supervivencia, la mente solo busca encontrar soluciones o salidas al reto puntual que identifica, pero no es capaz de profundizar o captar detalles ni, por supuesto, realizar acciones pensando en el medio plazo. En esos instantes somos menos eficientes en el trabajo, estamos menos atentos a las sutilezas del día a día. Somos más torpes tanto intelectual como emocionalmente hablando.

Finalmente, también surgen cambios en la conducta. Esos altos de niveles de cortisol derivan en un aislamiento y en una ausencia de ganas de relacionarnos. El primer confinamiento vivido en Occidente, con todo el mundo encerrado en sus casas, las calles vacías, la falta de información, el miedo a lo desconocido y el recorte brutal de las relaciones humanas, ha supuesto uno de los mayores «impactos de cortisol» en el mundo de la historia. Jamás se vivió algo así. Tras el confinamiento, cuando se nos permitió salir a las calles tras meses encerrados entre cuatro paredes, impregnados de miedo e incertidumbre, ¿qué sucedió? Mucha gente se quedó en sus hogares. El síndrome de la cabaña, como se le denomina. Atenazados por el miedo, acostumbrados al aislamiento, sintiéndose seguros exclusivamente con los nuestros, muchos individuos optaron por vivir recluidos. Un año después, hay individuos que siguen afectados mentalmente por ese encierro, algunos de manera irreversible.

El caso de Guille

Guille es un hombre joven, felizmente casado y padre de familia numerosa. Quiere mucho a su mujer y a sus hijos, a los que dedica el poco tiempo libre que tiene. Una persona exitosa y muy solicitado profesionalmente. Está pasando momentos de mucho estrés por sobrecarga de trabajo. Nota que está somatizando, pero no sabe cómo hacer frente a la situación que está viviendo. Refiere herpes labial de repetición, contracturas musculares y ha llegado a quedarse paralizado por un lumbago fuerte.

Su mujer está muy pendiente de él y se encuentra preocupada por la deriva de los síntomas físicos que le acucian en los últimos meses. Ella cree que Guille prioriza su trabajo y no sabe decir que no a los clientes, alargando las horas laborales en muchas ocasiones. Su queja principal radica en que cuando vuelve a casa agotado no quiere conversar, solo besar a los niños, cenar y distraerse con series o películas poco exigentes y nada dramáticas. En ocasiones se muestra irritable y contesta de forma brusca ante pequeñas sutilezas en la convivencia.

Guille se encuentra «intoxicado de cortisol». Vive en estado de alerta desde hace meses y la mente y el cuerpo le están mandando señales y avisos para que reordene su vida.

Tomar conciencia de cómo su cuerpo le habla activa el primer paso del cambio. Ha sido capaz de modificar sus prioridades y adaptar su vida en consecuencia. Lo más complejo ha sido aprender a descansar y a parar durante la semana, diciendo que no cuando el trabajo es excesivo. Desde entonces está en un seguimiento periódico de su espalda por un fisioterapeuta, ha sido capaz de recortar el horario laboral y ha puesto como pauta escuchar a su mujer e hijos todos los días, aunque solo sean unos minutos. Ha sacado tiempo para una corta escapada romántica con su pareja, que le ha insuflado aire fresco y vitalidad. Su mujer se ha esforzado en comprenderle, en vez de exigirle tanto cuando llega a casa derrotado. Hay que ser realistas con lo que podemos esperar de una persona que está atravesando una etapa vital exigente. Como hemos visto hasta ahora, el estrés fisiológico no es malo, es la respuesta natural que el organismo aviva ante una amenaza, sea real o imaginaria, y resulta imprescindible para la supervivencia en momentos de peligro. Lo realmente perjudicial sucede cuando, desaparecida o infundada dicha amenaza, la mente y el cuerpo siguen percibiendo la sensación de peligro o miedo.

Si se ha vivido una infancia traumática por causa de un abuso sexual, constantes agresiones físicas o psicológicas en el entorno, *bullying* escolar o cualquier otra causa de una biografía dolorosa, la persona tiene más riesgo de sufrir en el futuro trastornos del estado de ánimo, problemas inflamatorios o autoinmunes. Es como si en cierta manera ese estado de alerta que una vez se activó se hubiera quedado latente desde entonces, si bien las consecuencias psicológicas, físicas y de comportamiento se perciben en la edad adulta.

Cuando observo en consulta pacientes con el apego dañado, con heridas profundas en la niñez, con somatizaciones graves, soy consciente de que han pasado gran parte de su vida con el estado de alerta activado, con el consiguiente desgaste físico y mental. Sanar esas heridas, equilibrar esos niveles de inflamación y ayudar a potenciar el estado de ánimo son la finalidad de mi terapia.

Las personas vitamina son grandes potenciadoras de la secreción de oxitocina y contribuyen a aliviar tensión. Un abrazo bien dado puede bajar un pico de cortisol en un momento complicado; una mirada de confianza puede impulsar de modo decisivo a alguien a superar un reto difícil; y unas palabras de ánimo pueden romper la sensación de aislamiento.

La vida es, en ocasiones, muy dura, pero contamos con herramientas maravillosas para sobrellevarla de la forma menos dolorosa posible.

Las personas vitamina y la oxitocina ayudan
a superar los retos y las amenazas más complejas.

¡NO AL DETERMINISMO DE LAS HORMONAS!

Resulta impresionante contemplar cómo la neurociencia va dando cada vez más explicaciones sobre los fundamentos del comportamiento y la psicología humanos. Entender la fisiología, el mecanismo o el procedimiento interno de la toma de decisiones es básico para mejorar la propia conducta. Las particularidades de la oxitocina y entender su interacción con otras hormonas son claves para comprender por qué reaccionamos de una u otra forma ante los distintos acontecimientos de la vida.

Uno de los campos en los que más avanza la ciencia en relación con la oxitocina es, precisamente, el estudio de cómo los niveles de esta pueden influir en la toma de decisiones. En esta materia sería injusto no citar a Paul J. Zak, economista norteamericano que se ha especializado en las interrelaciones entre economía, empresa y mundo emocional. De hecho, se considera a sí mismo como neuroeconomista. Durante su carrera profesional ha realizado múltiples experimentos y hallazgos sobre esta hormona. En general, su trabajo está centrado en una disciplina en concreto, la economía, y en la influencia de la oxitocina en el comportamiento económico. No obstante, con los avances que se producen casi cada año, pronto podríamos caer en la tentación de reducir el comportamiento humano a una serie de patrones matemáticos, lo que para mí resultaría inexacto y, además, contrario a mi propia manera de entender el mundo, el ser humano y la vida.

Quiero puntualizar algo importante: es necesario evitar el determinismo. En el organismo tienen lugar de manera permanente e inconsciente complejos procesos bioquímicos esenciales para la toma de decisiones, para las relaciones humanas y el estado anímico. Un desequilibrio bioquímico motivado, por ejemplo, por una disminución de una determinada hormona puede comprometer hasta cierto punto la neutralidad de nuestro proceder, pero nunca condicionarlo de modo determinante, salvo en situaciones muy extremas.

La mente y nuestro espíritu, nuestra alma, nosotros mismos, somos quienes tomamos al final, en libertad, nuestras propias decisiones, que serán las que esculpan las personas en las que nos vamos convirtiendo y en cómo conectamos con los que nos rodean. No somos, por tanto, esclavos de nuestra bioquímica. La libertad como individuos, por fortuna, no puede manipularse tan fácilmente como los niveles de cortisol u oxitocina.

Las hormonas influyen,
pero no determinan nuestro comportamiento.

Contamos con dos poderosas herramientas, la voluntad y la inteligencia, para gestionar los impulsos y las tendencias. Gracias a eso, a pesar de que nos sintamos atraídos por algo de forma intensa, podemos reconducirlo si no nos conviene en ese momento. La capacidad de posponer la recompensa, ubicada en la corteza prefrontal, debe trabajarse y potenciarse porque en última instancia es lo que nos permite ser libres.

La voluntad, como repite mi padre en numerosas ocasiones, es la joya de la corona de la conducta. Una persona con voluntad llega más lejos que una persona inteligente. Uno decide lo que acepta e integra en su vida. No somos esclavos de lo que nos apetece o de procesos hormonales, sino que debemos aprender a gestionarlo para sacar la mejor versión de nuestra persona.

El ser humano va adaptándose entremezclando sus vivencias con la bioquímica propia del organismo, de la mente y del alma, convirtiéndonos en quienes somos hoy.

Mi trabajo como psiquiatra está orientado en gran parte a ayudar al herido emocionalmente y al que sufre. Para ello, además de conocimientos científicos y capacidad de escuchar y de empatía se necesita, en mi opinión, tener una visión amplia con una concepción del ser humano que pueda encajar y dar sentido a los grandes temas de la vida que afrontan a diario mis pacientes, tales como la tristeza, la angustia, el desamor, la soledad, el dolor o la muerte. El enfoque del médico condicionará hasta cierto punto el tratamiento y las respuestas que ayudará a encontrar al paciente.

Desde el inicio de los tiempos, filósofos, místicos, pensadores y médicos han intentado explicar el comportamiento humano. Aunque hay tantas concepciones como cabezas pensantes, sí que podemos extraer una serie de ideas fundamentales y sólidas.

La primera: como dijera Aristóteles hace ya más de dos milenios, «el hombre es un ser social por naturaleza». Somos todos muy conscientes de que estamos llamados a la vida social y cada vez somos más urbanitas. No hay más que ver el tremendo daño psicológico que nos infligió el aislamiento del confinamiento.

La vida del ser humano moderno es una vida en sociedad, con múltiples relaciones. Es tremendamente reduccionista concebir al individuo aislado, sino que hay que estudiarlo en su contexto.

Cuando entrevisto a un paciente, en la visita inicial hablamos de él, de cómo se siente y de lo que le ocurre; pero en una segunda fase siempre le pregunto por su relación con los demás: pareja, familia, amigos, compañeros de trabajo y un largo etcétera. En muchos casos lo primero está directamente originado o se deriva de esto último.

La segunda: Hobbes tomó de Plauto una frase: «El hombre es un lobo para el hombre». Es posible que los individuos compitan por los mismos recursos y esa competencia genere agresividad, pero no es menos cierto que existe un sentimiento mayoritario de solidaridad. Y no hablo solo de las ONG. Las religiones mayoritarias como el cristianismo, el islamismo, el hinduismo o el budismo son sistemas de creencias que tienen como pilares básicos de su práctica religiosa el amor, el respeto al prójimo o la solidaridad. Es decir, la vida social y la generosidad para con los demás forman parte de la esencia de la moral religiosa y los principios éticos de la humanidad. Esa generosidad y esa concepción de formar parte de algo más grande que uno mismo es lo único que puede explicar los terribles sacrificios que el personal sanitario hizo durante la pandemia.

Visto pues que tenemos que vivir en sociedad, y sabiendo que nuestros principios nos impelen a cuidar a los demás, continuemos estudiando qué papel juega nuestra hormona, la oxitocina, en la consecución de esos grandes objetivos del ser humano.

2
Los vínculos afectivos

Uno de los aspectos más interesantes de la oxitocina es que su papel no está exclusivamente ceñido al ciclo reproductor, sino que está presente en aspectos como la empatía, la confianza o las conductas altruistas. Por tanto, esta hormona no solo es fundamental para traer niños al mundo y alimentarlos en sus primeros meses, sino que es una sustancia vital en las relaciones humanas: en la pareja, en la sociedad o en el trabajo.

Una vez segregada la oxitocina, circula por el torrente sanguíneo «irrigando» múltiples tejidos del organismo y produciendo como efecto una sensación de calma y serenidad y una mayor empatía.

Las zonas cerebrales asociadas al mundo emocional y social —la amígdala, el hipotálamo, la corteza subgenual (parte encargada de que juzgues en vez de que ayudes al prójimo) y el bulbo olfatorio— están densamente pobladas de receptores de oxitocina. Ese efecto de la hormona se percibe en todo el cuerpo, especialmente cuando se fija en los receptores del corazón y del nervio vago. Cuanto más numerosos son los receptores, más sensible es el tejido en cuestión a la elevación de los niveles de la hormona en sangre.

El nervio vago inerva el corazón y el intestino,
y tiene una función importantísima en el organismo.

Un nervio no tan vago

El corazón late unas ciento quince mil veces al día sin que nos demos cuenta ni prestemos atención. El hígado está en marcha, los riñones realizan su función desintoxicando la sangre, el intestino absorbe los nutrientes, los pulmones inspiran y expiran... El organismo está diseñado para funcionar sin que seamos conscientes de ello. ¿Quién está detrás de que todo funcione de manera armónica? El sistema nervioso autónomo es el responsable. Se encarga de controlar los pulmones, los bronquios, el corazón, los músculos involuntarios, el hígado, el estómago, los intestinos, el páncreas y los riñones, entre otros.

El sistema nervioso autónomo tiene dos maneras de funcionar:

— A través del sistema nervioso simpático, que se pone en marcha en los momentos de amenaza y alerta gracias a nuestro conocido cortisol.
— Y del sistema nervioso parasimpático, aquel que permite que nos relajemos para recuperar la fuerza, las defensas y el ánimo tras una etapa de mayor tensión o ansiedad.

Quien gestiona el sistema nervioso parasimpático —cual director de operaciones, ya que comprende el setenta y cinco por ciento de las fibras parasimpáticas— es el nervio vago. Es el que transmite información del estado de la persona directamente al cerebro, avisando que el peligro ya ha pasado y que, por tanto, el corazón puede dejar de latir rápido, que la respiración puede ser más lenta y que el proceso digestivo puede recomenzar; es decir, que podemos descansar y retomar nuestras tareas diarias. Este nervio, también denominado neumogástrico, es el décimo de los doce pares de nervios craneales. Es el más largo del cuerpo: comienza su trayecto en el bulbo raquídeo y baja atravesando la faringe, las cuerdas vocales, el esófago, la laringe, la tráquea, los bronquios, los pulmones, el corazón, la vesícula biliar, el estómago, el páncreas, el hígado y los riñones, terminando en los intestinos, donde influye de forma importante en la microbiota —conjunto de microorganismos que se hospedan en el organismo, principalmente en el tracto digestivo. Su composición depende sobre todo de la alimentación, los hábitos, el estrés y los fármacos—.

Conocemos ya el canal de comunicación tan importante que existe entre el intestino y el cerebro. De hecho, cada vez más se habla del intestino como segundo cerebro, pues está recubierto de una potente red neuronal que manda señales al cerebro y viceversa a través del nervio vago y las citoquinas liberando hormonas y neurotransmisores.

Es un tema apasionante. En terapia, en muchas ocasiones añado algún probiótico que ayuda a mejorar los síntomas digestivos y psicológicos.

Una de las funciones más importantes del nervio vago es influir de forma importante en los procesos de inflamación del cuerpo. Por otro lado, el nervio vago activa el factor neurotrófico derivado del cerebro —por sus siglas en inglés, BDNF— que tiene una función esencial en la conectividad neuronal y en la consolidación de los recuerdos. Esto nos lleva a una conclusión: si conseguimos cuidar la alimentación, si aprendemos a respirar y a gestionar el ritmo cardiaco, seremos capaces de controlar mejor nuestras emociones, pensamientos e intuiciones.

El efecto de la oxitocina se percibe en el cuerpo, pero sobre todo ejerce un efecto muy importante cuando se une a los receptores del corazón y del nervio vago. Cuando estimulamos este último, estamos segregando oxitocina, así que la unión mente, cuerpo y comportamiento se va fortaleciendo. Pero ¿qué sucede cuando aparece el temido estrés o un estado de supervivencia mantenido? Si mantenemos el cuerpo en estado de tensión de forma constante corremos el riesgo de inflamarnos. Esa intoxicación de cortisol, tan dañina, altera el sistema inmune y debilita nuestra salud física y psicológica.

El nervio vago también disminuye el grado de inflamación y mantiene el cuerpo en equilibrio —la denominada homeostasis—. Estimula, además, la liberación de otras sustancias como son la acetilcolina, el GABA y la norepinefrina.

El neurotransmisor mediante el que se comunica este nervio es la acetilcolina, que tiene una función antiinflamatoria muy importante. Es una de las razones por las que el nervio vago dirige el sistema inflamatorio en el organismo. Hoy en día su poder modular puede prevenir o aliviar muchos trastornos frecuentes: cuadros inflamatorios, migrañas, alergias o enfermedades cardiovasculares... Cuando este nervio no funciona correctamente, aparecen problemas para recuperar la calma y uno tiene mayor propensión a sufrir estrés y ansiedad, así como a desarrollar un cuadro inflamatorio.

¿Qué es un tono vagal bajo?

Si el nervio vagal no funciona perfectamente, hablamos de un tono vagal bajo. Las personas que lo padecen tienden a vivir estresadas, con tensión y sin capacidad de relajarse con facilidad.

Los síntomas que aparecen son:

— Problemas digestivos, desde dificultad para deglutir hasta estreñimiento o gastroparesia.
— Trastornos de estado de ánimo como la ansiedad y la depresión.
— Trastornos autoinmunes.

— Cuadros inflamatorios.
— Diabetes.
— Migrañas.
— Obesidad.
— Cambios en la presión arterial.
— Estudios recientes lo relacionan con la enfermedad de Alzheimer.

Si conocemos y entendemos el funcionamiento del nervio vago, podremos ayudar al cuerpo a desconectar del modo simpático —modo alerta— para pasar a una fase de recuperación. Y esto es algo que nos interesa a todos.

Cuando el nervio vago funciona bien —tono vagal elevado—, las personas tienden a tener más control de las situaciones de estrés, son capaces de relajarse con mayor facilidad y logran tener relaciones más cercanas y positivas.

Cómo modular el nervio de la compasión

Uno de los mecanismos para que el nervio vago funcione de la mejor manera posible radica en la respiración. Cuando el organismo se encuentra en un estado de amenaza, hiperventila como primer mecanismo para introducir oxígeno en los pulmones. El problema surge cuando estas respiraciones son cortas y aceleradas —respiración torácica rápida y superficial—, ya que se introduce más oxígeno del que precisamos y surgen el mareo, la sensación de ahogo y la visión borrosa, por ejemplo. Ser capaces de realizar una respiración controlada y consciente —respiración diafragmática lenta— favorece la relajación muscular, la movilización de otros músculos accesorios de la respiración y la activación del nervio vago.

Pero no solo la respiración estimula el nervio vago, también lo hace:

— El agua fría. Refrescarse las manos, la cara o darse una buena ducha puede activarlo. Tras la ducha, permite que el agua fría impacte en tu cabeza y cuello. La primera reacción será de sobresalto, quizá incluso sea desagradable y, probablemente, varíe la forma en la que respiras. En ese instante intenta realizar un ejercicio de respiración profunda y consciente.
— Cantar. La vibración de la voz estimula el tronco del encéfalo por donde discurre el nervio vago.
— Reírse. Una reunión con amigos vitamina, donde fluyen las carcajadas, genera un bienestar fisiológico y emocional real.
— La postura al dormir. Acostarse del lado derecho fortalece el tono del nervio vago, pues permite que las vías áreas estén más libres para la salida y entrada de aire, pudiendo controlar mejor la respiración.
— La meditación o la oración. Ser capaces de desconectar del estrés para conectar con lo esencial e invisible nos ayuda a vivir en paz y calma interior.
— Algunos probióticos han demostrado ser útiles en ciertas alteraciones, como puede ser el *lactobacillus rhamnosus*.
— La ingesta del componente DHA del omega 3.
— La reflexología puede disminuir la activación simpática modulando el nervio vago. En pacientes con enfermedades cardiovasculares se ha visto que puede reducir la presión arterial.
— Cada vez más estudios apuntan a que la acupuntura también aumenta el tono vagal y ayuda a desbloquear una situación de tensión elevada.
— La terapia de presión de tacto profundo del cráneo resulta de gran eficacia en personas con estados de alerta.

Recuerdo a un paciente que mantenía un estado de hipervigilancia constante tanto físico como psicológico después de sufrir un accidente. Esto le había transformado en una persona irritable y susceptible. Realizamos un tratamiento completo y le derivé a un fisioterapeuta de mi confianza especialista en este tema, Raúl. A las pocas semanas notamos un cambio sustancial en el paciente. Cada persona es un mundo, pero siempre insisto en la importancia de unir en toda terapia mente y cuerpo. Esto puede resultar muy beneficioso para el que sufre.

— Si existe un trastorno del que se tiene certeza que está relacionado con un tono vagal bajo, se puede emplear la ENV, la estimulación del nervio vago, a través de la cual se activan las fibras nerviosas de este nervio para un mejor funcionamiento.
— Encontrar personas vitamina. Creo de verdad que poseen un tono vagal alto y que son capaces de regular nuestro estado de alerta. Quizá por ello también se le denomine el nervio de la compasión, ya que se activa cuando se encuentra en conexión y sincronía con personas vitamina.

3
La empatía, una herramienta vitamina

Un signo bioquímico

La empatía es una cualidad humana maravillosa. Supone la capacidad de ponerse en el lugar del otro y conectar con él y con sus emociones. Cuando uno se topa con alguien que sufre y siente empatía hacia esa persona, el cerebro segrega oxitocina de forma natural activándose el sentimiento de generosidad. Eso explica esa sensación que tenemos cuando vemos a alguien sufrir —«¡Cómo me gustaría ayudarle!»—. De manera inconsciente sentimos esa necesidad, lo que no deja de ser profundamente bello.

El organismo libera oxitocina cuando nos comportamos con generosidad y compasión. También se segrega en otros momentos: cuando alguien nos necesita y la mente lo percibe, o cuando el organismo detecta un entorno amable, relajado y confiado. En cambio, cuando divisa un entorno agresivo, de miedo e incertidumbre, se activa el famoso cortisol.

La oxitocina es el signo bioquímico de la empatía.

Ya vamos conociendo la misión de muchas hormonas. No pretendo que estas páginas te saturen tratando de entender la actividad endocrina, pero estas funciones pueden ayudarte a comprender mejor el comportamiento humano.

— Cortisol: se activa en momentos de estrés.
— Dopamina: relacionada con el placer y el circuito de recompensa.
— Serotonina: relacionada con la felicidad, la libido y la sensación de bienestar.

La liberación de oxitocina activa la secreción de serotonina y esto ayuda a que nos sintamos menos angustiados y en calma. La dopamina también se estimula en esos momentos y nos genera un «enganche» para querer volver a repetir una actividad, ya que nos genera placer y nos ayuda a sentirnos bien con otra persona.

He analizado estos comportamientos en mi propia vida y quiero clarificarlo con algún ejemplo que me ha sucedido en alguna ocasión. Antes de la pandemia, una escena frecuente era la de ir al supermercado con mis hijos, uno en el carrito y otro cogido de la mano. Muchas veces voy más cargada de lo recomendable, pero no tengo en ese momento otra solución que forzar un poco el cuerpo para poder hacer recados acompañada de los niños. En ocasiones, algún alma caritativa se ha acercado a mí para echarme una mano con una sonrisa y se lo he agradecido enormemente. Su mente, al percibir mi situación complicada, segrega oxitocina en su cuerpo y ello facilita que actúe de forma generosa conmigo. Ante esas conductas siempre me siento agradecida. De igual manera, cuando yo me percato de que una mujer está sobrecargada con sus pequeños y voy sola, intento echar una mano siempre, ¡sé lo que se siente porque lo he vivido!

¿Pero qué sucede cuando alguien está inmerso en un pensamiento agobiante y se topa conmigo por la calle? Lo primero es que, probablemente, no me vea, no detecte mi presencia porque vaya centrado en su preocupación. Sus altos niveles de cortisol le hacen estar enfocado en lo que le ocupa, no prestando atención a su entorno ni a los demás. No es egoísmo, es que su mente está en otra cosa. La otra posibilidad es que esa persona estresada sí se percate de mi situación y en su estado de agitación mental sea incapaz de ayudar. Ese cortisol elevado inhibe la secreción de oxitocina, y lo lógico —fisiológicamente hablando— es que su mente no conecte con mi situación. Si, además, esa persona que se cruza conmigo en lugar de ser una madre de familia numerosa que ha tenido experiencias similares es alguien soltero de cuarenta y tantos sin hermanos ni tampoco hijos, prácticamente seré invisible a sus ojos.

Piensa en ti, en esas veces que estás estresado, inundado de preocupaciones y con la mente en estado de alerta. En esos momentos te cuesta mucho más conectar con los problemas y situaciones de los demás —empatizas menos—.

MUCHO CORTISOL, MUCHA ANGUSTIA. POCA OXITOCINA, POCA CONFIANZA

La oxitocina tiene la capacidad de sofocar la zona del cerebro encargada de regular la ansiedad: la amígdala. Esto significa que en una persona con ansiedad o fobia social que es capaz de activar su circuito de oxitocina aliviará la angustia que siente.

La oxitocina ayuda a rebajar
los niveles de estrés y a tener una actitud más positiva.

Por ejemplo, en el caso de una mujer que durante la lactancia[1] siente bienestar y tranquilidad. O cuando alguien está pasando por un momento de gran angustia y de repente una persona vitamina la abraza de forma especial y parece que el mundo es un lugar más amable y cercano. Todo mejora.

Ser capaz de liberar oxitocina en un instante de tensión social o de angustia mitiga el miedo que nos produce esa situación. Imagina que tienes que hacer una presentación o dar una conferencia en público, delante de mucha gente, y notas un nudo en el estómago y el miedo te paraliza. Tienes el cortisol por los aires. De repente te encuentras con una cara conocida y amable que te sonríe y te muestra su apoyo. De golpe, los niveles de cortisol comienzan a disminuir, la amígdala se alivia y te sientes más confiado y tranquilo.

En muchas ocasiones hay maneras de desactivar esos cuadros de alerta, pero conocer los beneficios de la oxitocina es útil y eficaz para lograrlo.

Si una persona se encuentra en una situación de miedo, recibir un abrazo o una muestra de afecto vitamina va a disminuir la angustia y se sentirá más confiada para hacer frente a ese desafío.

Entender este mecanismo de la mente ayuda a interpretar de modo correcto muchas situaciones. Las personas que viven preocupadas, estresadas por motivos profesionales o paralizadas por el miedo o la incertidumbre bloquean la secreción de oxitocina y, por tanto, son incapaces de empatizar. Desde un punto de vista puramente evolutivo tiene su lógica. Como hemos visto, si el cerebro percibe que estás en una situación de riesgo para tu supervivencia, lo correcto es focalizarte en superarla. En esta coyuntura dispersar tu atención y tus energías con los problemas emociona-

---

[1] La lactancia es un momento de gran intensidad hormonal y emocional. Puede ser vivido como un regalo o como una situación de agotamiento y saturación. En una mujer embarazada siempre recomiendo contar con alguna persona de apoyo para cuando dé a luz, tener todas las oportunidades de poder dar el pecho o encontrar la mejor solución para la alimentación del bebé.

les de otros es altamente ineficiente. Si estás huyendo de alguien que te persigue por la calle, lo último que vas a hacer es fijarte en el pobre que pide dinero en la puerta de la iglesia. Esos mecanismos bioquímicos en cierto modo justifican el egoísmo en situaciones límite y, por otra parte, nos obligan a valorar todavía más a las personas que en esos momentos son capaces de estar pendientes de los otros.

¿Qué nos pone en estado de alerta?

Gran parte de lo que nos preocupa y nos pone en estado de alerta, y, por tanto, de lo que nos impide estar pendientes de nuestra familia, amigos o compañeros, es digital o incluso puramente imaginario.

La imaginación, como decía Santa Teresa de Jesús, es la loca de la casa. Desbocada, puede jugarnos malas pasadas y ocupar —y bloquear— la mente con preocupaciones irreales. ¿Y si me echan del trabajo? ¿Y si marido me es infiel? ¿Y si mi hijo acaba en las drogas? ¿Y si no llego a fin de mes?… Todo ello genera miedos e inseguridades y provoca gratuitamente altos niveles de cortisol.

En las fases más difíciles de la vida, en las que vivimos angustiados por cuestiones personales, profesionales o de salud, somos inevitablemente menos generosos con los demás y nos cuesta más conectar con otras emociones que no son las nuestras.

El mundo digital se ha convertido en una fuente prácticamente inagotable de estados de alerta. Incluso los avisos que nos llegan a la pantalla del teléfono se denominan así, alertas.

Ese aluvión de noticias, notificaciones y mensajes que nos bombardea a través del teléfono, el *e-mail* y las redes sociales conduce de forma inevitable a la mente a un estado de alerta constante. Es el famoso FOMO —*fear of missing out,* 'miedo a perderse algo'—. ¿Me querrán?, ¿les habrá gustado mi foto?, ¿habrá pasado algo grave en el mundo?, ¿me habrán contestado de esta oferta de trabajo?, ¿habrá subido/bajado la bolsa?… De repente, el organismo y el estado de ánimo dependen de lo que nos llega a través de la pantalla.

Nos hemos convertido en una sociedad adicta y, por otro lado, muy dependiente de las emociones. Solo reaccionamos y nos movemos si hay una emoción como fuerza motriz. La cantidad y relevancia de los estímulos que estamos percibiendo de forma constante hacen que cada vez seamos menos sensibles a las señales más sutiles y a los matices. Necesitamos grandes noticias o grandes estímulos para reaccionar, lo que a la vez genera un círculo vicioso en el que la intensidad va *in crescendo.* Eso justifica también que haya cada vez más personas, sobre todo jóvenes, que no encuentran estímulos suficientes en su vida ordinaria y busquen soluciones cada vez más extremas. Emotividad con estado de alerta mantenido es un binomio que nos impide conectar en ocasiones con lo importante y esencial de la vida.

En una era hiperdigitalizada, vivir pendientes de los dispositivos disminuye nuestra capacidad empática.

La oxitocina para segregarse precisa una señal, un estímulo externo, que proviene de la percepción del entorno: si uno percibe tranquilidad, seguridad, confianza o conexión con la persona de enfrente, liberará oxitocina. Efectivamente, la empatía va acompañada de la confianza: si confías, tienes más capacidad de ponerte en el lugar del otro.

4
HOMBRES: NIVELES ALTOS DE TESTOSTERONA, NIVELES BAJOS DE OXITOCINA

LAS RELACIONES SEXUALES

La oxitocina está íntimamente ligada a las relaciones sexuales. En el hombre se encarga de la erección del pene y de la eyaculación, y en la mujer potencia la excitación a la vez que contrae el útero para acercar los espermatozoides hacia las trompas de Falopio y facilitar así una posible concepción.

En esos momentos de máxima excitación durante el acto sexual, el organismo incrementa el número de glóbulos blancos en el torrente sanguíneo. Esos leucocitos están encargados de proteger al cuerpo contra los virus, las bacterias y los microorganismos dañinos.

Al alcanzar el orgasmo, los niveles de oxitocina se multiplican por cinco en los hombres. En cambio, para que una mujer llegue al orgasmo, precisa unos niveles de oxitocina mucho más elevados, razón por la cual les cuesta más llegar a ese grado máximo de excitación y placer.

Durante esos instantes de máximo goce —mediante los abrazos, el roce de las zonas erógenas, los masajes y la propia relación sexual— se activa el área de recompensa del cerebro mientras se segregan en el torrente sanguíneo grandes cantidades de oxitocina y dopamina. Estas dos hormonas trabajan conjunta y coordinadamente y son responsables de la sensación de placer, de la necesidad de tocarnos y de que se refuerce el lazo afectivo con el otro.

En 2012 los científicos de la Universidad de Bar-llan en Israel, en colaboración con la de Yale, descubrieron que durante la fase de enamoramiento, y hasta seis meses después, los sujetos poseen niveles más elevados de oxitocina.

La oxitocina y la dopamina
potencian el vínculo afectivo en una pareja.

Una pareja que mantiene relaciones de forma continuada consolida de esa manera el amor o cariño que se tiene. Por el contrario, si una pareja pasa semanas, meses o incluso años sin intimidad, habrá necesariamente una repercusión negativa; no solo por la propia carencia de relaciones sexuales y la insatisfacción que esto supone, también porque hormonal y bioquímicamente se estará prescindiendo de un aliado fundamental en el equilibrio anímico y la sana relación de los cónyuges. Sin esa sobreabundancia de oxitocina y esos puntuales y excitantes picos de dopamina, sin relaciones sexuales, descuidamos un compañero casi indispensable para conservar la unión, la complicidad y la fortaleza del vínculo.

Esto también es importante puntualizarlo para otro tipo de situaciones. Mucha gente mantiene relaciones sexuales con otra persona por placer, sin ningún tipo de voluntad de que medien amor o un compromiso serio. Y algo que sucede con más frecuencia de lo que imaginamos es que alguno de los dos se «engancha» a la relación. Lo que parecía placentero y superficial, que se diseñó como puramente sexual, se transforma para una de las partes en un sentimiento más profundo que puede llegar al enamoramiento o incluso al amor.

Estadísticamente, este enganche se produce más en las mujeres que en los hombres —cualquier generalización suele ser una limitación, pero las estadísticas, muchos estudios científicos y mi propia experiencia profesional apuntan a que las mujeres son más tendentes al sentimentalismo y emotividad que los hombres—. ¿Las causas? Bioquímicas y psicológicas.

De hecho, en el año 2019 Marazziti plasmó en un estudio que las mujeres tienen mayor número de oxitocina circulante en plasma, así como también más receptores de esta que los varones. Quizá esto respondería desde la óptica puramente fisiológica. En el ámbito psicológico, la mujer, como hemos dicho, tiende a ser más afectiva y emocional y, en general, busca un vínculo más intenso en las relaciones amorosas.

Pero existe otra razón fisiológica responsable de que la mujer sea más propensa a buscar el lado sentimental de las relaciones y a ser más afectiva. O quizá dicho al revés, que el hombre sea menos proclive a consolidar y asentar una relación. Aquí entra en juego otra hormona, la testosterona, otro integrante decisivo en el mundo de las relaciones humanas.

La testosterona

Es la hormona responsable de la energía y de la libido en los hombres. Es un esteroide —del grupo de los andrógenos— que se libera desde las células de Leydig en los testículos. Se encuentra en ambos sexos. En las mujeres se produce en algunas células del ovario, si bien en niveles muy inferiores.

La testosterona interviene de manera directa en el volumen de masa muscular y en la densidad ósea, razón por la que algunos deportistas o jóvenes, para potenciar su musculatura o capacidad atlética, recurren a la toma de la versión sintética de esta hormona: los esteroides anabolizantes.

Los niveles más altos de testosterona en el hombre se alcanzan alrededor de los treinta años. Luego comienza a descender a razón de un uno por ciento anual. A partir de los cincuenta estos valores disminuyen de forma importante, por eso menguan la libido, la fuerza y la energía.

Un dato interesante es saber que en torno a los treinta años se consolida definitivamente la corteza prefrontal en los hombres —concentración, control de impulsión y atención—. Si añadimos una testosterona en niveles equilibrados a una corteza prefrontal ya madura, nos encontramos con el momento a partir del cual los varones dejan de ser tan impulsivos para pasar a ser más reflexivos. Hasta ese instante, la inmadurez, aunque sea parcial, de la corteza prefrontal, unida a los altos niveles de testosterona, explican la energía incontenible de los jóvenes. ¿Y cómo nos influye la testosterona?

— Se encarga de la energía y de la agresividad.
— Es la base del desarrollo y de la excitación sexual. Tan es así, que a algunas mujeres durante la menopausia o con la libido baja se les receta parches de testosterona.
— Potencia la competitividad.
— Está relacionada con el hecho de asumir riesgos, lanzarse contra una amenaza o peligro o acudir a salvar a alguien con valentía.
— Tiene mucho que ver con el desarrollo muscular; cuanto más ejercicio, más testosterona se produce. En los casos de los hombres con bajos niveles, realizar ejercicio puede ser de ayuda.
— Activa y trabaja la zona más primitiva del cerebro, encargada de la supervivencia y el mantenimiento de la especie.

Sobre la testosterona hay datos muy curiosos. Por ejemplo, a mí, que soy una gran futbolera, me resultó interesante leer un estudio que explicaba que los niveles de esta hormona disminuyen —y se mantienen bajos unas horas— cuando vemos perder a nuestro equipo. Sucede lo contrario cuando es nuestro equipo el que gana. Los altos niveles de testosterona y de dopamina que acompañan las victorias de selecciones nacionales explican pequeños *baby booms* locales o nacionales nueve meses después.

La testosterona y la oxitocina tienen una relación opuesta. La primera inhibe la unión de la oxitocina con su receptor y por tanto disminuye su efecto. Es decir, cuanta más testosterona, menos oxitocina.

La testosterona disminuye cuando los hombres se casan y comienzan a ser padres. Esto es una ventaja, ya que ganan en oxitocina y crecen en empatía con los hijos. De hecho, un estudio publicado en junio de 2017 en la revista *Psychoneuroendocrinology,* observó que los hombres casados tienen menores niveles de testosterona que los solteros. Al contrario, el divorcio provoca un correlativo aumento de los niveles.

El caso de Santiago

Santiago era un maestro de la testosterona. Impulsivo, enérgico, con la libido siempre alta, con ganas de discutir y de pelear.

—¡Los niños pequeños me aburren! —reconocía— si tuviera hijos solo me relacionaría con ellos cuando pudieran acompañarme al fútbol.

¡Así me lo transmitía siempre que nos veíamos!

Hace un par de años tuvo gemelos. A los pocos meses comenzó la pandemia, se confinó con su mujer y los niños y pensé que se vería sobrepasado por las circunstancias.

Cuando nos volvimos a ver, sonriente, no dejó de enseñarme fotos y vídeos de sus pequeños mientras narraba anécdotas de lo más tiernas. Santiago había tenido una inyección natural de oxitocina y esto le había transformado en un padre amoroso y cuidador.

Esto es muy importante ya que cuando se dan unos progenitores con una relación sin capacidad empática con sus hijos, con un comportamiento agresivo, estos padres pueden criar niños con heridas emocionales.

NO ESTÁ DE MODA SER EMOCIONAL

Cuando los niveles de testosterona son muy altos, los hombres tienden a ser más agresivos e impulsivos, y disminuye la actitud de generosidad y empatía.

La gente con poder y con puestos de responsabilidad suele caracterizarse por pisar fuerte y ser muy decidida. Este tipo de individuos, salvo excepciones, dedican menos tiempo a leer emocionalmente a las personas de sus equipos. De hecho, los estudios realizados sobre este tema han demostrado que a quienes se les inyecta testosterona, tienen menos capacidad de interpretar las emociones del entorno. Les cuesta ponerse en la piel del otro. Etiquetan y hacen generalizaciones al analizar el comportamiento ajeno, sin profundizar de forma correcta en las emociones.

Quiero aclarar un asunto: hay un nivel de estrés bueno y de competitividad que es saludable y positivo para el rendimiento. Este estrés positivo activa el sistema de alerta, mejora el foco y la capacidad de prestar atención. Ahora bien, si se mantiene en el tiempo, es negativo y perjudica.

He conocido a gente excepcional que, a medida que ha ido creciendo en su puesto de responsabilidad o ha ganado mucho dinero, ha perdido en empatía.

Recuerdo a un buen amigo de la época de la universidad que se fue a vivir a Estados Unidos. Fue ascendido en su trabajo, y el director general de la empresa le nombró adjunto. Acudía a reuniones con personas de alto poder adquisitivo, se rodeaba de cargos políticos, empresariales y económicos, cenaba en lugares caros y viajaba mucho. En una ocasión acudí en la ciudad donde vivía a un congreso de psiquiatría. Le avisé con semanas de antelación para poder vernos un rato. Me dijo que estaba ocupado y me acerqué a su trabajo. Me dedicó no más de diez minutos en la puerta del edificio mientras contestaba mensajes. Le pregunté si tenía novia y con una sonrisa burlona me dijo:

—¡Novia no, pero novias, muchísimas!

Ya no era el amigo que yo conocía. Algo le había sucedido. Me dio mucha pena porque fui consciente de que la amistad que teníamos se había perdido. Yo lo relacionaba con esa vida completamente irreal y ambiciosa en la que se había introducido. Semanas más tardes pasé por un drama familiar, un tema muy delicado. En condiciones normales, se habría interesado e incluso se habría ofrecido a ayudar. Le avisé y tardó varios días en contestarme.

Pasaron los años y una mañana me llamó para decirme que su padre tenía una depresión grave. Desesperado, me pedía ayuda. Renunció a su trabajo y regresó a España para poder cuidarle. El primer día que le volví a ver, me encontré con alguien más parecido a mi amigo de toda la vida. Traté a su padre durante meses y se curó, pero lo más significativo fue la «curación» de mi amigo, que recuperó en parte su forma de ser.

He podido hablar con él más tranquilamente sobre su etapa en Estados Unidos. Ahora, con los conocimientos, que tengo soy consciente de que tuvo una «subida» de testosterona considerable al tener un puesto de responsabilidad donde mandaba mucho y se codeaba con gente importante con la consiguiente bajada de oxitocina.

¿Qué ayudó a mi amigo? Toparse con el dolor. He repetido a lo largo de la vida que el sufrimiento puede tener un sentido, ¡sí!, y este puede estar relacionado con el hecho de que cuando sufrimos conectamos con el dolor de otros. El sufrimiento transforma el corazón.

Tras una etapa difícil con el dolor como protagonista, uno se acerca al alma de otras personas. Es capaz de empatizar mejor y entender mejor a los que le rodean.

Hasta hace unos años, ser emocional se percibía como una debilidad. Hoy, con tanta feminización, voluntaria o impuesta de la sociedad y de los puestos de responsabilidad, se está redescubriendo el enfoque más empático de la vida, del trabajo e incluso de la toma de decisiones. Las herramientas de la inteligencia emocional y de la empatía en el mundo laboral abren puertas y aportan la posibilidad de mejorar el rendimiento y felicidad en el trabajo.

5
¿QUÉ SUCEDE EN LAS MUJERES?

SOMOS IGUALES Y DIFERENTES

Como hemos visto, las mujeres también cuentan con testosterona. Las hormonas van variando durante el ciclo menstrual y el pico de esta tiene lugar durante la ovulación. Es lo que explica que en esos días, con la libido más alta, sea el momento fisiológicamente más propicio para atraer al varón y reproducirse. Al subir la testosterona, sube la excitación sexual y existen más posibilidades de concebir.

Las mujeres pueden tener niveles elevados de testosterona y esto se ha relacionado con féminas con un perfil más dominante y competitivo. La cuestión es si las que llegan a esos puestos directivos y exigentes estaban biológicamente predispuestas para pugnar o si es la propia espiral de tensión competitiva que se autoimponen las mujeres que llegan a esas posiciones de liderazgo la que fuerza a sus cuerpos a producir niveles anormalmente altos de testosterona.

Me encanta analizar las investigaciones y estudios sobre las diferencias entre el cerebro del hombre y de la mujer, y fijarme en los aspectos en los que funcionamos de forma similar y en aquellos en los que diferimos en comportamiento y psicología. Soy una fiel defensora de potenciar las cualidades y fortalezas de cada uno para entender cómo funcionamos.

Me gustaría dedicar páginas a profundizar en esta idea, pero daría para otro libro, por eso solo te hablaré de algunas peculiaridades.

Los hombres tienden a enfocarse en un tema particular y las mujeres son especialistas en recolectar información.

A lo largo de los siglos el ser humano ha ido evolucionando desde todos los puntos de vista. Para la supervivencia hemos precisado —y precisamos— un enfoque centrado en la competencia, la fuerza, la agresividad o la lucha —más propia de la testosterona de los hombres— unido al cuidado, a la compasión, el mantenimiento de una red social de apoyo y a la empatía —producto de la oxitocina en la mujer—. Compaginando estas dos facetas hormonales y emocionales hemos llegado a una ecuación perfecta y complementaria para asegurar la especie.

Embarazo, parto y posparto

Una buena amiga me comentó tras el nacimiento de su hijo que lo que más le había costado del embarazo era notar que su cerebro funcionaba de manera distinta. Ella es neuróloga y gran apasionada de la mente, por eso esto hizo que nos interesáramos ambas por este tipo de temas.

Muchas mujeres embarazadas perciben tener menos memoria o capacidad de prestar atención en algunos casos. La realidad es que su pensamiento está enfocado en el bebé y priorizan esa información sobre el resto, pudiéndose percibir algún déficit en su procesamiento.

Existe una investigación de 2016, liderada por la Universidad Autónoma de Barcelona y el Instituto Hospital del Mar de Investigaciones Médicas, sobre cómo el embarazo modifica el cerebro de las madres potenciando su capacidad de cuidar mejor al bebé, sin mermar ni perjudicar las habilidades intelectuales. Se realizó una resonancia magnética a veinticinco mujeres antes y después del parto y a sus parejas. Por otro lado, se empleó un grupo control de diecisiete mujeres que nunca habían sido madres y a sus parejas. Se realizó un seguimiento durante cinco años.

Las conclusiones publicadas en la revista *Nature Neuroscience* mostraron que el primer embarazo disminuía el volumen de la materia gris del cerebro en la línea cortical anterior y posterior y en alguna zona concreta de la corteza prefrontal y temporal, zonas encargadas de las relaciones sociales. Otro dato interesante extraído es que estos cambios permanecían al menos dos años tras dar a luz. Tras este estudio se podía adivinar, tras observar las imágenes, si una mujer había estado embarazada o no.

Esa disminución de volumen en la materia gris no implica un empeoramiento de las funciones cognitivas. Este fenómeno es semejante al que se produce durante la adolescencia. Se denomina poda sináptica, se perfeccionan las conexiones entre las neuronas y se elimina lo que no es necesario para un mejor funcionamiento cerebral. Como aclara la investigadora del estudio, Susanna Carmona, «se favorece un procesamiento mental más maduro y eficiente».

Es como una reestructuración del cerebro para adaptarse de la mejor manera al nacimiento de su hijo. Ayudará a la madre a captar las necesidades del recién nacido y conectar emocionalmente con él. Este instinto es la causa por la que muchas priorizan el cuidado del pequeño al de ellas.

La maternidad provoca cambios duraderos en el cerebro de las madres. Todos ellos enfocados a proteger y cuidar el bebé de la forma más sana posible.

La depresión posparto es una de mis grandes preocupaciones como psiquiatra. Se cree que entre un diez y un veinte por ciento de las mujeres tienen depresión posparto. Durante la residencia presencié varios episodios severos en pacientes que me marcaron profundamente. Desde entonces, siempre que acompaño a una mujer durante el embarazo, analizo bien los posibles factores de estrés para ayudarle a evitar caer en depresión tras dar a luz. El haber sufrido de trastornos depresivos a lo largo de la vida influye en la posibilidad de padecerlo después del nacimiento de un hijo y hay que prestar especial atención a ello.

En julio de 2019, el profesor Ryoichi Teruyama, del departamento de Ciencias Biológicas de la Universidad Estatal de Louisiana, publicó los resultados de una investigación sobre la depresión posparto en la revista *PLOS ONE*. Descubrió lo que ya se venía tratando desde hace tiempo: cuando existe una expresión alterada de los receptores de oxitocina, puede desencadenarse una depresión posparto. Las causas de esos receptores alterados es multifactorial, incluída la propia intervención intraparto con oxitocina sintética. Con esta información lo que me interesa es insistir en el cuidado de la mujer que da a luz. Los síntomas depresivos en las que acaban de ser madres influyen de forma importante en la manera en la que se vincularán con su bebé y por tanto impactarán en el sistema de apego que se vaya forjando.

Lo vamos a ir viendo: el nacimiento de un bebé marca un momento de enorme importancia para la vida de la madre pero también en la biografía del pequeño. ¿Cuál es la influencia de la oxitocina en esos primeros instantes de vida?

La importancia del piel con piel en los bebés

Escuché hablar por primera vez de Nils Bergman a la doctora Ibone Olza, con la que había realizado una rotación en el hospital. Me fascinó el campo de investigación tan maravilloso que estudiaba y practicaba, y profundicé en el tema.

El doctor Bergman nació en Suecia, pero se afincó en Sudáfrica hace muchos años. Es uno de los pediatras neonatólogos más reconocidos en el mundo por sus trabajos en neurociencia perinatal. Su labor se desarrolló en Ciudad del Cabo, en la maternidad del Hospital de Mowbray, y ahí observó la importancia que tenía el contacto madre-hijo nada más nacer, con un efecto maravilloso: la mortalidad en los recién nacidos disminuía cuando existía un contacto cercano —piel con piel— entre madre e hijo. Llegó a sus conclusiones al trabajar en una misión en Zimbabue. Allí no contaban con incubadoras y optó por unir a los bebés a sus madres en cuanto nacían. Los resultados le sorprendieron: ¡la supervivencia en esos casos era un cincuenta por ciento mayor que cuando se les introducía en las incubadoras!

El trabajo de Nils Bergman está enfocado en los recién nacidos durante los primeros minutos y horas de vida en el ámbito neurológico y fisiológico. Ha estudiado lo que sucede en los partos excesivamente medicalizados, y explica que una de las consecuencias de ello es una mayor dificultad a la hora de establecer la lactancia de forma adecuada.

Existe un tema controvertido en los últimos años: el uso de la oxitocina sintética durante el parto. En algunas ocasiones es necesario su uso para inducir o potenciar las contracciones. No obstante, el doctor Bergman advierte de los riesgos que esto conlleva: hay células del organismo que no responden de manera correcta al medicar con esta sustancia —los receptores de oxitocina se desactivan— y el circuito de la oxitocina deja de funcionar correctamente. Existen investigaciones que vinculan el uso de oxitocina intraparto con riesgos psicológicos, especialmente frecuentes en aquellas mujeres que tienen antecedentes psiquiátricos.

Me parece importante puntualizar esta cuestión. No para eliminar el uso de esta sustancia, ya que en algunos partos es necesario, sino para tenerlo en cuenta en la prevención psicológica. Las mujeres con antecedentes psiquiátricos deben ser seguidas y tratadas de forma cercana durante los embarazos y los meses siguientes tras dar a luz.

Según el doctor Nils Bergman, los mil primeros minutos de vida son básicos y fundamentales en el ser humano. En el instante que ve la luz, surge el primer contacto del bebé con el exterior. Es la madre la que comunica y acompaña al pequeño desde el mundo protegido uterino al mundo exterior.

El parto es un momento clave de enorme intensidad. Cuando este es complicado y con gran carga de estrés, el cerebro del niño percibe de cierta manera que el lugar al que viene es un lugar hostil e inseguro, generándose una intoxicación de cortisol. Si añadimos una separación del bebé y su madre, se produce un estrés tóxico para el bebé que tendrá consecuencias físicas y psicológicas. En esos partos traumáticos se «apaga» el gen de los receptores de cortisol, lo que genera una hiperactivación del receptor. La resiliencia consistirá en conseguir recuperar el estado de paz tras ese estado de alerta.

Cuando el parto es bueno, el bebé tiene más probabilidades de generar una conexión adecuada con el mundo al que se enfrenta y activar los receptores de oxitocina correctamente. Ya conocemos los beneficios de estar inundados de receptores de nuestra hormona vitamina y habrá más posibilidades de desarrollar un adulto con empatía. Lo importante es que la madre y el bebé estén juntos tras el parto. Hay cada vez más estudios que lo avalan. Cuando se unen, surge una activación importantísima en el cerebro del pequeño. La neuroplasticidad se pone en marcha: los circuitos neuronales se conectan entre la amígdala y la corteza prefrontal. Se refuerza la conexión emocional y cerebral, que son especialmente intensas en las primeras horas de un bebé.

Un bebé cuando nace necesita la presencia de sus padres y su contacto físico. Ese piel con piel es el hábitat natural y fisiológico del recién nacido.

Si tras el parto la madre no está disponible, la presencia del padre es muy útil. Yo he tenido partos muy complicados y en alguno de ellos este proceso ha sido realizado por mi marido. El cerebro del hombre también es sensible a esos instantes, y es recomendable que esté presente y sienta al pequeño.

Ese contacto tan estrecho estimula la oxitocina y ayuda a la salida de la leche. Si no se produce por alguna circunstancia, hay que intentar encontrar otros métodos para que el bebé no sienta que está en un lugar hostil y agresivo. Por tanto, siempre que se pueda recomiendo darle el pecho, pero soy consciente de que existen múltiples variables que lo pueden dificultar o impedir. En estos casos, aconsejo darle el biberón con el mayor contacto físico posible, cantándole, masajeándole o incluso contándole cuentos.

El nacimiento de uno de mis hijos fue profundamente traumático. Yo sabía de la importancia del piel con piel y, por tanto, había pedido que en cuanto naciera me lo pusieran conmigo. El parto se complicó y cuando me desperté de la anestesia —habían tenido que dormirme porque el dolor era insoportable— me comunicaron que el pequeño estaba en una incubadora. Quise verlo, pero me dijeron que había que estabilizarlo porque había sufrido mucho. Yo lloraba desconsoladamente, nunca me había sucedido algo igual, me era imposible contener las lágrimas y una tristeza inmensa me inundó durante las primeras horas.

Supongo que la mezcla de la medicación con la revolución hormonal de esos instantes también influía, pero la sensación de vacío era terrible.

Al cabo de unas horas que se me hicieron eternas, en plena noche, una enfermera acudió a ver cómo evolucionaba el dolor. Sollozando le rogué que me dejara ver al bebé, le expliqué que no lo había conocido —solo me habían mostrado una foto con tubos y cables— y que el dolor me desgarraba. Le hablé de que era psiquiatra, de la oxitocina, del cortisol, del piel con piel... La enfermera, supongo que sorprendida ante mi insistencia y mi estado de angustia, se comportó como un ángel venido del cielo. Se armó de valor y, con la ayuda de dos celadores y de mi marido, me subió a una silla de ruedas y me llevó a la UCI.

En el momento en que abrió el cristal de la incubadora y metí la mano para acariciar a mi hijo, por «arte de magia», las lágrimas desaparecieron. Me quedé ahí un par de horas, no me quería separar del pequeño.

Me devolvieron a la habitación para descansar, pero a las pocas horas volví a sentir la necesidad de estar con él, las lágrimas volvían y no era capaz de calmarme aun sabiendo que «todo estaba bien», y ese día estuve sentada en la silla de ruedas casi la mayor parte del tiempo, con la mano puesta en su espalda, acariciándole. Era como un bálsamo para mi mente y mi corazón. Al poco comenzó a subirme la leche y pedí alimentarlo en la UCI.

Esta es la clave. Un parto traumático no determina una vida. Hay bebés que nacen con mayor sensibilidad al trauma y otros en cambio son más resistentes y padecen menos efectos adversos. Con las madres sucede algo parecido. Algunas acuden al parto con miedo y angustia y dificultades para conectar con el hijo que va a nacer y otras son capaces de generar una conexión sana con el pequeño en cuanto nace a pesar de las circunstancias.

En el mundo occidental todavía existe mucho por entender e implementar en las unidades de neonatología. Hoy sabemos que en los partos por cesárea no existe el mismo incremento de oxitocina, razón por la que la lactancia puede demorarse horas o días.

Si queremos potenciar el vínculo y los receptores de oxitocina y disminuir el incremento de cortisol, realizar el piel con piel en cuanto se pueda es un bálsamo para el cerebro del pequeño y de la madre. En los casos en que sea factible, se recomienda alimentar al bebé con lactancia materna. Si esto no es posible, el mantener una cercanía física y emocional con el bebé ayuda a mitigar el daño sufrido: portearle, cantarle, contarle cuentos o realizar pequeños masajes.

El olor y la voz de la madre

Seguro que has observado en alguna ocasión a un niño llorar desconsolado en brazos de abuelas, tíos o cuidadores, y de repente calmarse cuando su madre le coge.

¿Cuál es la razón? En un artículo publicado por la revista *Current Biology,* el doctor Darren Logan explica que el líquido amniótico donde el bebé se aloja durante la gestación tiene un olor característico que él reconoce. Cuando nace, ese olor se queda impregnado por todo su cuerpo y es lo primero que respira. Además del olor, el sonido tiene mucha importancia en el nacimiento del bebé. Él ha estado escuchando la voz de la madre durante nueve meses, y será esa la que le saque una sonrisa en cuanto la escuche.

Por eso, desde muy pequeños, de forma fisiológica y natural, el regazo materno se convierte en su lugar seguro, ya que su cerebro se siente en paz cuando lo percibe cerca. Es como si de cierta manera ese contacto activara los recuerdos —de antes de nacer— donde no existía el malestar.

Los bebés precisan muchas horas de sueño en los que se van sucediendo gran cantidad de cambios neuronales de vital importancia. Cuando notan a la madre, dormirán mucho más serenos y en paz que si se sienten aislados y desprotegidos —en los siguientes capítulos lo explicaré con detalle—.

6
Tocarse es necesario para la supervivencia

Los receptores de la piel

El roce, una caricia, la brisa... son sensaciones que llegan al cerebro a través de unos receptores que se encuentran en la piel denominados corpúsculos de Meissner y de Pacini. Son los encargados de captar aquello relacionado con el tacto o las sensaciones térmicas. Desde los cambios de temperatura, las caricias, los pellizcos, los golpes o la propia textura de la ropa. Se encuentran en diferentes lugares corporales.

Cuando el receptor es estimulado, una señal parte hacia la corteza prefrontal, que analiza qué tipo de estímulo ha llegado. Las mujeres tienen una enorme sensibilidad en los dedos, se cree que es debido a que como tienen manos de tamaño más pequeño que el hombre la red de receptores está más poblada y perciben con mayor intensidad.

Los corpúsculos de Meissner captan los roces más sutiles y abundan en el pulpejo de los dedos y en la boca y lengua. En cambio, los de Pacini se encuentran más internos en la piel y se encargan del tacto de presión profunda y de la sensación de vibración. Están sobre todo en las manos y en los pies —ayudan, por tanto, a detectar amenazas—. Cuando abrazamos a alguien, esa presión que sentimos viene activada por los corpúsculos de Pacini. Ese abrazo va a ayudar a sentirnos mejor y a bajar nuestros niveles de cortisol.

No recibir contacto físico enferma

En el confinamiento indagué e investigué sobre el tacto y las relaciones humanas de forma intensa. El hecho de vivir aislados durante tantos meses me hizo profundizar aún más en este tema tan apasionante.

Una de las obras que me cautivó fue el libro *El tacto,* del antropólogo Ashley Montagu. Sus páginas versan sobre la importancia del tacto en la personalidad, el mundo emocional y el comportamiento. Te recomiendo que lo leas si buscas ahondar en alguna de estas cuestiones.

Montagu cuenta una anécdota acontecida en el Sacro Imperio Romano Germánico bajo el reinado de Federico II de Hohenstaufen, durante el siglo XII. Cuenta cómo el emperador tenía especial interés en conocer cuál era la lengua madre, es decir, cómo hablarían los niños si nadie les enseñara ningún idioma durante su infancia. Envió a varios bebés a una institución ordenando que fueran alimentados correctamente pero que nadie les hablara y que no escucharan palabra alguna ni recibieran afecto. Los resultados fueron demoledores: ninguno sobrevivió. No aguantaron el no recibir ninguna comunicación ni percibir expresiones faciales por parte de sus cuidadores.

Montagu realiza en su libro un recorrido por la evolución del tacto a lo largo de la historia. Relata cómo a principios del siglo pasado, la mortalidad en los niños hospitalizados en Estados Unidos era absoluta. El doctor Henry Dwight Chapin, conocido pediatra de la ciudad de Nueva York, presentó un informe en el año 1915 compartiendo su preocupación por un tema acuciante: en casi todas las instituciones, orfanatos u hospitales del país con niños pequeños internados menores de dos años y separados de sus madres, las muertes rondaban el cien por cien. Este informe fue analizado por la Sociedad Americana de Pediatría y diferentes médicos expusieron su opinión al respecto formulando ideas similares: la calidad y las condiciones físicas, higiénicas y emocionales de estos lugares eran deplorables.

¿Qué estaba sucediendo? Imperaba el pensamiento divulgado por Luther Emmett Holt, profesor de la Universidad de Columbia y pediatra en el Hospital de Nueva York. Había publicado el libro *The Care and Feeding of Children,* que obtuvo un enorme éxito editorial e influyó en la manera en la que se trataba a los bebés. En sus quince ediciones proponía ideas tales como no demostrar afecto y cercanía a un niño, evitar cogerle en brazos si lloraba, determinar horarios fijos para la alimentación o prohibir las cunas mecedoras.

La causa principal del fallecimiento de estos bebés era el marasmo que, al igual que otras enfermedades nutricionales como el kwashiorkor y la caquexia son cuadros de desnutrición extrema que acontecen entre el primer y el segundo año de vida. Es de tal gravedad que desencadenan un déficit calórico total y pueden acabar en muerte.

El doctor Fritz Talbot, pediatra en Boston, viajó por diferentes países buscando la causa del marasmo. En Alemania visitó algunos orfanatos y hospitales antes de la Primera Guerra Mundial. En ese país sí eran conscientes de la importancia de inculcar afecto a los pequeños durante su ingreso. Una anécdota que le asombró profundamente ocurrió en un hospital de Dusseldorf. El director del centro al que acudió le enseñó las diferentes salas donde estaban ingresados los pequeños. Las condiciones eran buenas, saludables, limpias y agradables. En una de las habitaciones observó a una señora mayor que portaba a un bebé. Sorprendido, preguntó de quién se trataba y el doctor Schlossmann, el director, le contestó que Anna y que era la que se encargaba de aquellos bebés que habían sido desahuciados y los médicos no tenían esperanza para su curación. Ella, con su tacto y su cariño, los «sanaba». Suponemos que ese afecto que prodigaba a esos bebés —ese contacto físico— tenía el poder de despertar los mecanismos fisiológicos más profundos de ese niño que luchaba por la vida.

René Spitz (1887-1974), psicoanalista estadounidense, también se preocupó por esos cuadros de marasmo en niños. Investigó con profundidad los síntomas en los menores de un año ingresados sin la presencia de su madre o de una figura de apego en periodos de tres a cinco meses, aproximadamente. A pesar de estar bajo el tratamiento adecuado, no recibían atención emocional ni cariño por parte de los cuidadores de la institución y estaban alejados de sus madres. Tras observar cientos de bebés, definió la depresión anaclítica o síndrome de hospitalismo para referirse a la patología que asomaba en esos niños ingresados, aislados, solos o abandonados en hospitales u orfanatos. Al no ser capaces de adaptarse a esa situación tan dura sin la presencia de sus madres, presentaban un retraso en el desarrollo físico —delgadez extrema y déficit nutricional—, síntomas depresivos —como dificultad a la hora de comunicarse y expresarse—, mirada fija, falta de movimientos y energía y pérdida de apetito. Esto se unía a un sistema inmune debilitado que les causaba una mayor probabilidad de contraer infecciones o enfermedades graves, y muchos fallecían. Esos bebés, emocionalmente descuidados, se iban apagando lentamente.

Este síndrome también se observaba en aquellos niños que habían sido abandonados en algún hospital u orfanato y tardaban en retomar el contacto físico y emocional con una figura de apego —padres adoptivos o cuidadores—. Lo interesante es que en muchas ocasiones esos síntomas remitían cuando los bebés volvían a conectar con su madre o eran adoptados por una familia que les llenaba de cariño.

En los lugares pobres donde las madres cuidaban de forma atenta y amorosa a sus hijos, la tasa de mortalidad era menor que en aquellos hogares donde sí existía comida y las condiciones eran más favorables, pero la expresión afectiva era menor o casi nula.

Esa falta de cuidado emocional podía desencadenar marasmo e incluso llevar a la muerte.

Tras analizar estos estudios, en el Hospital Bellevue de Nueva York se implantó una medida para poder coger a los niños en brazos y demostrar afecto con ellos. La tasa de mortalidad descendió a menos del cincuenta por ciento pocos años después.

Spitz fue pionero en comunicar estos resultados que se daban en las instituciones con bajo nivel afectivo, pero pronto llegaron las investigaciones de John Bowlby, Harry Harlow y Mary Ainsworth, que revolucionaron el mundo psicológico y emocional, y a las que dedicaré un apartado importante en el bloque sobre el apego.

La piel, el contacto, la oxitocina, la mente y la salud están profundamente unidos, por eso siempre defiendo a capa y espada la importancia del contacto físico desde la infancia.

¡Sí! Durante los últimos siglos se han cometido errores, pero el mensaje es esperanzador, ¡vamos por buen camino! Y gracias a las investigaciones y a la divulgación estamos haciendo de este mundo, a veces excesivamente frío y poco cercano, un lugar más amable y seguro para vivir.

7
La oxitocina no deja de sorprendernos

La metamorfosis de Mickey Mouse. Neotenia

Seguro que te ha sucedido en alguna ocasión. Vas paseando por la calle y ves a un niño de un año, regordete, simpático, que te mira con sus ojos grandes y te sonríe. Es difícil no dejarse llevar por esa carita adorable y devolverle la sonrisa. Puede ser que un día veas un documental de cachorros y te produzcan una enorme ternura o incluso veas una muñeca, un dibujo animado o una foto de alguien conocido cuando era pequeño y se dibuje una sonrisa en ti. ¿Qué está ocurriendo en esos momentos en tu cerebro? Te lo voy a explicar con el ejemplo de Mickey Mouse.

El ratón más famoso de la historia sufrió un cambio desde su creación. A principios del siglo XX se trataba de un roedor de orejas negras, adulto, con patas largas y delgadas y hocico prominente que tenía una conducta burlona y traviesa. Nada parecido al adorable ratoncito que conocemos hoy.

Los diseñadores se dieron cuenta de que había que transformar a Mickey en un personaje más cercano a los niños y digno de ser querido y admirado. Su transformación consistió en mejorar su comportamiento en las animaciones, pero el cambio fundamental se dio en su físico: en suavizar sus facciones hacia unos rasgos con apariencia más infantil. A esto se le denomina neotenia —proviene del griego *neo,* 'joven', y *teinein,* 'extenderse'— y se refiere al proceso que preserva los rasgos juveniles o infantiles en el adulto.

¿Cuáles son los rasgos propios de la neotenia? En la actualidad, Mickey tiene una cabeza más redonda, ojos grandes situados en la parte de abajo, boca pequeña, mejillas abombadas, piernas y brazos regordetes... En cambio, cuando uno observa piernas delgaduchas o alargadas u hocicos grandes, la sensación no es de apego y ternura, ¡ni por supuesto genera deseos de cuidado y protección! Estos rasgos se van difuminando con el tiempo.

La neotenia —ver los rasgos de bebés— activa mecanismos internos en los seres humanos, generando ternura y fomentando sentimientos de apego y de cuidado, ya que en esos instantes se segrega oxitocina.

Observar rasgos infantiles genera
sentimientos de calma y ternura, activados por la oxitocina.

Esta es la razón por la que la industria de la televisión y del neuromarketing ha empleado estas técnicas para atraer al público; desde cambios en la propia Hello Kitty hasta transformaciones en el mundo automovilístico. El Volkswagen Beetle y el Mini Cooper fueron diseñados bajo este prisma de la neotenia. Si uno se fija, la parte delantera de estos coches simulan unos ojos grandes y frente amplia y generan esos sentimientos de simpatía y ternura —¡qué complicado hablar de ternura al tratar de un coche!— o de sentimiento protector.

Ya lo sabemos, ver estos coches nos activa la oxitocina y por eso es un vehículo muy deseado por las mujeres que tienen este mecanismo tan sensible. Supongo que luego la industria del cine sabe llevar estos temas a la gran pantalla con superproducciones como *Cars* o *Aviones,* donde los objetos generan cercanía y sensación de amistad.

Me gustaría puntualizar algo interesante. Una persona vitamina es aquella que mantiene sus rasgos de neotenia, no en el plano físico —ya que este evoluciona con la edad—, sino en su forma de ser, pensar y relacionarse.

Mantener la juventud, la inocencia sana, la risa contagiosa, la capacidad de asombro y las ganas de aprender nos ayuda a segregar oxitocina en aquellos que conviven con nosotros.

En el trabajo

Te cuento el caso de Juan, mi amigo de Glovo. Siempre apunto mis cosas y mis citas en una agenda Moleskine —cada año cambio de color y tengo todas guardadas en un cajón, así me recuerdan lo vivido—. La llevo en el bolso y la cuido para no perderla. Me han recomendado que lo pase a digital, pero me gusta escribir, tachar y verlo todo plasmado en una hoja.

Una mañana de miércoles me di cuenta de que la había olvidado en casa. Me habían llamado para acudir a dar una sesión y no me acordaba de si tenía algo ese día. La necesitaba y a través de la aplicación de la plataforma solicité que me la trajeran al trabajo.

Al cabo de un rato llamaron a la puerta y un tipo alto, con su característica mochila amarilla, me entregó el paquete, con la agenda dentro, y se marchó. Me quedé de pie verificando las fechas libres cuando escuché a alguien que sollozaba al otro lado de la puerta mientras hablaba por teléfono. Al acercarme me encontré con el repartidor, sin el casco, llorando desconsoladamente.

—¿Necesitas algo? —le pregunté.

—Nadie me puede ayudar, es muy grave.

—Soy especialista en temas graves, quizá sí te pueda ayudar.

Le hice pasar a mi despacho y me contó su historia.

—Mi madre vive en Venezuela y está muy enferma. Necesita un tratamiento para curarse y entre mis hermanos y mis primos hemos conseguido el dinero para enviárselo. Nos acaban de comunicar que la empresa de envío de dinero ha perdido lo que le hemos mandado y mi madre no va a poder curarse. No sé qué hacer y tengo pedidos pendientes, pero estoy bloqueado.

Se me encogió el corazón. Juan, como se llamaba, de casi dos metros, parecía un niño pequeño. Me enterneció profundamente y dediqué un buen rato a calmarle y a hablar con él. Al cabo de unos minutos se marchó a proseguir con su trabajo y le dije que regresara al día siguiente.

Cuando volví a verle, estaba más tranquilo y tenía planes para solucionar el problema. Vio mi libro encima de la mesa y me preguntó cómo podía hacer para que le pasasen cosas buenas a un repartidor de Glovo.

No tenía duda.

—Los repartidores acudís a las casas, pero el contacto que se genera con el comprador es casi imperceptible. En muchas ocasiones, uno no ve la cara del otro, le tapa el casco, y ese instante dura por lo general menos de quince segundos. Yo te recomiendo que pongas ilusión y pasión en tu trabajo. Por dos razones: la primera es que cuando introduces pasión en tu vida surgen cambios neurológicos importantes en tu cerebro; la segunda es que cuando actúas desde la ilusión, la gente lo capta, lo percibe y pueden suceder cosas maravillosas. Alguien con ilusión se convierte en persona vitamina. —Y por supuesto le hablé de la oxitocina.

Unas semanas más tarde, Juan me telefoneó. Había acudido a entregar comida a las afueras de Madrid. Desde hacía unos días había cambiado su «forma de entrega»: saludaba al que abría la puerta, se quitaba el casco, sonreía... Y un mediodía algo sucedió.

Estaba en el jardín de una casa donde había entregado un pedido. Fue amable con el dueño y le dijo que la comida todavía estaba caliente y que había oído en cocina que si la recalentaba perdía sabor. El señor, muy cordial, le comentó que a la mañana siguiente empezaba a entrevistar para contratar un conductor.

Buscaba a alguien afable, de confianza y que le gustara su trabajo. Al preguntarle si le interesaba, le respondió que lo iba a consultar con su psiquiatra. El dueño de la casa, atónito, no entendía la razón por la que Juan me llamaba.

—¿Por qué le consultas a tu psiquiatra? ¿Te ha pasado algo muy grave?

Le dije a Juan que tenía que contarle toda la verdad. Y a los dos días Juan volvió a visitarme.

—Fui sincero, le narré mi historia y la enfermedad de mi madre. Me ha contratado. Marian, tu consejo me ha servido de mucho. Gracias de corazón.

Me gusta hablar de Juan porque creo que ayuda muchísimo a entender que, en la vida, trabajar con ilusión y confianza en tí mismo, mejora la salud física y psicológica y abre un mundo entero de oportunidades. Estoy segura de que el hecho de generar esa conexión —llena de oxitocina— le sirvió para mejorar su situación profesional... ¡y la personal!

El señor que le contrató trabaja en un banco y ayudó a Juan a conseguir el dinero que necesitaba para el tratamiento de su madre. Siempre que pienso en su historia me emociono.

La confianza y la amabilidad abren oportunidades. Si empleas la oxitocina en tu trabajo, los resultados serán más satisfactorios.

Uno de los lugares donde nos cruzamos con más personas es en el lugar de trabajo. Aquí se establecen todo tipo de relaciones de afecto, desde las más frías y distantes hasta los romances surgidos en medio de la vorágine del trabajo. El teletrabajo, tan difundido y clave en tiempos de pandemia, ha ayudado en un momento complejo, pero también ha perjudicado las relaciones sociales.

Cuando en una empresa los niveles de confianza son buenos, la oxitocina que se genera permite formar equipos más rápidamente y trabajar juntos de manera más efectiva.

Paul J. Zak lo explica tras sus investigaciones. Los grupos requieren dos herramientas para sacar el mayor partido a su personal: la confianza entre los miembros y entender el sentido de su ocupación. Estas dos características tienen una base científica que asegura que mejora la cultura de la compañía y sus beneficios.

Hace unos años monté *ilussio* con dos de mis hermanas y un gran amigo. La idea era implementar en las empresas charlas, conferencias y sesiones individuales para ayudar a los trabajadores a mejorar en inteligencia emocional y sacar una mejor versión de ellos, a la vez que introducíamos herramientas que consolidaran un mejor equipo. Los resultados son siempre sorprendentes y positivos, un revulsivo para las compañías, ya que por primera vez entra el componente emocional y humano que da un sentido mayor al trabajo.

Los estudios han demostrado que cuando la confianza entre los miembros de un grupo es elevada, la oxitocina fluye y la tarea pasa a ser una actividad más vinculada con el placer que con el malestar.

Una de nuestras fuentes de conexión más fuerte se establece en el trabajo, donde, de acuerdo con las últimas investigaciones, una buena salud social estimula y mejora la productividad. Soy una fiel defensora de crear ambientes sanos en la empresa para así mejorar la eficiencia y los resultados, a la vez que la gente es más feliz.

Considero fundamental en la vida de una persona su relación con sus compañeros de trabajo. Si nos pasamos —siendo optimistas— ocho horas diarias en nuestro puesto, es imprescindible para la salud —y no solo la mental— que esas relaciones sean buenas o, como mínimo, que no sean malas. Todo el mundo tiene que poner de su parte para que el entorno sea agradable, si bien es cierto que en muchos casos una persona tóxica puede llegar a destruir lo que en otras circunstancias habría sido un buen equipo.

Hoy en día existen empresas que fomentan la tensión y la competitividad de forma extrema, lo que puede derivar en una atmósfera insoportable en la plantilla. No hay una solución perfecta, pero considero que esta debe partir siempre de la humanidad de los que están en el vértice de la pirámide, de los supuestos responsables. La selección de directivos y de los cargos dependientes de estos debería considerar la calidad humana y el ambiente que estos generan en sus equipos. En muchos casos, he contemplado cómo un buen líder impregnaba verticalmente toda la organización empresarial, inyectando oxitocina, o al menos en los escalones inferiores más próximos a él, de un clima y una cordialidad que por lo demás, desgraciadamente, escasean en muchas empresas.

No se debe fomentar el acceso a puestos ejecutivos de personas que tengan un historial negativo en lo humano. Si las relaciones son muy competitivas y tóxicas, el resultado son empleados que operan como individuos aislados, desconfiando del trabajo en equipo, pendientes siempre de una zancadilla de otro candidato al puesto al que aspiran, estresados, intoxicados de cortisol y más tendentes, por tanto, a «romperse».

Con las mascotas

En 2012 falleció uno de mis mejores amigos, Rafa, tras sufrir de ELA. Recuerdo la noche antes de morir que fui a despedirme de él al hospital en el que estaba ingresado. Volví a la casa que tengo en el campo, donde estaba pasando esos días, con el corazón encogido y me fui a dar un paseo. Me senté en una piedra desde donde se ve el pueblo más cercano, pensando en la vida, la muerte y la enfermedad —perder a un amigo con veintitantos años es un golpe duro—, y al cabo de unos minutos me percaté de la presencia de alguien un par de metros más atrás. Me giré y me encontré con Balty, un golden muy especial, que tras ver mi gesto, se acercó y se acurrucó a mi lado. Se pasó las semanas siguientes buscándome y sin dejarme ni un momento.

Recuerdo un paciente que me hablaba siempre con cariño de su gato. Tras la ruptura con su novia me contaba que él fue su gran apoyo y que mitigó su sentimiento de soledad.

También pienso en Patricia, una chica joven que padece un autismo grave. Tras múltiples tratamientos sin grandes mejorías, comenzó a montar a caballo. La interacción tan maravillosa que se ha producido desde entonces entre ellos ha influido positivamente en su relación con los demás.

Sí, surge algo importante cuando se cuida un animal. En una sociedad cada vez más aislada e individualizada, tener una mascota se ha convertido en una realidad muy frecuente.

¿Qué hace que los animales sean tan importantes en el mundo emocional? Algunos estudios aseguran que la convivencia entre perros y humanos, por ejemplo, disminuye el riesgo de resfriados, enfermedades coronarias y estrés y aumenta los hábitos de ejercicio al verse forzada la persona a sacarle a pasear por lo menos una vez al día.

¿Está la hormona de la oxitocina relacionada con este lazo tan particular? La revista *Science* publicó en el año 2015 un estudio realizado por Miho Nagasawa, de la Universidad Azabu de Sagamihara, en Japón, donde se analizaban un grupo de treinta personas mirando y tratando a sus perros durante un largo periodo de tiempo. Se midió la oxitocina en orina antes y después del experimento y se observó que se produce una liberación de oxitocina en los amos. Lo curioso es que ese incremento se producía de igual manera en los perros. Según el doctor Nagasawa, este vínculo se asemeja al de las madres con sus hijos.

Por otro lado, se ha visto que el contacto directo de los seres humanos con los animales a diferentes edades puede ser beneficioso. Por ejemplo, en los más pequeños se ha comprobado un aumento del juego y el compañerismo en escuelas donde hay granjas y animales. En los adolescentes favorece la expresión emocional y el sentido de cuidado al tener que ser responsables de una vida externa a ellos mismos. En los mayores parece ser una fuente de compañía en edades donde prima la falta de comunicación.

Tener un animal es una fuente de motivación para el que se siente solo. Por esta razón suelo recomendar en muchos casos, como terapia, que una familia o una persona consiga una mascota a la que cuidar y con la que pueda establecer un vínculo afectivo.

Me gustan los abrazos

Los abrazos forman parte de la infancia y de la relación entre padres e hijos. Acariciar y tocar de manera cariñosa a un hijo es importante. Cuando se caen, se hacen daño o llegan tristes a casa, el hecho de recibir un abrazo resulta un bálsamo para ellos. Tras hacerse una herida, piden un beso, y parece que tiene un efecto curativo, ¡estoy segura de que la oxitocina está trabajando en esos instantes! Cogerles no solo les alivia, sino que es un analgésico que potencia el sistema inmune.

El abrazo ayuda porque existe un mensaje implícito en el que subyace un «no te juzgo», «te comprendo», «te quiero como eres», «te he echado de menos»...

Ser capaz de expresar afecto a través del cuerpo y de los abrazos ayuda a mejorar la comunicación. Los niños requieren que los achuchemos y les demos besos, y sabemos que eso mejora su autoestima y su gestión emocional.

La piel recuerda. Al igual que un niño que ha recibido azotes, palizas o algún abuso lo guarda en su memoria celular, el que ha recibido amor físico y emocional tiene una buena reserva de afecto para hacer frente al futuro. Eso influirá también de forma importante en su mundo sexual y afectivo. Pero esto no sucede solo en los niños; nuestros padres, cuando se van haciendo mayores, a veces pierden facultades físicas y psicológicas que les generan, en ocasiones, tristeza y angustia. Se sienten solos y aislados, y un método fácil que les alivia es cogerles de las manos, abrazarlos o darles un beso.

Los ancianos que no reciben contacto físico inundan su mente y su cuerpo de tristeza y falta de ilusión. No debemos olvidar que muchas personas, cuando cumplen años, se sienten aisladas y desconectadas del mundo. Esos segundos de abrazo, tras un tiempo sin verse, demuestran un afecto que pueden resultar un bálsamo para ellos.

Hay estudios que sugieren que en las parejas que se demuestran poco afecto, la alexitimia —la incapacidad de demostrar física y verbalmente sentimientos— es una causa de crisis. Existe una descompensación en la manera de expresar cariño.

Los abrazos curan, reconfortan, generan paz
y mejoran el estado de ánimo.

Tocar es una de las mejores maneras para liberar oxitocina. Desde las caricias y los besos hasta los abrazos. Según Paul J. Zak, hay que abrazar unas ocho veces al día. Yo lo hago siempre que puedo y que percibo que no incomodo al otro. Mientras sigan existiendo limitaciones por la pandemia, abracemos a aquellos que están en nuestro círculo más cercano, donde existe el menor riesgo de contagio.

Mi hijo mayor, que es un maestro en abrazos que te inundan de oxitocina, me dio hace poco un consejo que intento llevar a la práctica: «Cuando me abraces, en silencio; así lo sentimos y disfrutamos más». Desde entonces le hago caso, y ¡tiene razón! No lo he medido, pero estoy segura de que logra más efecto.

Te dejo algunas ideas para estimular tu oxitocina:

Escucha música y disfrútala

Un estudio publicado en la revista *PLOS ONE* analizó los niveles de oxitocina tras escuchar música relajante y más «movida», observándose una disminución de los niveles de cortisol y un aumento de la oxitocina.

Recibe un masaje o dalo tú

En los momentos de estrés un masaje relajante ayuda a mitigar la tensión, pero también genera ese pico de oxitocina que ayuda a sentirse mejor.

Ten un animal de compañía

Ya lo hemos visto. Los estudios sugieren que los animales de compañía aportan serenidad a las personas que los cuidan. Se sienten unidas a ellas y se incrementan sus niveles de oxitocina.

Disfruta y haz reír a la gente a la que quieres

Pasar tiempo con las personas a las que amamos hace que aumente esta hormona de manera importante.

La meditación, la oración y el *mindfulness*

Estas técnicas o formas de conectar con la transcendencia son muy útiles y ayudan, pero en este caso en concreto lo que yo recomiendo es realizarlas pensando y meditando sobre alguien a quien uno quiere especialmente o por quien siente gratitud.

8
NO ES BUENO QUE EL HOMBRE ESTÉ SOLO

Sentirse querido, acompañado y aceptado mejora la autoestima y la seguridad en uno mismo. Además, influye en nuestra psicología porque las relaciones sanas alivian la peor de las heridas. Por el contrario, cuando nos sentimos solos de forma sostenida en el tiempo, esto nos perjudica enormemente. Por un lado, la soledad acompaña a múltiples enfermedades autoinmunes, inflamatorias, crónicas, neurológicas, oncológicas y psiquiátricas. Por otro, es un factor que incrementa el riesgo de padecer depresión, ansiedad, insomnio y numerosas enfermedades físicas.

No es lo mismo soledad que aislamiento. El último es mantener un contacto nulo o casi nulo con otros; por tanto, es un estado objetivo. La soledad en cambio es subjetivo, derivado de no ser capaz de encontrar o mantener las relaciones personales que desearíamos. Es subjetivo ya que no depende de tener o no un círculo de amistades, sino que proviene de un desequilibrio entre lo que nos gustaría tener y lo que en verdad tenemos.

La soledad bien elegida es el camino de partida para el autoconocimiento. Frenar, parar y cortar con el cúmulo de estímulos externos —donde puede existir un exceso de ruidos emocionales y sociales— nos ayuda a frenar esa intoxicación de cortisol en la que se encuentra inmersa gran parte de la sociedad.

La vergüenza de sentirse solo

Cuando se da el binomio de soledad más vergüenza y culpa, nos enfrentamos a una situación de riesgo para el individuo. En esos casos, la mente busca vías de escape, como pueden ser las sustancias tóxicas, las adicciones y, en los casos más graves, el suicidio, para evitar el sufrimiento que eso le genera. No conozco a nadie que haya realizado un intento autolítico que no expresara el sentimiento de soledad.

Hubo un hecho que me hizo reflexionar sobre esta cuestión. Hace unos cuatro años realicé un viaje a Colombia en el que impartí varias conferencias a profesores, padres de alumnos de varios colegios y estudiantes. Pedí a los jóvenes que durante la sesión escribieran en un papel sugerencias sobre algún asunto que les interesara en particular. Al terminar la charla, recogí los papeles y leí por encima las primeras frases. Por la noche, ya en el hotel, leí cada nota una por una, y más de la mitad trataba sobre el sentimiento de soledad —«me siento solo», «cómo combatir sentir que no formas parte de ningún grupo», «mi vía de escape son las redes sociales, tengo varios perfiles para paliar la sensación de soledad», «nadie me quiere de verdad», «no me siento comprendido»—. Fui consciente en ese momento de que este podría ser el tema de un eventual segundo libro: encontrar maneras de paliar el vacío social, sanar las heridas que nos impiden conectar de forma sana con los demás y encontrar esas personas vitamina que llenan el alma y hacen que nos sintamos acompañados. Y terminé de confirmarlo al leer una última nota: «¿Por qué a veces noto el dolor de la soledad con la misma intensidad que si fuera un dolor físico?».

¿Qué es el dolor social?

¿A quién no le ha molestado que un grupo de amigos organizara una cena y no ser invitado? ¿Quién no ha sufrido al ser humillado o rechazado? ¿Qué sucede en el cerebro cuando nos sentimos excluidos? Quiero transmitirte una idea importante: el dolor social y el dolor físico duelen de la misma manera. Cuando uno sufre un dolor físico se activa el circuito cingulado anterior, mismo lugar que cuando uno se siente humillado, rechazado o no querido. Ambos dolores son causa de estrés porque aparte de activar el circuito cingulado, se segrega cortisol.

En terapia suelo indagar sobre etapas traumáticas de la infancia y de la juventud, y uno de los puntos en los que insisto es saber si el paciente se ha sentido apartado en algún momento. Trabajando desde esas emociones dolorosas, intento reparar el daño para mitigar las consecuencias que esto tiene en la edad adulta.

El dolor social puede originarse de diferentes maneras en la infancia, desde heridas moderadas hasta traumas severos. Cualquier persona que sufre una experiencia dolorosa con respecto a otra en la niñez lleva en su alma la fragilidad de sus futuras relaciones, por eso es de vital importancia que tras un trauma nunca nos quedemos solos. Nunca. Lo repetiré todas las veces que sean necesarias. El dolor sufrido desde la soledad tiene un impacto mucho más negativo y perjudicial que el sufrido en compañía. No obstante, mi experiencia es esperanzadora, y he comprobado que un niño traicionado no tiene por qué convertirse en un adulto desconfiado, con emociones distantes y frías.

Pautas para combatir la soledad

Aquí te dejo unos pequeños consejos que pueden ayudarte en esos instantes de vacío social y angustia.

— Cuida mucho a las personas de tu entorno. Cuidar implica preguntar de vez en cuando a aquellos con quienes convivas sobre sus preocupaciones, sus miedos y sus vidas. Que sientan que pueden contar contigo.
— Si hay personas importantes en tu vida con las que no puedas tratar físicamente, procura llamarlas por videoconfe-

rencia para que la interacción sea más plena. El contacto telefónico genera menor vínculo que la imagen.

— Abraza mucho. Sé que la pandemia lo ha impedido, pero en cuanto sea posible, intenta recuperar ese hábito tan sano. Si vives con niños, abrázalos con frecuencia. Esos contactos físicos mejoran el sistema inmune y su desarrollo cognitivo.

— Evita las pantallas y entra en modo *offline* de vez en cuando. Las cosas buenas suceden en la vida real, la virtual se basa en gratificaciones instantáneas.

Un interesante estudio en 2012 de Yalda Uhls, de la Universidad de Los Ángeles, analizó el nivel de empatía de dos grupos de jóvenes. El primero asistió a un campamento de verano sin usar pantallas mientras que el otro continuaba con sus vidas y hábitos tecnológicos. El primer grupo demostró potenciar sus niveles de empatía y mejorar las habilidades de comunicación no verbal.

— Si te sientes solo, ¡sé amable! Una persona amable busca hacer la vida más agradable a la gente de su entorno. ¡El amable es el que se deja amar! Sin este componente, las relaciones humanas son difíciles y complicadas de gestionar. Las mejores relaciones son aquellas donde nos sentimos apoyados por otros y viceversa. Debemos entender que nadie es perfecto, pero nos aceptamos con las limitaciones propias de cada uno, con el trato más amable posible. Desde la amabilidad y la compasión (la oxitocina juega un papel fundamental) podemos perdonar y sanar muchas de las heridas que se forman en el ser humano.

— Ayuda a los demás.

Soy gran propulsora de realizar trabajos solidarios y voluntariado siempre que se pueda. Es probablemente una de las cosas que más me ha ayudado a lo largo de mi vida y me ha transformado en ser quien soy. Lo recomiendo como terapia a los que se sienten solos, pero también a aquellos que desean convertirse en mejores personas.

Hay investigaciones sobre la cooperación y sus efectos en el cerebro realizados por diferentes instituciones. Por citar alguna, la doctora Naomi Eisenberger demostró en 2016 que la experiencia de ayudar a otros reduce la actividad en los centros cerebrales del estrés y la amenaza, incluidas la amígdala, la corteza cingulada anterior dorsal y la ínsula anterior. Por el contrario, estimula las zonas asociadas con la recompensa y la atención. Por eso las viudas protagonistas de un estudio de 2017 por el *Journal of Gerontology* para analizar la tasa de soledad dentro de su colectivo, demostró que, entre ellas, solo las que participaban en actividades de voluntariado cada semana no sufrían soledad.

EL APEGO

La patria del hombre
son sus primeros seis años de vida.

ENRIQUE ROJAS

9
¿QUÉ ES EL APEGO?

EL PRIMER VÍNCULO

Las circunstancias de nuestro nacimiento y de quién estemos rodeados en la infancia influyen de forma decisiva en nuestro desarrollo como niños. En condiciones normales las figuras clásicas de apego suelen ser nuestros padres; en otras circunstancias pueden serlo una madre soltera, los abuelos, unos tíos, un cuidador, un profesor...; incluso en casos más complejos y difíciles, un hogar de adopción. El hecho de que un bebé sea prematuro y pase las primeras semanas de vida, o incluso los primeros meses, en una incubadora privado del acceso a su madre también tiene repercusiones en el mundo de los afectos y del apego.

La conexión de los padres y los cuidadores con los bebés en los primeros años de vida define el apego. La manera en la que perciben inconscientemente cómo los quieren y cuidan y cómo van siendo cubiertas sus necesidades tendrá un fuerte impacto en la forma en que se relacionen en la edad adulta, así como en el desarrollo de su personalidad, su capacidad cognitiva y su salud física y psicológica.

El niño tiene en su familia un grupo de personas —padres, hermanos, abuelos o cuidadores— que van a influir en el tipo de apego que va a desarrollar.

Por ejemplo, si un niño sufre *bullying,* puede influir de manera nociva en el modo en que se relacione con sus iguales, es decir, con sus amigos. El apego empieza en los padres, pero con el tiempo los amigos que el pequeño va haciendo ejercerán también una gran influencia. Si los compañeros resultan perjudiciales, tendrá una proyección negativa en el modo en que él se relacione con sus iguales en la edad adulta.

Antes de zambullirme en este capítulo quiero lanzar un mensaje de optimismo. Aunque es verdad que muchas de las preguntas que se plantean en la edad adulta tienen su respuesta en la infancia, no hay que ser deterministas. Es verdad que un apego inestable, dañino o negativo en la infancia puede engendrar un adulto con serios problemas, pero existen maneras de mitigar las posibles carencias de la infancia para tener una vida adulta lo más sana y equilibrada posible.

Es cierto que a veces las heridas de la infancia son profundas y tienen un impacto directo, prácticamente del tipo relación causa-efecto, en el modo en el que nos relacionamos con los demás o incluso en nuestra salud física y psicológica. Ciertas heridas no llegan a sanar del todo, en cuyo caso el tratamiento debe orientarse a aliviar el dolor que todavía producen años después.

La primera vez que escuché hablar con profundidad del apego como pilar fundamental de la personalidad y de la psicología fue en un seminario sobre el trauma mientras estaba terminando la residencia de Psiquiatría. ¡Me fascinó! Llevo años estudiando, investigando y trabajando este tema, escuchando historias y tratando en consulta tragedias personales que no me dejan indiferente. A raíz de mi experiencia en Camboya con niñas violadas y prostituidas, fui consciente de que al desarticular y desactivar los eventos traumáticos, la mente y el organismo podían sanarse en gran medida.

Sobre el apego hay mucho escrito e investigado. He recogido en la bibliografía algunas de las obras que más me han gustado al respecto. Si estás interesado en profundizar, te recomiendo el libro *Educación emocional y apego,* de Rafael Guerrero, una lectura maravillosa para complementar este tema.

Si eres padre, estas líneas pueden ayudarte muchísimo en tu trato con tus hijos. Pero mi intención es más bien llegar a ti como el niño que fuiste, me interesa que entiendas tu historia como hijo o hija de tus padres, para entender cómo es tu forma de relacionarte como adulto.

Entender el apego es clave para comprender los mecanismos psicológicos que hay detrás de la manera de relacionarnos con otras personas, de elegir pareja o de interactuar con nuestros hijos.

El ser humano por definición juzga cuando le consultan. Resulta muy complicado mantenerse al margen o en una postura neutral si alguien solicita ayuda. Cada uno tenemos nuestro sistema de creencias[1] y las historias que nos relatan pueden remover nuestro mundo. En mi caso, cuando un padre o una madre me consulta algún tema de sus hijos no juzgo, porque parto como premisa de que siempre han intentado lo mejor para ellos. Donald

[1] En *Cómo hacer que te pasen cosas buenas* hablo de ello más detenidamente.

Winnicot habla de «padres suficientemente buenos», es decir, que hacen lo mejor que pueden con lo que saben, sienten y tienen. Es difícil encontrarse con un progenitor que, de manera voluntaria, quiera destruir emocionalmente a su hijo. La mayor parte de las veces detrás de ese padre que ha resultado ser tóxico o maltratador hay una personalidad enferma, inmadura, herida o sencillamente incapaz de transmitir afecto de forma sana. Lo mismo les digo a los pacientes cuando me hablan de una relación nociva o complicada con sus padres. Muchas veces esos progenitores no supieron hacer las cosas de otra manera.

El niño que fuimos

Como te decía, todos nosotros, como adultos, llevamos dentro el niño que fuimos. Tú, yo, cada persona, somos el resultado de las circunstancias vividas y, sobre todo, de cómo hemos sido capaces de adaptarnos a aquello que nos iba sucediendo. Esa constante adaptación desde el mismo momento del parto define progresivamente quiénes somos. Nuestra identidad se fragua esencialmente en la infancia.

¿Cómo te marcaron de pequeño los conflictos?, ¿cómo era la relación entre tus padres?, ¿tu historia en el colegio?, ¿la relación con tus hermanos?, ¿las primeras nociones de la muerte?, ¿te sentías querido y comprendido por tu entorno?, ¿existía afecto a tu alrededor?, ¿alguien te hirió y persiste esa herida?, ¿no recuerdas tu infancia?, ¿te trataban bien tus amigos?, ¿te sentías parte de un grupo?, ¿te sentías valorado y capaz de hacer cosas?

Entrar en la historia del apego de cada persona es una labor delicada y artesanal. Los relatos de infancia y juventud son la causa última de muchos problemas de la vida adulta. La adaptación que ha ido fraguando nuestra personalidad es fundamental para entender la manera actual que tenemos de relacionarnos con el entorno, con la pareja, con los hijos o con el trabajo. Sobre todo nos marca en cómo gestionamos nuestras emociones.

Esa adaptación a la que hago referencia tiene mucho que ver con nuestro equilibrio interior. Todos llevamos una mochila psicológica, más o menos consciente, de alegrías, penas, tristezas, éxitos, humillaciones y frustraciones. Nuestra personalidad es el mejor resultado que hemos podido obtener de las circunstancias que hemos vivido con las herramientas emocionales a nuestra disposición. Esto no siempre se consigue. Por eso, de vez en cuando nuestro estado anímico hace aguas, con picos de ansiedad, momentos de gran inseguridad, una voz interior que machaca o depresiones que nos bloquean.

Muchos síntomas físicos y psicológicos de los adultos provienen de emociones mal gestionadas en el presente por bloqueos del pasado, por heridas mal cicatrizadas o por traumas que se siguen reviviendo.

Quiero hablarte antes de continuar de la historia de una niña de Camboya, cuyo testimonio me marcó profundamente.

El caso de Champey

Somaly Mam, activista y directora de la fundación donde yo cooperé en Camboya durante un tiempo, me pidió un día que la ayudara con Champey. Era una niña de once años que residía en uno de los centros que Somaly tenía por el país. Su padre, su hermano y un tío habían abusado de ella y había sido vendida a un prostíbulo donde estuvo meses en una habitación insalubre, en condiciones deplorables, donde los clientes mantenían relaciones con ella —me parece una forma demasiado suave para expresar la dureza del asunto— por un dólar. En una redada en ese establecimiento la niña fue rescatada.

Somaly estaba preocupada, llevaba varios meses en el centro, pero no se movía de una esquina, no permitía que nadie la tocara y únicamente soltaba algunos gemidos sin decir palabras comprensibles.

Un mañana me subí al coche con Somaly pensando qué podría hacer yo. Me resultaba difícil, imposible, aproximarme a Champey, pero mi cabeza no dejaba de buscar alguna solución para acercarme a ese corazón y a ese cuerpo herido y maltrecho. En el camino paramos a comer cerca de la carretera un plato típico, el amok. Al lado, en un tenderete, una señora vendía unas gomas, unas pinzas para el pelo y cepillos. Se me ocurrió una idea y compré unas cuantas cosas.

Al llegar al centro las niñas corrieron a saludar y a abrazar a Somaly. Todas menos una: Champey. La imagen es imposible de olvidar. Se encontraba como siempre en una esquina, abrazada a sí misma, balanceándose. Intenté buscar su mirada, pero no la levantaba del suelo. Me acerqué a ella y me senté a su lado. Sin tocarla, pero contemplando sus manos abrazadas a sus piernas. En un momento dado, levantó la vista y sentí una punzada en el corazón. Nunca he vuelto a ver una mirada igual. Metí la mano en el bolsillo y saqué las gomas y las pinzas para el pelo. Con señas, le pedí permiso para peinarla.

Me mantuvo la mirada vacía, pero sin respuesta alguna y con una delicadeza extrema comencé a peinarla. No se resistía e intenté tocar la melena para ponerle las pinzas de colores que había comprado. Estuve más de una hora realizando el mismo movimiento. En mi cabeza solo había una idea. Yo quería que ella percibiera esto: **te toco sin herirte.**

Champey, durante años, había vivido el acercamiento de la gente como una agresión. Cualquier tacto le producía una reactivación de sus miedos y la vulnerabilidad aumentaba. Tras haberla peinado le hice una foto. Llevaba entonces una cámara pequeña, y al realizarla, le mostré la imagen para que se viera. Estaba segura de que ella no se reconocería, ya que muchas de estas niñas rechazan su cara y su cuerpo tras haber sufrido abusos.

Durante ese día y los siguientes no me moví de su lado. Mediante gestos, pedía a Somaly, que miraba cómplice, que me trajera la comida y le ayudaba a comer, en silencio, y de vez en cuando le rozaba las manos y le sonreía. Ya era más de lo que se había logrado en los últimos meses.

El día que me tenía que marchar me acerqué a ella y le dije que volvería a pronto, pero que deseaba abrazarla. Esbozó media sonrisa y la abracé durante unos segundos. No se movió, estaba inerte, pero yo sentía que algo se agitaba en su interior. Yo tenía el corazón encogido, ¡ojalá hubiera tenido poderes mágicos para resolver su trauma y su dolor!

Mientras salíamos del recinto en coche, la vi correr hacia el vehículo. Me bajé rápidamente, y con esa mirada vacía, clavada en mis ojos, me dijo «gracias».

Era la primera palabra que pronunciaba en meses. Se había desactivado el bloqueo. Faltaba mucho, muchísimo por avanzar, pero ya podíamos trabajar con Champey para que tuviera un futuro mejor.

Este caso es duro y doloroso, pero me ayuda a explicar el apego y el vínculo. Me inspira para aprender más de este tema para seguir ayudando a personas que tienen heridas sin resolver.

UNA RELACIÓN EMOCIONAL QUE ARRANCA EN LA INFANCIA

El apego fue descrito y desarrollado por John Bowlby entre 1969 y 1982, aunque ya llevaba años hablando de ello. A principios del siglo XX, las ideas sobre educación defendían que la base del afecto entre madre-hijo radicaba en la alimentación y, más concretamente, en la lactancia. Según las ideologías que circulaban por el mundo en esos momentos, el desarrollo del niño se basaba en la comida y poco más. Sin embargo, los psiquiatras y psicólogos John Bowlby, Harry Harlow y Mary Ainsworth demostraron con sus investigaciones que esta concepción era errónea. Gracias a ellos sabemos que el afecto es una necesidad fundamental de los pequeños.

Voy a ir desmenuzando las ideas de cada uno de estos investigadores sobre la influencia del apego en la edad adulta de la forma más sencilla y clara posible. Dejaremos de momento a Mary Ainsworth para un capítulo aparte.

Lo que encaminó decisivamente a Bowlby hacia su teoría del apego, fueron los experimentos con macacos sobre separación maternal, dependencia y aislamiento social realizados por el psicólogo estadounidense Harry Harlow, del que hablaré con detalle más adelante.

Según la teoría de Bowlby, los bebés nacen dotados de una serie de mecanismos diseñados por la naturaleza para producir una reacción en los padres, como la succión, las sonrisas, la necesidad de ser acunado, el balbuceo o el llanto. En su opinión todos esos estímulos producidos por el bebé están programados evolutiva y biológicamente, y tienen como finalidad mantener la cercanía y el contacto con los padres.

John Bowlby lo vio con claridad: los pequeños «protestan» cuando perciben la separación o la falta de cercanía con su madre. Esa relación con la madre es decisiva para ellos porque constituye la base segura para explorar el mundo que les rodea. *Los cuidados maternos y la salud mental,* trabajo escrito por Bowlby para la Organización Mundial de la Salud, advirtió que «el recién nacido y el niño deben experimentar una relación continua, íntima y cálida con su madre —o madre sustituta permanente— en la que ambos puedan encontrar tanto satisfacción como placer». Añade y puntualiza que la ausencia de esta relación podría conllevar consecuencias muy importantes e irreversibles para la salud mental. Defendía la teoría de que madres e hijos poseen unos genes especializados y enfocados para que se cree un vínculo emocional intenso. Tanto es así que consideraba que la «privación materna», es decir, la falta de contacto materno durante los primeros meses de vida, era perjudicial para el pequeño por ir en contra de lo que la naturaleza había diseñado.

Bowlby realizó numerosas observaciones sobre este tema. Analizó los niños que habían sido separados de sus padres durante la Segunda Guerra Mundial y vio que mostraban un ligero o moderado retraso cognitivo e intelectual, a la vez que no sabían gestionar sus emociones y relacionarse de forma sana con el entorno.

Bowlby insistió en la idea de que recibir cariño materno es una de las necesidades más importantes de un pequeño de cara a un desarrollo sano. Si un niño se siente inseguro durante sus primeros años de vida, su organismo y su mente activarán el estado de alerta; es decir, tendrán la señal de peligro y amenaza encendida durante mucho tiempo.

El apego proporciona la seguridad emocional indispensable para un buen desarrollo de la personalidad.

Harry Harlow, psicólogo estadounidense, decidió estudiar la teoría del apego propuesta por Bowlby. Realizó un polémico trabajo con monos rhesus que hoy en día no sería posible por la falta de ética del proceso. El estudio se basaba en separar a las crías de sus madres. Metió a los monitos en jaulas donde introdujo dos elementos: por un lado, una estructura con un alambre y un biberón adjunto; por el otro, un muñeco de felpa suave pero sin biberón.

Harlow buscaba entender cuál sería el comportamiento de las crías ante la privación materna al tener estas dos opciones: contacto físico similar a la madre o alimentación.

Siempre me ha maravillado el resultado de esta investigación. Las crías se acercaban al muñeco de felpa, y solamente se separaban hacia el alambre-biberón para alimentarse, pero luego volvían a la felpa. Esto demostró que, a pesar de lo que uno pueda imaginar, las crías buscan de forma más continuada el contacto con su madre —o con lo que puede ser su madre— que incluso la alimentación. Ese contacto con la madre-felpa era un apoyo de seguridad; las crías se abrazaban a ella cuando tenían miedo o cuando se producía algún cambio en la jaula. Cuando se les retiraba la madre-felpa, las crías sollozaban y gritaban buscando reencontrarse con el trozo de felpa.

Harlow avanzó en su estudio. Realizó más experimentos, imposibles en la actualidad por la crudeza y el maltrato animal que suponían. Enjauló durante semanas, meses o incluso hasta un año a otros macacos a los que solo satisfizo sus necesidades primarias —comida y bebida— pero no las afectivas —nada de felpas ni figuras de apego—. A las pocas semanas, algunos de los pobres macacos empezaron a desarrollar cuadros de pasividad, indiferencia y catatonía irrecuperables. Otros dejaron de alimentarse, muchos se volvieron incapaces de relacionarse y algunos murieron prematuramente.

Quizá al leer esto pueda venirte a la mente el bebé que, jugando o paseando, precisa de su trapito o peluche para calmarse. Todos mis hijos han contado con uno desde pequeños. Recuerdo en particular a mi hijo Enrique, que durante unos meses tuvo que acudir a diario a un hospital a recibir un tratamiento doloroso. En esos momentos se abrazaba a su trapito —¡que no dejaba de ser un fular mío antiguo!— para calmarse. La mezcla del olfato, la textura y el agarrarlo —la prensión de la manita— relajaban a mi pequeño[2].

Leí hace tiempo un artículo de Álvaro Bilbao sobre este tema. Él explicaba que si el recién nacido nada más nacer tocaba el dedo de la madre o una tela suave ello estimulaba en gran medida el reflejo palmar de los bebés y les hacía estar más relajados. Me alegra saber cómo cada vez más a menudo la ciencia y las modernas investigaciones llegan a idénticas conclusiones que el instinto materno y la experiencia.

La educación, la psicología y la psiquiatría deben ir de la mano. Los conocimientos avanzan cada vez más, y no concibo en pleno siglo XXI una educación que deje de lado la ciencia. Por eso los maestros y educadores deben zambullirse sin miedo en la psicología; los terapeutas tienen que esforzarse en conectar con los

---

[2] Las recomendaciones son muy claras al respecto y no se aconseja que los bebés duerman con nada de esto en la cuna por riesgo de asfixia; pero en la hamaca, carro o jugando les puede servir.

profesores; y los padres han de leer y escuchar a los profesionales para sacar el mayor partido a la educación de sus hijos y lograr así potenciar a los hombres y mujeres del futuro.

Harry Harlow ya adelantaba con sus estudios cómo el pequeño busca sentir esa cercanía y suavidad para calmarse. Lo tenía claro: la privación de contacto físico durante los primeros años de vida tiene efectos nefastos en la vida adulta y deja una herida difícil de sanar. Difícil, pero no imposible. En las próximas páginas hablaremos en detalle de esto.

Desde que el bebé nace precisa interacción con los cuidadores como alimento básico para su cerebro. Esa cercanía es un abono para su mente y su cuerpo.

Ceaucescu y los orfanatos en Rumanía

Un día, hace varios años, en un aeropuerto francés, vi en una televisión una noticia en la que hablaban sobre algunos supervivientes de los orfanatos de Rumanía. Las imágenes eran terribles y recuerdo sentir un escalofrío mientras las lágrimas empañaron mis ojos ante semejante crueldad.

En 1989 el líder comunista Ceaucescu era fusilado, dejando tras él unos veinte mil niños fallecidos en los orfanatos de Rumanía. Después de años de escasez y de ruina económica, se creó un movimiento para protestar contra el dictador. El 22 de diciembre de 1989 los militares dejaron de someterse al dictador, y este y su mujer fueron arrestados y fusilados días más tarde.

En ese momento salió a la luz uno de los secretos mejor guardados del régimen: la terrible red de instituciones donde los niños eran internados. La obsesión de Ceaucescu era animar a las parejas a tener muchos hijos para repoblar el país tras la Segunda Guerra Mundial e impulsar así la economía nacional. Quería incrementar la población un cincuenta por ciento en una década. Los documentos históricos son impresionantes: se implantó un control absoluto sobre la mujer en el ámbito reproductivo. Se estableció la policía menstrual y las mujeres eran obligadas a pasar por pruebas médico-ginecológicas en sus casas o trabajos para medir y realizar el seguimiento a sus embarazos. Si una pareja no podía tener hijos por cualquier razón, tenía que pagar más impuestos.

El resultado fue devastador; la mortalidad de las madres aumentó y durante los años setenta y ochenta, más de cien mil niños quedaron bajo el cuidado del Estado. Miles fueron abandonados en los internados del gobierno. En esos lugares las condiciones eran deplorables y el maltrato físico, constante. Los supervivientes, en algunas declaraciones, relataron que eran enjaulados como animales salvajes. Lógicamente las consecuencias fueron dramáticas en todos los aspectos, pero uno de los temas más estudiados fue la falta de interacción física con los cuidadores o adultos. Nadie les hablaba, nadie les atendía con cariño.

Durante la Navidad de 1989, tras la muerte de Ceaucescu, la noticia de la existencia de esos internados conmocionó los corazones de muchos. Las imágenes eran terribles: al entrar en las habitaciones donde estaban los niños menores de tres años solo se escuchaba un profundo silencio. Esos niños no reían, ni hablaban, ni balbuceaban, ni lloraban. Solo silencio. Los científicos lo describieron con sorpresa e impacto.

¿Cómo se comportaban esos niños que no habían recibido afecto? Mecían sus cuerpos, se balanceaban silenciosamente hacia delante y hacia atrás, abrazándose a sí mismos, al igual que los monitos de Harlow y al igual que mi querida Champey.

¿Cómo era posible un silencio tan devastador en un lugar repleto de niños? La conclusión a la que llegaron los investigadores fue clara: nadie respondió a las llamadas de los niños durante años. No existió el vínculo. Nunca se activó la conexión entre el bebé y el cuidador, tan necesaria para estimular el circuito de la oxitocina y crear el apego seguro.

Nathan Fox, científico americano, acudió al país en el año 2001 para investigar lo sucedido. El objetivo del nuevo Gobierno era medir las consecuencias en los pequeños de esos años de maltrato y encontrar posibles soluciones. En los siguientes años publicó unos resultados impactantes. En 2004, en la revista *Journal of Cognitive Neuroscience,* comparó electroencefalogramas de niños internados con otros de niños que habían tenido la suerte de ser adoptados. Los de los niños internados tenían una menor frecuencia cerebral en áreas clave, hipoactivación del tono cortical e inmadurez del sistema nervioso, así como evidentes dificultades en el aprendizaje. Los que tenían una familia, los que habían sido adoptados, presentaban un mayor desarrollo cognitivo.

La tragedia de estos pequeños ratificó lo que la ciencia llevaba años diciendo: el abandono, la ausencia de vínculo afectivo y la falta de interacción y de estímulos tienen efectos nefastos en el cerebro de los niños.

La estimulación y la relación con un pequeño son fundamentales para el correcto desarrollo de su arquitectura cerebral.

El trauma

La negligencia y el maltrato en la infancia pueden marcar la vida de los pequeños para siempre y desembocar en trastornos psiquiátricos, afectivos o incluso de salud. Ese estrés tóxico en una edad temprana activa el cortisol de forma crónica y frena el correcto desarrollo de las conexiones neuronales, lo que conlleva fallos decisivos en el aprendizaje y el desarrollo de la conducta.

Las imágenes cerebrales nos permiten ver que cuando acontece un trauma se produce como un apagón del cerebro llamado disociación. Se trata de una desconexión de la mente —que se percata del enorme sufrimiento que está aconteciendo o que está por llegar— y del cuerpo. Una paliza, una violación, una imagen de agresividad, una humillación, insultos severos…

La mente evita la verdad y el sufrimiento
en pro de la supervivencia.

Esa disociación ocurre como medida de protección para evitar sentir y no grabar la dureza de lo que está sucediendo, activándose antes de que ocurra o de que se repita un episodio traumático. Es un sistema propio de personas que son víctimas de violaciones frecuentes o maltratos que perduran en el tiempo. ¿La causa? No registrarlo, olvidarlo y evitar integrarlo en la propia vida. En consulta observo este fenómeno con frecuencia. Muchas veces, cuando pido a alguien que relate un evento doloroso, reconoce que tiene lagunas de memoria.

Recuerdo hace un tiempo a una paciente, Carmen, relatándome el divorcio de sus padres cuando tenía doce años. Los meses fueron terribles, tuvo que enfrentarse a los gritos y a la violencia entre ambos y acabó solicitando vivir con su abuela. Al intentar contarlo con detalle, no conseguía narrármelo. Tenía vacíos en la historia y había cosas que no recordaba. La razón es clara. Cuando aparece el trauma, el hipocampo y la amígdala se llenan de cortisol; de hecho, los niños con traumas severos presentan niveles de cortisol más elevados que los grupos control. El que lo padece no procesa ese momento como algo finalizado, sino que se queda en modo alerta. Y ahí nacen muchos de los TEPT —trastornos de estrés postraumático—. Esto afectará la capacidad que tiene el cuerpo para regular de forma correcta el sistema nervioso simpático y parasimpático, es decir, la manera que tiene el organismo de responder al estrés y al mundo emocional, derivando en estados de amenaza o hipervigilancia mantenidos. Cualquier estímulo puede hacerles saltar o alterarse. Eso conlleva problemas para el correcto desarrollo del mundo racional y cognitivo o con retraso en el aprendizaje. Presentan una atención errónea hacia el mundo que les rodea y no saben distinguir una fuente de estrés y amenaza de algo que no es un estímulo peligroso, lo que les lleva en ocasiones a convertirse en personas desconfiadas.

Los niños con traumas son más vulnerables a enfermar. Hoy se sabe que presentan un diez por ciento más de probabilidad de cáncer, diabetes y algunas enfermedades cardiovasculares. En el ámbito emocional y psicológico son más vulnerables de desarrollar depresión, ansiedad, trastornos psiquiátricos más severos, así como autolesiones. Sabemos que les cuesta comunicarse y expresarse de forma sana. Por tanto, crear unos cimientos emocionales sanos y un sistema de apego seguro es clave para que la adversidad y las desgracias que puedan ocurrir no les dejen marcados para siempre.

10
¿Amamos como nos amaron?

Considero fundamental ayudar al ser humano a comprender mejor su mente, su cuerpo y su historia emocional. Intento curar y aliviar las dolencias del alma acompañando a las personas en su conocimiento interior para sacar así su mejor versión.

En mi primer libro transmití la importancia de unir cabeza y corazón desde el punto de vista físico y psicológico. Faltaba un ángulo muy importante en nuestro estudio del individuo, ¡las relaciones humanas! El afecto, el cariño, la ternura, la amistad, la intimidad o el amor son conceptos maravillosos que determinan la calidad de la vida. Muchas de estas relaciones se construyen en función de algunos momentos clave de la infancia.

Esta idea la voy a desgranar en diferentes fases.

Dibujo muy mal, no tengo ninguna habilidad para ello, pero he intentado a través de algunos esquemas poner en imágenes lo que tengo en mi cabeza. Voy a empezar con una idea, **los cimientos emocionales,** que explican la influencia que tienen algunos momentos decisivos de nuestra infancia en algunas decisiones que tomamos décadas después.

Los cimientos emocionales

Durante la niñez suceden acontecimientos que van a marcarnos toda nuestra vida. El cerebro asimila esas situaciones como conocidas —lo vivido en casa se ve como normal— y a esta base estructural que se forma yo la llamo la zona conocida del cerebro. En ella se asientan las bases —los cimientos emocionales— con las que crecemos, y es esa la zona de la mente que hará que detectemos como buenas o malas cosas que posteriormente nos sucedan en la edad adulta.

Los ladrillos —cerebro— y el cemento —el corazón— que configuran en gran parte cómo seremos capaces de querer en el futuro y cómo aprenderemos a gestionar las emociones se ponen en la edad más tierna.

Imaginemos a alguien que sufrió una infancia donde había un padre alcohólico, unos padres que se hablaban y trataban mal, una niñez en la que se convivió con agresividad o gritos, donde uno experimentó penurias económicas o una mala gestión del dinero o presenció mentiras y engaños habituales. Todo ello dejó su poso y ha tenido influencia en quién se ha ido convirtiendo de mayor.

En la imagen de la página 115 puedes ver esos cimientos que se van formando. Si hemos vivido en una familia donde no ha habido muestras de afecto y lo que reinaba eran la indiferencia y la frialdad, normalizaremos esa actitud y probablemente seamos personas a las que nos cueste expresar nuestro mundo afectivo.

Validar de adultos lo que vimos en la niñez

Lo interesante es que, a medida que nos hacemos mayores, sufrimos una evolución con respecto a lo que hemos vivido. Quizá fuimos capaces de sanar esa herida y no nos genera impacto en nuestro día a día, quizá se ha quedado enquistada y ha dejado una profunda huella en nuestra forma de ser, o quizá está ahí adormilada e inconsciente y no la hemos sabido gestionar y canalizar hasta que, en un momento determinado, estalla.

¿Nos determinan siempre los cimientos emocionales? Afortunadamente no. No siempre sucede de esta manera. Pueden darse tres opciones:

— Haberlo sufrido y no haberlo curado o superado.
— Haberlo sufrido y haberlo superado y madurado de forma correcta.
— Haberlo sufrido pero no ser consciente de llevar esa herida en el corazón y por tanto ser esclavo de circunstancias o relaciones dolorosas que siguen teniendo su impacto en la edad adulta.

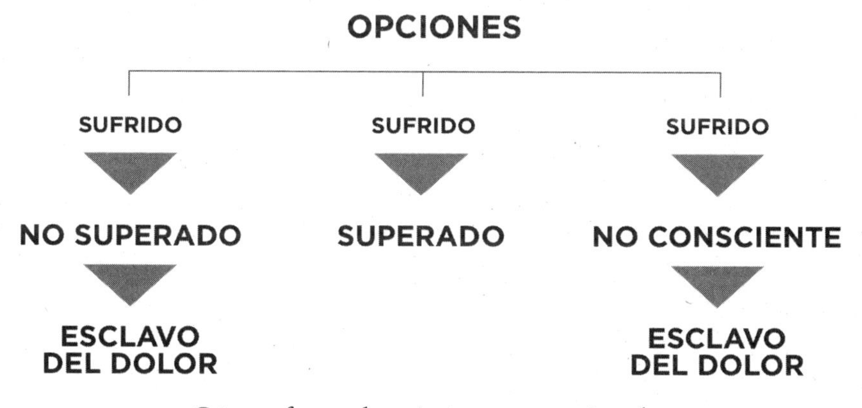

Cómo afectan los cimientos emocionales.

En ocasiones la mente realiza un ejercicio de superación y maduración, pero para ello requiere haber hecho un clic interior; es decir, haber atravesado un punto de inflexión donde somos conscientes de las cosas y uno lo trabaja, lo analiza, lo acepta —¡qué importante es la aceptación!— y de cierta manera perdona o supera el dolor o trauma.

Más de la mitad de la gente repite patrones sabiendo que no es lo más adecuado, pero de corazón siente que hay algo que le une a las conductas de su infancia y no puede deshacerse de ellas.

A la larga, esto suele conllevar relaciones de dependencia, tóxicas, dolorosas o profundamente dañinas.

El caso de Carmela

—No sé qué me pasa, elijo mal a los hombres, siempre me acaban siendo infieles y creo que hay algo que no hago bien. Ahora tengo pareja y vivo en una situación de total desconfianza y no disfruto de la relación.

Carmela es una mujer alta, guapa y muy atractiva. Es secretaria de un abogado y profesionalmente se siente afortunada. La impresión que transmite es de una mujer segura de sí misma.

Está angustiada. Le pido que me describa a sus tres novios y de forma analítica voy desmenuzando la forma de ser de cada uno de ellos. Descubro que hay un denominador común: le gustan los hombres ambiciosos, mujeriegos, seductores y con mucha labia.

Le pregunto cómo era la forma de ser de su padre.

—Mi padre le fue infiel siempre a mi madre. Recuerdo verla sufrir y llorar; pasó por varias depresiones. Siempre he admirado la fidelidad y es algo que busco en mi vida, pero no sé por qué acabo con hombres que me engañan. Mi padre no era buen marido, pero sí buen padre, siempre me quiso mucho y yo era muy especial en su vida.

Los cimientos emocionales en Carmela entremezclan un padre del que recibía mucho amor, una madre herida por la infidelidad de su marido y la rabia que le generaba esa actitud. La polaridad hacia su padre la focaliza en sus relaciones de pareja. Su cabeza comprende que no le convienen los hombres mujeriegos, pero su corazón se siente atraído por ello. Ahora, con treinta y cinco años, no sabe elegir bien. Carmela lo que busca, de cierta manera, es demostrarse a sí misma que puede cambiar a un hombre infiel. Lo que su madre no fue capaz de conseguir, ella lo ansía de forma más o menos inconsciente. Es necesario analizar su infancia y sus cimientos emocionales para que entienda cómo funciona su sistema de apego y de relación con los otros.

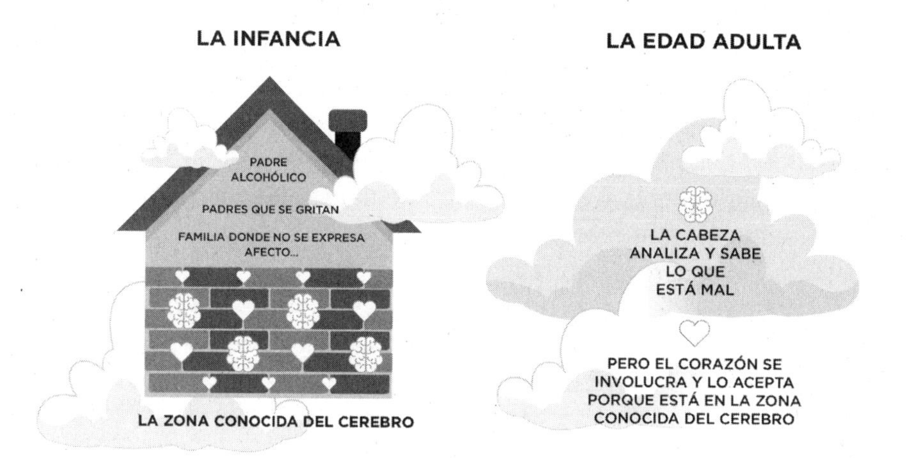

Los cimientos emocionales.

El caso de Celia

Celia tiene veintitrés años, está soltera y vive con sus padres y un hermano en Madrid. En su trabajo tiene una situación complicada, su jefa es una mujer con un carácter difícil y a veces la cansa.

—Soy secretaria en un departamento de comunicación. No tengo mucha responsabilidad, trabajo media jornada y me pagan como becaria, pero mi jefa me trata cada día como si estuviéramos solucionando una emergencia nacional. Me llama, me grita, me exige, me corrige todos los *mails,* aunque sea algo superficial y sencillo. Es profundamente demandante y el tono de voz es agresivo. A veces me pide que le solucione temas personales de sus hijos, en pleno fin de semana, y si no le contesto el teléfono me insulta y me denigra.

Me sorprende que aguante en un trabajo donde las condiciones tanto económicas como personales no son buenas.

—No me gusta cómo me trata, pero lo soporto, en algún momento buscaré otra cosa —afirma.

Le pido que me hable de su familia.

—Mis padres no se llevan bien. Mi madre lleva la voz cantante en casa, manda muchísimo y es una mujer hiperactiva. Siempre está haciendo algo. Es poco cariñosa, más bien arisca y muy exigente. Recuerdo que nos levantaba a las siete de la mañana los fines de semana para estudiar, hacer ejercicio o realizar alguna actividad deportiva. Si sacábamos menos de un notable, nos hacía repetir los deberes y como castigo hacíamos hojas interminables de caligrafía, números y lectura. Incluso nos obligaba a estudiar poesías y textos para fortalecer la memoria. En casa nunca había un momento de pausa o de descanso. Mi padre, en cambio, es muy callado y cariñoso. A mi madre le exaspera que nos abrace y sea tan permisivo y eso causa muchas disputas entre ellos.

Celia ha crecido con una madre dura y exigente. Toparse con una jefa como la que tiene no activa su sistema de alerta de forma consciente. Ella percibe esta actitud como normal o conocida, ya que le recuerda a los cimientos emocionales. Su voz interior —de la que luego hablaremos con calma— le avisa de que no es adecuado, pero no logra captar la gravedad del asunto.

Sus ataques de pánico los asocia a la carga de trabajo y no a la relación con su jefa. Por fin termina entendiendo cómo percibe la exigencia de otros y su incapacidad hasta ahora de marcar límites. Está acostumbrada a aguantar y a obedecer desde la sumisión.

Es necesario trabajar ciertas habilidades para aprender a protegerse y poner límites a situaciones intolerables y saber comunicarse y expresar cómo nos sentimos.

En la actualidad, Celia conoce lo que no le conviene, porque, como ella misma reconoce, si no mejora en esto, acabará con una pareja que le trate mal y lo aceptará como bueno.

Los cimientos emocionales pueden arrastrar una herida más o menos fuerte. Por supuesto, la esperanza existe, y pueden ser desbloqueados y sanados. La llave consiste en ser conscientes de nuestra historia. Comprender cuáles son nuestros orígenes y cómo está formado nuestro mundo emocional nos ayuda a entendernos para tomar las decisiones de forma adecuada o gestionar los temas de la mejor manera. Haberlo trabajado e interiorizado lleva a la sanación y a cambiar los patrones de comportamiento.

11
La confusión en la educación

Mi padre ha sido y es una persona decisiva en mi vida personal y profesional, lo considero un auténtico regalo del cielo. Durante mi infancia y juventud acudía asiduamente a su consulta. Él trabajaba durante largas horas y llegaba tarde a casa. A pesar del tiempo que dedicaba a su labor profesional, siempre tuve la sensación de padre presente, preocupado por nosotros y disponible para jugar, enseñarme cosas o escucharme. Hace una pareja única con mi madre y se complementan de una forma muy especial. Tiene una facilidad innata para contar cuentos —¡algo que sigue haciendo con mis hijos!—, y cuando era niña pasaba horas escuchándole narrar historias fantásticas de personajes inventados que, curiosamente, han vuelto ahora a la vida en los cuentos de sus nietos.

Cuando mi madre nos llevaba a visitar a mi padre a la consulta, su secretaria le avisaba y salía a darnos un beso y nos dedicaba unos minutos. Más tarde, al empezar a cumplir años y cuando ya cursaba Medicina, previo permiso del paciente, me dejaba entrar y me presentaba a la persona que tenía delante, siempre con una delicadeza y un cariño enormes. ¡Me encantaba ese primer contacto y el trato cercano que siempre ha tenido con sus pacientes! Él suele decir que la psiquiatría es una rama de la amistad.

Una de las virtudes que debe tener un buen padre o madre es saber escuchar los problemas de su hijo. En primer lugar, hay que ganarse su respeto, que en su mente infantil seamos un «puerto seguro» al que se pueda acudir ante cualquier problema, miedo o duda. Eso exige ganarse su confianza. Aunque no es suficiente. Si el niño acude a nosotros y nos nota impacientes, percibe que no tenemos tiempo o le interrumpimos para imponer de manera cortante nuestros argumentos o perspectivas, a la larga le perderemos. Se alejará de nosotros.

Como hija he acudido muchas veces a mi padre para confiarle mis preocupaciones. Es de esas personas especiales, como dicen que también lo era mi suegro, que cuando estás con ellas el tiempo parece detenerse, puesto que te dedican toda su atención, dejando cualquier otra cosa al margen.

En segundo lugar, por tanto, tenemos que saber escuchar. Escuchar no es solo dedicar tiempo, también hacer el esfuerzo de no desconectar de la conversación aunque la consideremos irrelevante. Lo que para nosotros, adultos, es una nimiedad o algo de solución evidente, para nuestro hijo es un tema lo suficientemente importante para buscar nuestro consejo o solo nuestra empatía. Esos momentos son decisivos y se recuerdan en la edad adulta, forjando así el vínculo padre-hijo.

En tercer lugar, hay que aprender a gestionar la paciencia. Si notas que te frustras con facilidad, aléjate y analiza el origen de esa emoción tóxica. Evita herir a un hijo por algo que te exaspera porque esas palabras pueden ser una daga en el corazón de tus hijos que perdure en el tiempo.

A veces, debajo de esa agresividad que aflora ante momentos de desobediencia o rabietas de los hijos, está ese niño interior que llevamos dentro, herido, que no sabe reaccionar correctamente.

Ese enfado y esos gritos son la parte más instintiva en la que desaparece nuestra faceta racional y sentimental dando paso a lo más primitivo de nuestra psique.

Ante eso, insisto, marca distancia, vete, enciérrate en tu cuarto, pero evita herir al pequeño que tienes delante.

¿Sobreproteger o manipular?

El apego se ha erigido como un pilar fundamental de la psicología en las últimas décadas y considero importantísimo que se conozca en la familia, en el ámbito educativo, sociológico, psicológico e incluso político. No puede existir gente en el siglo XXI que no tenga nociones sobre estos temas, ya que son básicos para disfrutar de una vida plena y poder buscar nuestra mejor versión como adultos, como pareja, como padres, como hijos y como seres sociales que somos.

El ser humano necesita desde que nace cariño, alimentación y apoyo. Dependiendo de cómo reciba estas necesidades, desarrollará más o menos resiliencia; es decir, la capacidad de gestionar la adversidad y la frustración, elementos claves para disminuir la probabilidad de sufrir algún trastorno mental en el futuro.

El apego es un vínculo emocional desarrollado entre dos personas cuyo objetivo inmediato es la búsqueda y el mantenimiento de la cercanía. Esa cercanía es la que va a proporcionar seguridad y protección en los momentos de amenaza y esas figuras de cuidadores cubren lo que el bebé necesita para sobrevivir —comida, descanso, limpieza, hidratación...—.

Según los expertos, el estilo de apego está asentado entre el año y medio y dos años[1].

Gracias al apego, el bebé tendrá unas figuras que le cuidarán cuando nace y esos padres precisarán tener ese «algo» para entenderle y calmarlo. Ese «algo» tiene que ver con la disponibilidad, la cercanía, la gestión emocional y la capacidad empática. Ese «algo» es magia, es amor, es cariño, es tiempo... Es más de lo que nos podemos imaginar.

[1] A esta edad ya se puede describir qué tipo de apego tendrá un niño si se le evalúa. Veremos que existe una técnica para ello realizada por Mary Ainsworth.

Es fundamental que las figuras de apego estén disponibles, empaticen y conecten con las necesidades del recién nacido.

Los niños nacen profundamente dependientes de sus padres. A medida que se hacen mayores, dejarán esa dependencia para ganar en autonomía. La clave, como bien describe Rafael Guerrero, es llegar a ser autónomo siendo antes dependiente. Un niño se convierte en un adulto autónomo si ha sido muy dependiente de sus cuidadores en la infancia. Los padres, al cubrir esas necesidades, van mostrando el camino hacia la autonomía. Parece contradictorio, pero demostrar acercamiento, compañía y afecto a un niño le ayuda a asentar las bases de la seguridad y la autoestima.

Cuando no hemos recibido amor de forma sana durante la niñez, a veces intentamos cubrir o tapar ese vacío con relaciones que no nos convienen cuando nos hacemos mayores. Al no conocer cómo es una relación basada en un amor sano, aceptamos situaciones no recomendables y en ocasiones tóxicas y dañinas. Eso puede desencadenar un gran miedo al fracaso, una baja autoestima e inseguridad a la hora de enfrentarnos a los retos y a la hora de tomar decisiones. Esa inseguridad proviene de una base donde existe una herida afectiva profunda. Un niño que no se siente querido por sus padres crecerá pensando que no es digno de ser amado y eso le hará mucho daño a la hora de iniciar una relación. Buscará la aprobación de los demás o, por otro lado, tenderá al aislamiento y evitará lugares o trabajos con mucha gente donde no se sienta a gusto.

No conectar emocionalmente durante la infancia con las figuras de apego deriva en una baja conexión emocional con el entorno en el futuro.

Los padres son las figuras de apego encargadas de transmitir estabilidad emocional a sus pequeños.

Hemisferio derecho y mundo emocional

Durante muchos años —¡y siglos!— se pensó que lo que sucedía en el embarazo y en los primeros años de vida no tenía un impacto en la mente y en el cuerpo —«No hay memoria», «Qué bien que haya sucedido tan pronto»...—. Al tratarse de una época de no comunicación verbal se creía —de forma errónea— que los recuerdos no existían. La ciencia ha avanzado y los resultados son asombrosos. Hoy en día sabemos que todo lo que sucede en esos dos primeros años se queda guardado en la memoria emocional, en el lado derecho del cerebro.

Soy una gran fan del hemisferio derecho. Me encanta estudiarlo y entenderlo para conectar con las emociones de cada individuo que se cruza en mi camino. ¡Se entienden tantas cosas de las personas cuando investigas cómo ha sido la evolución de esa zona del cerebro!

El lado izquierdo es a su vez apasionante pero más sencillo de captar, y comienza a funcionar a partir del segundo año de vida. Es el que tiene función analítica, interpreta la información, pero es incapaz de ubicar las cosas en su contexto.

Situar las cosas y dar un sentido a lo que sucede es propio del hemisferio derecho, por eso se le denomina el hemisferio mentalizador. Me encanta cómo lo describe Daniel Goleman afirmando que es este hemisferio el que penetra las mentes de los demás y habla con ellas como si estuviera conectado con una red wifi neuronal. ¡Qué buen símil para entenderlo! Por eso nos emocionamos cuando vemos a ciertas personas o podemos sentir miedo al encontrarnos con otras. Esas neuronas espejo, ese wifi neuronal está íntimamente ligado con el hemisferio derecho que nos permite conectarnos con el mundo emocional de otras personas. La famosa inteligencia emocional, la empatía y conectar con las emociones y sentimientos de otros en mi opinión son las claves para triunfar en la vida social, de pareja o en la familia. Es cuando miras a tu hijo a los ojos y te das cuenta de que algo le inquieta, le preocupa o le ha ido mal. Eso es la inteligencia emocional y la empatía, donde se entremezclan las penas, las alegrías, las expresiones de la cara o el tono de voz. La comunicación no verbal es esencial. Se conectan dos personas, se miran y existe una conexión de hemisferio derecho a hemisferio derecho, de madre a hijo, de marido a mujer, de amiga a amiga… y tantas otras interacciones donde fluye la emoción y el cariño.

¿Por qué te lo traigo a colación ahora? Esta es una idea importante y necesaria de entender. Durante los primeros dos años de vida se asienta el estilo de apego y durante este tiempo el hemisferio derecho es el dominante. Daniel Siegel lo denomina «sintonizar»: la conexión del hemisferio derecho del cuidador con el niño será fundamental para asentar el apego seguro, un desarrollo cognitivo y emocional adecuado. Si no existe esa relación de sintonía o lo que denominan los expertos un dialogo mentalizador —de mente derecha a mente derecha—, existirá con probabilidad un apego inseguro.

El vínculo entre madre e hijo moldea el hemisferio derecho. Por supuesto los genes cuentan, pero es el contexto emocional y social el que va puliendo ese lado derecho como si de una obra maestra se tratara.

En el caso específico de madre a bebé, cada vez que se comunican los dos hemisferios derechos, el cerebro del pequeño va aumentando en tamaño y va generando nuevas conexiones neuronales.

Eres madre vitamina cuando conectas con ese hemisferio derecho de tu pequeño. Eres padre vitamina cuando no tienes miedo a mostrar tus emociones y captar las de los miembros de tu familia para generar un mejor ambiente. Eres hijo vitamina cuando escuchas y atiendes los problemas o necesidades de tus hermanos o de tus padres, y los compartes y abrazas.

El maltrato más dañino y destructivo
que puede sufrir un niño es la falta de amor.

Sentir mejor que entender

Cuando el niño es pequeño, él es la prioridad. Busca atención y cariño porque esto le ayuda a calmar el estrés y la angustia que le produce el mundo exterior. El bebé debe notar que los padres están disponibles, emocionalmente hablando, y que conectan con él. Lo impresionante, y lo que la ciencia ya avala, es que en una buena relación entre los progenitores, en la que no existe la agresividad, la rabia y el tono es cordial, el niño desarrolla equilibrio interior. No es un tema de cabeza, sino de corazón. La interacción de los padres con un hijo en su primera infancia es efectiva: no se trata de entender, sino de sentir.

La madre va aprendiendo a leer las necesidades de su pequeño. En un abrazo puede calmarlo, dormirlo y transmitirle paz regulando su estrés.

La figura del padre entra en la vida del pequeño en dos momentos esenciales. El primero es como acompañante, cuidador y persona de apoyo emocional y afectivo de la madre. Cuanto mejor esté, mejor será el nexo que desarrolle con sus hijos. Una parte de la estabilidad de la madre puede verse influida según la actitud que el padre tenga hacia ella. No será lo mismo estar al lado de una pareja cercana, distante, cariñosa, agresiva o poco empática. En segundo lugar, el padre entra como esa persona que realiza juegos, actividades y comparte tiempo con los pequeños. Las familias han cambiado mucho en los últimos años, pero la relación que los padres tengan entre ellos influirá de forma muy importante en el sistema de apego que se implantará en el niño. Uno de los daños más grandes que sufre un niño se produce cuando vive en un entorno familiar donde existe violencia, falta de afecto y agresividad verbal o física.

Durante el primer año de vida del bebé, la madre tiene un papel primordial, y es a partir del segundo y tercer año cuando el padre irrumpe en su vida de forma notable. ¡Por supuesto, también la presencia del padre ayuda a moldear el lado derecho del hemisferio! El vínculo del niño es diferente; la madre es esa figura que lo calma, lo tranquiliza y lo alimenta mientras que el padre tiene un papel clave en apoyar a la madre y estimular otras facetas en el bebé que va creciendo.

Un bebé no atendido

Muchas veces se ha creído erróneamente que desde pequeños hay que dejar a los niños llorar o regularse emocionalmente solos —«Ya se le pasará»— pensando que esa conducta les hace ser más fuertes e independientes. Esto sucede porque los padres temen criar niños mimados.

Saber atender sus necesidades, brindarles cariño, abrazos y besos, nutre el cerebro de los pequeños de experiencias positivas y les ayuda a crecer sanos, felices y equilibrados.

Durante esos primeros compases, el llanto es el medio de comunicación que emplean para solicitar ser atendidos por sus padres y cuidadores. El llanto de un niño es consecuencia de un malestar que percibe su cuerpo o su mente.

Este tema, el de los bebés, genera una gran controversia. ¿Hay que dejarles llorar? ¿Hay que atenderles siempre? Existen dos teorías importantes. La primera —conocida como método Estivill o *controlled crying*— trata de enseñar a dormir a los niños dejándoles llorar de forma más o menos controlada y pautada. Por otro lado, encontramos la teoría neurobiológica, cada vez más investigada, que consiste en atender el llanto siempre que aparece.

Pero las teorías son múltiples. Parece que si el bebé se calma en los brazos es «malo», ya que nos tiene tomada la medida. El llanto tanto en niños como en adultos es un grito de ayuda, una llamada que solicita ser aliviada. El malestar puede ser físico, psicológico o entremezclado —tener hambre, frío, sentirse solo, desprotegido o con ganas de tener a mamá cerca— pero está ahí y existe. No es manipulación. No olvidemos que un bebé no sabe manipular; esta acción está vinculada con la corteza prefrontal y el glutamato que actúa en esa zona, pero estos sistemas nerviosos no se encuentran activos a esta edad tan temprana.

Es necesario que el bebé perciba que los padres están cerca cuando él necesita ser cuidado.

Hace unos años leí un estudio realizado en Canadá, en la Universidad de Toronto, que me impresionó profundamente, ya que soy una gran aficionada a leer todo aquello que active la secreción de cortisol en el cuerpo. Este en particular me ayudó a entender el comportamiento de los niños pequeños. El estudio se realizó de esta manera: fue recogida la saliva de los bebés durante una sesión donde sus madres les ignoraban durante dos minutos. Tras analizarla, observaron que los niveles de cortisol estaban elevados. Al día siguiente estos bebés que habían sido ignorados, antes de comenzar el estudio ya tenían el cortisol alto. Es decir, ya tenían activado su sistema de alerta previo a sufrir una desatención de su madre. En cambio, los que habían sido atendidos por sus madres no mostraban ese aumento de la hormona del estrés.

La repetición de una escena estresante —no hace falta revivirla de nuevo— puede activar el sistema de alerta en el ser humano.

El doctor David Haley, quien realizó el estudio, observó que los bebés activaban la respuesta al estrés previo al evento por cómo le habían tratado sus padres con anterioridad, como si de ansiedad anticipatoria se tratara. Las madres, en cambio, al no sentir el llanto de su hijo, no activaban el sistema de alerta.

¿Qué es lo natural y recomendable? Cuando no atendemos el llanto de nuestro hijo, puede ser que al rato —minutos u horas— este deje de llorar, incluso puede que se duerma. No es que se haya calmado por sí solo, sino que se ha producido un agotamiento en su sistema adrenal y aparece algo que podríamos denominar «agotamiento de cortisol», que le impide seguir solicitando ayuda. Esto en el plano fisiológico. En el emocional, lo que sucede es que el bebé de cierta manera acepta que sus padres no acudan y su mente se resigna a no ser atendido. Son las denominadas técnicas de adiestramiento.

En condiciones normales la madre que escucha el llanto de su hijo produce oxitocina —lo que le lleva a protegerlo— y noradrenalina —ayuda a enfocarse en atender al pequeño mientras acelera el corazón—. Yo alguna noche —tras escuchar llorar a uno de mis hijos— me he dado cuenta de que tengo taquicardia. Esto sucede debido a ese aumento de la noradrenalina.

Existe una base neurobiológica y evolutiva que explica la respuesta materna al llanto de los bebés.

Sé que aún existen padres y madres que están de acuerdo con aquello que se decía antes de que el llanto ensanchaba los pulmones, pero ni llorar hace que los niños no sean unos malcriados ni es bueno ni saludable según las últimas investigaciones. Por tanto, si tu hijo llora, atiéndele y dale cariño. Posiblemente de mayor sea una persona más sana, feliz y mejor.

Recuerdo que en el nacimiento de uno de mis hijos me hablaron de un aparato que sabía «leer» el tipo de llanto de los bebés para recomendar cómo acunarlo o calmarlo. No quería comenzar inmersa en el mundo tecnológico buscando respuestas a algo que mi instinto maternal quizá supiera encontrar. Tras cuatro hijos he descubierto que hay que ir observando y aprendiendo de cada uno. Existen patrones similares, pero cada hijo es un mundo. Los cólicos del mayor, agotadores y difíciles de gestionar, supusieron un reto como madre primeriza. Durante meses escuché lo de «déjale llorar que te manipula y quiere brazos». A los meses descubrimos que sufría de una intolerancia, pusimos remedio y a los pocos días los llantos desconsolados cesaron.

Entiendo que la impotencia ante un niño que llora es máxima y en muchas ocasiones desespera y agota. A veces esos lloros se calman en brazos, al pecho o meciéndole, pero otras muchas ni siquiera eso ayuda. Cuando has tenido un bebé intolerante que no se serena de ninguna de las maneras, descubrir que los brazos son una herramienta para calmarlo es maravilloso.

Hay que tener clara una idea: lo que perjudica al bebé no es el llanto en sí, sino el hecho de no ser atendido y consolado. Ese estado crónico de alerta que se genera puede desencadenar a lo largo de la vida una respuesta al estrés demasiado sensible. Esa persona percibirá, cuando sea adulta, muchos factores que le alterarán en exceso y le harán perder la paz con facilidad.

No olvidemos que el bebé nace tras pasar nueve meses en la tripa de su madre «protegido» a encontrarse en un lugar donde existen múltiples estímulos internos y externos que le alteran. Hoy en día mucha gente se pregunta cuánto tiempo puede dejar llorar a un niño. ¿Segundos, minutos? No hay respuesta exacta, pero mi opinión es no dejar más de un par de minutos. Entrar, calmar, mecerlo, hacerle cosquillas, ofrecer el pecho, ayudar al pequeño a salir del estado de alerta y desasosiego en el que se encuentra. Si estás desesperado y exhausto y no sabes qué técnicas emplear, te recomiendo que pidas ayuda a algún familiar o amigo cercano que se haga cargo durante un par de horas o alguna noche para recuperar la fuerza necesaria para volver a atender de forma atenta y cuidadosa a tu hijo.

Las noches pueden ser agotadoras, los cólicos desquiciantes y la irritabilidad y el sueño se van apoderando de la mente y uno no responde como debiera. Si tienes dudas o quieres más información sobre este tema, te sugiero que realices el seminario de Armando Bastida, quien comparte ideas muy interesantes sobre la maternidad y la lactancia.

Recuerdo hace unos años una anécdota que me sucedió en un aeropuerto. Yo estaba en la puerta de embarque cuando escuché llorar a un bebé desconsoladamente. Estoy tan acostumbrada a vivir rodeada de niños que un llanto me sobresalta. Sabía que no era mi hijo, pero ese grito me turbó. Al girarme observé a una madre sentada, mirando el móvil, junto a un carrito donde un pequeño de unos seis meses aproximadamente lloraba sin consuelo. La madre, impasible, no le atendía. Yo no era capaz de entender qué estaba sucediendo y cómo ella no le prestaba atención. Muchos de los que nos encontrábamos allí nos mirábamos sorprendidos. Tras varios minutos, que a mí se me hicieron eternos, me acerqué a la mujer. Soy consciente de que en temas de educación a nadie le gusta que le digan u opinen, pero era incapaz de mantenerme impasible. Me acerqué a ella y le pregunté:

—¿Necesitas ayuda con el bebé?

—Ya ha comido y le he cambiado el pañal. Es capricho y así se hará fuerte —me contestó sin levantar los ojos de la pantalla.

Un sudor frío recorrió mi espalda. Volví a mirar al pequeño y el aspecto de su llanto, desesperado, era desgarrador. No sabía qué hacer sin que ella se molestara para rogarle que atendiera a su hijo. Observaba a las decenas de personas de la cola contemplando la escena mientras el bebé seguía llorando.

—Mi hijo lloraba así cuando tuvo una otitis —se me ocurrió decirle—, ¿sabes si tiene fiebre?

Por fin conseguí captar su atención. Me miró, tocó la frente del niño y como acto reflejo el bebé se agarró de la mano de la madre y comenzó a calmarse. No quería soltarla.

—Está claro que necesitaba tu cercanía ahora mismo, sea lo que sea lo que le sucede, tenerte cerca le da paz. Tengo varios hijos —proseguí—, y dejarles llorar nunca es la solución y menos cuando son tan pequeños.

De mala gana cogió al bebé en brazos, que dejó de llorar a los pocos segundos. Al volver a la cola, una señora que estaba detrás me dijo:

—A mí me enseñaron que es bueno dejar llorar a los niños, pero sé que me he equivocado, he sido demasiado fría con ellos y ahora me arrepiento. Yo sufría mucho cuando mi madre me decía que dejara de cogerles tanto. Algo se me rompía dentro, pero ella tenía una gran influencia y me insistía en que era bueno para mis hijos y para su fortaleza futura. Mis hijos son muy desapegados y muchas veces me cuesta conectar con ellos. Desde que eran pequeños los toqué y achuché poco.

La escena que acababa de suceder en la puerta de embarque había removido sus cimientos y una lágrima asomó. Con suma delicadeza le expliqué cómo funcionaba el cerebro de los pequeños y el cortisol, y le comenté alguna idea para acercarse a sus hijos, ahora en la edad adulta. Al terminar, ya sonriendo, me confesó esperanzada:

—¡Voy a ser abuela en unos meses y quiero usar todo lo nuevo que sé y que he ido leyendo para que mis nietos se sientan queridos y atendidos!

Una madre que no reacciona ante el llanto proviene probablemente de recibir una educación fría en la que ella misma no fue atendida. Tal vez ha recibido la presión del entorno que transmite que un exceso de cuidado y atención es negativo para el bebé. Si un pequeño solicita ayuda y no es atendido, su mente crecerá de alguna manera sabiendo que cuando se sienta mal no merecerá la atención y el cariño de sus cuidadores. Esto puede desencadenar la indefensión aprendida, donde el bebé se da cuenta de que sus padres no acudirán a atenderle por mucho que los llame, así que deja de hacerlo.

Fríamente uno puede pensar que así el bebé no molesta y que no recordará estos llantos, pero este patrón a la larga va calando y probablemente desarrollará un apego inseguro. No olvidemos que el cerebro está creciendo de modo exponencial durante estos años y luego actuará en base a lo que allí tenga.

La capacidad de respuesta del cuidador es vital para la supervivencia del bebé, su desarrollo físico y psicológico y, por si fuera poco, para la continuación de la especie.

¿Proteger demasiado a un niño le hace consentido?

Se cree, erróneamente, que demostrar demasiado amor a los niños puede convertirles en adolescentes tiranos. Estas ideas surgen de conceptos antiguos donde la familia era de tipo patriarcado, y donde la comunicación padre-hijo era muy pobre. Había conceptos equivocados: respeto y miedo; obediencia y miedo. Por fin, estamos avanzando a familias menos autoritarias, pero de cierta manera persiste esa creencia en muchas personas. El cachete, el castigo, el grito, la humillación... tienen un impacto fuerte en el cerebro de un niño.

Desde el punto de vista educativo, sobreproteger frena el desarrollo de los pequeños. El hecho, por ejemplo, de realizar por ellos sus tareas evita que se conviertan en niños responsables. El cerebro tiene dos lugares a la hora de enfrentarse a un reto o desafío. Cuando surge el miedo, la amígdala se activa y la corteza prefrontal —la que ayuda a encontrar soluciones o desbloquear ese temor— tiene que ir aprendiendo a responder. Si cada vez que un niño siente miedo ante algo, sus padres —profesores o cuidadores— le dan la solución, esa corteza prefrontal no responde correctamente y lo que impera es la amígdala activada. Es decir, un niño sobreprotegido siente miedo y puede desarrollar una profunda inseguridad. Ese chico que no sabe tomar decisiones o resolver dudas tendrá, cuando sea adulto, problemas de autoestima. Un niño sobreprotegido tendrá dificultad a la hora de gestionar la frustración en el futuro. Quien no gestiona la frustración tiene enormes problemas para manejar su mundo emocional y carece de herramientas para solucionar lo que le perturba e inquieta.

Si eres padre o profesor, pensarás: «¡Qué difícil es el límite entre cuidar, sobreproteger o mimar! ¡Hay tantos momentos donde no se sabe cómo actuar!». La clave está en demostrar y expresar. Eso no significa negar los límites. Estos deben existir, pero no pueden ser gritos, maltrato físico o psicológico. ¿Cuál es la clave? Tratar con mimo, con delicadeza y cuidado.

Llegados a este punto, creo necesario hacer un pequeño matiz, distinguir necesidades de caprichos. Me sirvo de Rafael Guerrero para explicártelo:

— Las necesidades son esenciales para la supervivencia y para tener una salud física y psicológica sana.

— Los caprichos son ese plus que nos genera bienestar, placer y gratificación, pero no son necesarios para la supervivencia.

Y entonces, ¿qué recomiendo?

— Abrazar, querer y decir te quiero.
— A los bebés, cuidarles sin creer en la manipulación (la zona encargada de la manipulación no está activa cuando son bebés).
— Escuchar y comprender a los hijos.
— Prestarles atención.
— Ayudarles a encontrar la solución, pero no darles la solución.
— Ayudarles cuando no saben, pero cuando empiezan a tener habilidades, dejarles que experimenten.
— No compensar con regalos o temas materiales un estado de tristeza. Es decir, no acostumbrarles a que las emociones negativas se arreglan con algo material. Aceptar y escuchar sus sentimientos y frustraciones, contenerlos (¡no siempre es fácil!) y reconducirlos.
— ¡Cuidado con emplear el castigo como método educativo para todo! Infunde miedo y el pequeño aprende a obedecer desde el temor y no desde la reflexión.
— Emplear la empatía, es decir, ponernos en su lugar, comprender sus sentimientos, abrazarlos, desbloquearlos y aceptar sus momentos negativos.
— Las circunstancias negativas si están bien conducidas son grandes oportunidades para crecer y madurar. No significa exponer a los niños a dramas innecesarios, pero si llegan o surgen (incluso como conversación) pueden ser un trampolín para avanzar en el mundo emocional.

Lo importante, en cualquier caso, es cubrir las necesidades de los pequeños para que de mayores ganen en autonomía.

12
El maltrato que más perjudica

Genera mucha sensación de miedo o culpa no poder educar a nuestros hijos de forma adecuada. Leemos noticias o libros, vemos tutoriales, escuchamos charlas sobre educación y muchas veces sentimos que lo hacemos de forma defectuosa. En otros casos, somos plenamente conscientes de que nuestros hijos están sufriendo y van a desarrollar un apego inseguro, pero no tenemos las herramientas para gestionarlo de otra manera. Quiero mandarte un mensaje: hay esperanza, hay solución.

No haber recibido amor durante la infancia puede generar falta de empatía en la edad adulta. Es como sentir una anestesia emocional donde uno parece mostrar cierta indiferencia hacia las emociones y sentimientos de otros. Son personas que reprimen y niegan sus emociones. Suelen reprimir y negar los sentimientos por miedo a mostrarse vulnerables.

En un apego seguro, como bien explica Daniel Siegel, el niño aprende a conectar y a sintonizar con sus padres. Esa sintonía consiste en que estos perciben los estados internos del pequeño. Cuando los traumas han sido muy dolorosos, se cree que se produce un bloqueo en las fibras del órgano que conecta el hemisferio derecho con el izquierdo —el cuerpo calloso—, paralizando la capacidad que tiene el ser humano de sintonizar con sus cuidadores como forma de protección y adaptación.

Puede que al leer esto te des cuenta de que eres la consecuencia de un apego insano. Sabes que algunas cosas que te suceden, los miedos, los comportamientos negativos que te perjudican son fruto de haber tenido un apego difícil con tus progenitores.

Una infancia traumática donde existe un vacío afectivo se traduce en comportamientos en la edad adulta que traten de compensar el vacío emocional. Existen muchos ejemplos de famosos y personajes históricos que han sufrido infancias traumáticas y esto ha tenido efectos terribles.

Se me ocurre el caso de Walt Disney. El productor sufrió el fallecimiento de su madre de forma traumática. Él regaló a sus padres, en pleno éxito profesional, una casa, y una avería en el horno acabó con la vida de su madre, algo que le marcó profundamente.

En más de treinta títulos de Disney, los padres —el padre o la madre— no aparecen o desaparecen de forma traumática de la vida de los personajes de la película: *Blancanieves, La Bella y la Bestia, Pinocho, Bambi, La cenicienta, El libro de la selva, Peter Pan, La sirenita, Aladdín, El jorobado de Notre Dame, Pocahontas, Buscando a Nemo, Ratatouille, Lilo y Stitch, Frozen,* entre otros.

El caso de Charles Dickens, uno de los escritores británicos más reconocidos, sufrió un trauma a la edad de doce años cuando su padre fue enviado a la cárcel por deudas. Dickens pasó de una vida relativamente holgada a vivir en condiciones deplorables trabajando en una fábrica de betún donde escuchaba a las ratas a diario. Ser pobre lo marcó profundamente y prueba de ello se detecta en las páginas de sus novelas. Toda su familia estuvo en prisión menos su hermana. El tiempo que trabajó en la fábrica significó una humillación para él. Esas heridas marcarían sus novelas, desde el célebre *Oliver Twist* hasta *La pequeña Dorrit,* donde narra infancias terriblemente duras. Él se proyectaba en muchas de esas historias donde el abandono y la tristeza están muy presentes.

Hoy en día, en pleno siglo XXI, abundan personajes famosos —cantantes, actores, *influencers*...— que reconocen haber sufridos traumas en su juventud. Muchos han necesitado vías de escape para sanar esos vacíos afectivos como las drogas, el sexo o el dinero.

Una buena noticia: estas heridas se pueden sanar, con delicadeza y cuidado, pero se logra.

De la adolescencia a la edad adulta

Muchos de los traumas de la infancia comienzan a mostrar sus efectos adversos en la adolescencia. Esta es una etapa apasionante, pero marcada por una búsqueda de independencia y de encontrar un lugar en el mundo.

La adolescencia es, de cierta manera, el resultado de cómo nos han ido educando, queriendo y enseñando en la niñez. Si mientras éramos pequeños se nos privó de afecto, cariño y empatía, será más difícil gestionar las emociones y la búsqueda de sensaciones intensas —en ocasiones, completamente dañinas— aparecerá.

Esta etapa puede no ser un momento tan conflictivo si las figuras de apego que acompañan al joven son sanas y demuestran cariño a la vez que límites claros. Es época de crecimiento y de lucha interior. Un buen pilar emocional ayudará a atravesar este periodo de la mejor manera. Tras esos adolescentes agresivos, rabiosos o impulsivos existe en muchas ocasiones una infancia en la que no se les ha enseñado a querer de forma sana, a expresarse y a sentirse apreciados. Esa rabia, ese comportamiento a veces destructivo, proviene de una baja autoestima, de una gran frustración personal y de una enorme vulnerabilidad emocional, que a su vez puede derivar en un trastorno de la personalidad, un cuadro de ansiedad generalizado, una tendencia marcada a la depresión, una incesante búsqueda de emociones intensas, la adicción a algunas sustancias o incluso dificultad a la hora de encontrar o mantener pareja.

Los niños que han sufrido maltrato han sido enseñados, de cierta manera, que el amor coexiste con el abuso. Esto marca la percepción que tendrán del amor en la edad adulta. Crecen convencidos de que aquellos que les querían a la vez les lastimaban y normalizan que **quien te ama puede herirte.** Pero cuando surgen figuras de apego buenas durante esta fase —hombre o mujer, un amigo, un tutor, un monitor, un tío...—, la vida de esos jóvenes vulnerables puede verse fortalecida. Nunca es tarde para encontrar una persona vitamina que sane las heridas que arrastramos.

La *strange situation*

De los tres investigadores que cité en el primer capítulo de este apartado, me faltaba hablarte de los estudios de la doctora Mary Ainsworth. Esta psicóloga americana trabajó en Londres en un proyecto dirigido por Bowlby en la clínica Tavistock y ella fue quien continuó con sus estudios sobre el apego. Observó los efectos que se producen en el cerebro y en el organismo en el momento de la separación de la madre con su hijo y las consecuencias que esto tiene en el desarrollo de la personalidad de los niños.

Gracias a sus estudios sobre madres e hijos en Kampala (Uganda) y, posteriormente, basándose en una serie de exámenes sobre cómo interaccionan madre e hijo realizados a través de un procedimiento de laboratorio denominado situación extraña —*strange situation*— estableció tres patrones principales de apego.

Su experimento sobre la infancia y la mente siempre me ha parecido fascinante. A través de esta investigación quiso demostrar la teoría del apego de forma empírica. Lo recomiendo a todos los padres para entender esta hipótesis y poder establecer el estilo de apego de los niños a partir del año de vida.

En el estudio fueron examinados unos cien niños de entre un año y año y medio. El análisis consistió en ocho fases, de unos tres minutos cada una, pudiendo ser más breve si el pequeño se sentía angustiado o no lo soportaba. Entro a detallarlas:

1. La madre entra con su hijo en una sala donde hay juguetes.
2. El bebé explora la sala y se acerca a los juguetes.
3. Una persona desconocida entra en la habitación. Durante los primeros instantes la madre y el extraño no hablan entre ellos. Al minuto comienzan a charlar y al poco tiempo el desconocido intenta acercarse al pequeño.
4. La madre se marcha dejando al niño con el desconocido en la habitación. Es la primera situación de separación. Se observa la reacción del niño al quedarse sin su madre.
5. La madre vuelve a la sala e intenta calmar al bebé si este lo precisa. La persona desconocida se marcha de la sala.
6. La madre se marcha y deja al bebé solo.
7. Al poco vuelve el extraño para intentar conectar con el bebé.
8. Vuelve la madre y el extraño se marcha de la sala.

Lo que Mary Ainsworth buscaba analizar mediante esta técnica era:

— Cómo es la búsqueda de cercanía y de contacto del bebé con su madre; es decir, cómo interaccionan.
— La facilidad o dificultad que tiene la madre a la hora de calmar a su hijo.
— Cuánto tiempo y qué facilidad tiene el niño para volver a jugar tras ser calmado por la madre.
— Qué sucede tras la separación con la figura cuidadora y con la presencia de un individuo extraño.

Tras estudiar estas variables, describió tres diferentes estilos de apego:

— Seguro: niños con conductas de exploración activa, que se disgustan ante la separación de su madre, pero que, cuando esta vuelve, tienen una respuesta positiva y se consuelan con facilidad.

— Evitativo: niños que presentan conductas de distanciamiento, no lloran al separarse del progenitor, suelen concentrarse en los juguetes y evitan el contacto cercano. En estos pequeños existe una desconexión de su mundo emocional y parece no importarles que su madre se aleje.
— Ambivalente: niños que reaccionan fuertemente a la separación, presentan conductas ansiosas y de protesta, como llorar y aferrarse. Suelen mostrar rabia, no se calman con facilidad y no retoman la exploración.

Al observar los resultados muchos pensaron erróneamente que los niños más fuertes eran aquellos que no se inmutaban al salir su madre de la escena. Esos eran los que resistían mejor la separación y la irrupción de otra persona en la escena. De ahí surgieron muchas teorías sobre cómo educar y la disciplina en los niños. Años más tarde, unos estudios rompedores esclarecían este asunto: esos niños de apego evitativo —los que no se inmutaban y no parecían sufrir— fueron analizados de forma más profunda. Hay evidencias de que el sistema nervioso se alteraba y se observó que mostraban taquicardia, cambios en el electromiograma y su organismo estaba en tensión. De hecho, presentaban niveles elevados de cortisol en sangre. Esos niños se transformaban en la edad adulta en sujetos con gran probabilidad de somatizar y de sufrir ansiedad.

La clase de apego que un niño desarrolla en su infancia es fundamental en la manera en la que gestionará sus emociones, los conflictos, los afectos y las emociones.

Tipos de apego inseguro

Existen dos tipos de apego: el seguro —o vitamina, como a mí me gusta llamarlo. Te hablaré de él luego más detenidamente— y el inseguro. Voy a tratar ahora sobre este último.

Cuando un sujeto posee un apego inseguro, este se convierte en un factor de riesgo para desarrollar en el futuro un trastorno emocional o psicológico. Un factor de riesgo se puede entender como el tema del tabaco y su relación con las enfermedades pulmonares o el cáncer. No toda persona que fuma acaba con una patología respiratoria severa, pero sabemos que es un gran peligro para que se desarrolle.

Mucha gente que sufre un apego inseguro no sabe cómo expresarlo ni con quién compartirlo. En ocasiones, leer sobre ello, acudir a grupos de terapia, ver películas donde uno se siente identificado, ayuda. En la vida se aprende observando a los demás y escuchando sus vivencias. La mente se educa conectando con otras personas que han pasado por historias parecidas o encontrando un terapeuta que acompañe sin juzgar.

Que ese apego acabe en un trastorno severo depende de una serie de variables que me parece interesante puntualizar.

El caso de los hermanos López

Jorge, de treinta años, es el mayor de una familia de cuatro hermanos. Está casado y tiene una niña de dos. Solicita cita para sus tres hermanos más jóvenes que él: Cristina de veintiocho, Clara de veinticinco y Ricardo de veinte.

Sus padres se separaron hace diez años. La madre era alcohólica y el padre ocultó durante mucho tiempo el comportamiento de ella hasta que la convivencia resultó imposible y la separación fue inevitable.

Los cuatro hijos se fueron a vivir con el padre, pero a los pocos meses le fue diagnosticado un cáncer terminal y fallecía al año dejando a los hijos a cargo de la madre y los abuelos maternos, que ya eran muy mayores.

Pocos meses después, fue la madre la que murió de cirrosis hepática. Jorge estaba terminando los estudios y decidió comenzar a trabajar mientras ejercía de padre y de madre cuidando a sus hermanos pequeños. Por entonces tenía novia y al cabo de dos años se casaron y se llevaron a los tres a vivir con ellos.

Jorge es exigente consigo mismo, no se permite un fallo y tiene un grado elevado de responsabilidad como hermano mayor. Ha vivido en primera persona el drama de sus padres y tiene una relación paternalista con todas las personas de su entorno, incluida su mujer. Le cuesta expresar sus emociones y en alguna ocasión ha padecido crisis de pánico.

Cristina estuvo interna en un colegio durante dos años, a los doce, cuando la situación familiar era dura y complicada, y allí tuvo la suerte de encontrarse con una profesora que acabó convirtiéndose para ella en una segunda madre. Estaba separada y tenía dos hijas, una de su edad, y durante largos periodos de tiempo, Cristina pasaba épocas en su casa, donde se sentía feliz, segura y querida. Mantenía una relación cordial con su padre, pero tanto este como su hermano Jorge eran poco cariñosos y en la actualidad tiene problemas para entablar relaciones sanas con los hombres.

—Yo creo que no me voy a casar —afirma segura.

Clara es la tercera. Fue diagnosticada de diabetes de pequeña y tiene PAS —personalidad altamente sensible—. Sufre enormemente ante los conflictos, los problemas, la frustración y mantiene relaciones de dependencia con la gente de su entorno. No se ha sabido adaptar bien en la universidad y ha comenzado de becaria en una empresa.

—Estoy triste casi todo el día, creo que esta vida no vale la pena y me cuesta encontrar gente que no me haga daño —reconoce.

Ricardo, el pequeño, era el ojo derecho de su madre y cuando falleció él tenía doce años. Durante la infancia se le minimizaba lo que sucedía y su madre disimulaba con él. Su padre, durante los últimos meses de vida, le trató con especial cariño.

Recibió afecto de ambos a pesar de las circunstancias y tanto los abuelos como sus hermanos mayores siempre cuidaron de él.

Ricardo es un chico alegre, risueño, atractivo y habla de sus historias amorosas.

—Siempre me he sentido muy querido por la gente que me ha cuidado o con la que me ha tocado vivir. Soy afortunado porque a mi lado he tenido a personas muy auténticas —me dice.

Curiosamente, siendo el más pequeño, no parece haberle alcanzado el drama tan de cerca.

Los cuatro hermanos poseen una historia familiar, pero a cada uno le ha afectado de forma diferente según el momento de su infancia cuando los hechos sucedieron, de su personalidad y de la interacción individual de los padres hacia ellos.

Todos conocemos familias donde los hijos han sido educados de modo similar y cada uno «parece de su padre y de su madre», como se dice comúnmente. Entender la personalidad de un hijo es fundamental para comprender el impacto que tiene el tipo de apego de cada uno.

Hay traumas, surgen heridas profundas, pero, ¿de qué depende que un apego traumático se convierta en un trastorno más grave en la edad adulta? Depende de una serie de factores:

- — La edad a la que sucedieron las situaciones difíciles o los traumas: no es lo mismo si pasan de recién nacido, a los cinco años o en la adolescencia. Cada etapa tiene sus momentos y el impacto es distinto.
- — Si había alguna otra figura que pudiera aportar afecto y seguridad en el entorno, minimizando el daño.
- — La duración del trauma.
- — La personalidad de base del niño. En una familia de varios hermanos o incluso gemelos que atraviesan la misma situación conflictiva, la respuesta puede ser distinta (de hecho, suele serlo) porque cada uno viene con un temperamento y una resiliencia diferente.

La resiliencia, como bien explica Boris Cyrulnik, es ser capaces de iniciar un nuevo camino tras sufrir un trauma. Tras padecer una adversidad, remonta y vuelve a comenzar.

La persona resiliente tiene unos pilares en su personalidad que le ayudarán a que, a pesar de los momentos duros que la vida pueda traer, siga adelante. Muchos de esos pilares se forjan en la infancia: la seguridad que le transmiten sus padres, un entorno sano y no agresivo, la capacidad de sentirse apoyado en momentos difíciles, etc.

Si un niño vive una situación donde existe el conflicto constante entre los padres y donde no se siente querido y seguro, desarrollará una personalidad mucho más vulnerable para el futuro.

Según el temperamento de cada hijo, la interacción con los cuidadores debe ser lo más sana posible para ayudarle a sacar su máximo potencial. Cada historia es un mundo y la biografía de los padres está llena de vaivenes que afectan al equilibrio de los hijos en muchos momentos.

Si unos padres consiguen inculcarles un apego seguro, este será como una «vacuna» que le proteja para no desmoronarse en el futuro. En cambio, aquellos con apego inseguro pueden derrumbarse ante acontecimientos de toda índole: la pérdida de un trabajo, el suspenso de un hijo, un diagnóstico médico o un conflicto con amigos. Cuando alguien viene «herido», todo se transforma en factor de estrés. Aquí radica la diferencia con los que tienen un apego seguro que suelen saber cómo enfrentarse a lo que va sucediendo en su día a día de la mejor manera.

Este tipo de apego inseguro se puede subdividir a su vez en:

1. Ansioso-ambivalente

Sucede en un diez por ciento de los tipos de apego. Se da cuando un niño tiene una necesidad y el cuidador reacciona de forma exagerada —suele darse con padres muy emocionales y ansiosos—. Son bebés que responden con gran angustia a la separación de su madre o de sus figuras de apego.

Se entremezclan comportamientos de apego seguro con otros de protesta o resistencia. La clave de este tipo de apego inseguro está en la inconsistencia de los padres; es decir, presentan una actitud contradictoria y errática. El niño no sabe qué esperar y no tiene confianza en que sus padres sean capaces de responder a sus demandas.

Si lo analizamos con la *strange situation* de Mary Ainsworth, estos son aquellos que exploran el ambiente de forma poco relajada alejándose de su figura de apego y vigilando constantemente que esta no les abandone. En el caso de la investigación, los niños seguían angustiados cuando la madre volvía a la habitación.

Lo que observó Ainsworth es que esas madres tenían una gestión emocional inestable. Es decir, en algunas ocasiones respondían a las llamadas de su hijo con cercanía y cariño y en otras con indiferencia o gran angustia. Mary Ainsworth se percató de que los pequeños con perfil inseguro ansioso no querían separarse de su madre y sufrían mucho al alejarse de ella. Cuando se marchaba, gritaban y lloraban hasta el punto de enfadarse. Lo curioso es que cuando volvía su madre, seguían angustiados y algunos arqueaban la espalda como manteniendo cierta distancia. ¿La razón? Se activaba en ellos un temor a volver a ser abandonados por ella y de cierta manera se resistían a ser calmados.

Esto puede darse, por ejemplo, en familias donde uno de los padres abandona el hogar o donde la relación es de ida y vuelta. En las separaciones o divorcios, momento de enorme vulnerabilidad para los hijos, hay que cuidar de forma especial cómo se transmite a los hijos la razón de la ruptura y cómo se realiza el contacto con el padre/madre que se marcha. Ser claros, no culpar a ninguno, generar un ambiente seguro y aportar serenidad a pesar de ese momento de enorme dolor previene de dañar el apego seguro que pueda existir.

De igual modo, si los padres vuelven tras una época de crisis, esto puede convertirse en una alegría para los niños, pero también en una situación de temor por la posibilidad de que vuelvan a separarse. Se reactiva el miedo al abandono. Esto no significa que todo hijo de padres separados vaya a desarrollar este estilo de apego, solo que una mala gestión del tema puede incrementar las posibilidades de hacerlo.

Conozco muchos hijos de padres separados con un apego seguro, pero sabemos que es un factor de riesgo para desarrollarlo si la separación no se gestiona de forma adecuada.

En resumen, lo que aquí sucede es que los padres o cuidadores no saben gestionar su propio mundo emocional y esto influye en los niños. Cómo gestionan las rabietas de los niños, los desafíos, las crisis de crecimiento o la incertidumbre les ocasiona un tumulto de emociones interiores que no saben canalizar. Suelen ser padres inestables y cambiantes, y para sus hijos se convierten en seres impredecibles. Pasan de ser cuidadores ansiosos a cuidadores indiferentes o a cuidadores amorosos.

Los niños que se encuentran en ese entorno de ambivalencia emocional nacen sin saber si ante un problema recibirán cariño o indiferencia por parte de sus padres. Esto, en la edad adulta, les lleva a un estado de alerta, falta de confianza y de inseguridad en sus relaciones. Serán personas con mucha ansiedad a la hora de elegir pareja y relacionarse con otros. Esto puede notarse en la necesidad de llamar la atención del otro, y si no lo consiguen, generarán comportamientos inestables, celos, miedo al abandono, comunicación agresiva y vías de escape destructivas. Podría definirse con el concepto «ni contigo ni sin ti». Como sucedía de pequeños, cuando crecen permanece el miedo al rechazo.

Los adultos con este tipo de apego sienten con frecuencia miedo a que su pareja no les quiera y temen ser abandonados. Esto lleva a que se obsesionen con los fallos de la relación viendo «fantasmas» donde no existen.

Los niños que han sufrido un apego inseguro ansioso pueden desarrollar un trastorno de personalidad en el día de mañana. Los dos más frecuentes son el trastorno por dependencia y el trastorno límite de personalidad (TLP)[1]. El noventa y dos por ciento de las personas que sufren TLP presenta apego inseguro ambivalente.

NECESIDAD DE APROBACIÓN

MIEDO AL RECHAZO

DEPENDENCIA EN LAS RELACIONES

Apego ansioso-ambivalente.

El caso de Fernanda

Fernanda tiene una crisis de pareja donde reconoce que ella es el problema.

—Soy muy celosa —afirma—, sufro mucho con mi novio Álvaro. No sé qué me pasa, estoy todos los días en alerta pensando que me va a dejar. Le pregunto constantemente cuánto me quiere y si en algún momento me va a abandonar. Soy muy controladora y creo que se está hartando de mí.

Indago sobre su infancia. Recuerda que sus padres se llevaban mal, pero que ella era feliz. Viajaba con ellos, participaban

[1] El trastorno límite de personalidad conlleva unos rasgos de personalidad donde prevalecen la inestabilidad emocional, la búsqueda de sensaciones intensas y el sentimiento de vacío con gran problema en las relaciones humanas; ver más en página 277.

en juegos familiares, pero las broncas entre los dos eran frecuentes y entonces nadie le prestaba atención.

—Era como si yo no existiese en casa —asegura.

Sabía que sus padres la cuidaban si estaban bien entre ellos, pero en sus conflictos era ignorada.

Fernanda es insegura y tiene la autoestima baja. Necesita saber que importa a los cercanos y busca llamar la atención cuando se siente sola o poco atendida.

Lo que le sucede a Fernanda es que su mente no distingue bien las situaciones, tiende a maximizar y exagerar las reacciones y comportamientos de otros. En su infancia ella no quería que sus padres dejaran de quererla, pero siempre vivió con el miedo de que la ignoraran. Cuando todo iba bien y la trataban con amor, se le pasaba el miedo.

Nunca había sido consciente de que arrastraba un apego inseguro ansioso y repetía patrones con Álvaro. Tras haber trabajado su biografía, sus heridas y su gestión emocional, avanza cada vez más en su camino hacia un apego más sano con su marido e hijos.

2. Evitativo

Aquí lo que sucede es que la madre desatiende de forma reiterada las necesidades del bebé impidiendo que se desarrolle de manera sana el sentimiento de confianza. Le deja llorar y no responde a sus llamadas de necesidad y cuidado. Si percibe que su hijo es excesivamente sensible, vulnerable o débil, puede rechazarlo, ya que no se siente orgullosa de él.

Como ya he explicado, estos padres suelen provenir de una educación donde se les ha inculcado que dejar llorar al niño o ignorar sus necesidades favorece su autonomía y desarrollo. También puede tratarse de padres poco afectivos, excesivamente exigentes, emocionalmente poco preparados o con problemas para gestionar sus emociones.

Estos niños han asumido que no pueden contar con sus cuidadores, pues no reciben el apoyo que necesitan y aprenden a vivir sintiéndose poco queridos y valorados. Los padres no están disponibles cuando se les precisa.

Si es un niño que recibe castigos por llorar, quejarse o pedir ayuda, aprenderá a reprimir sus sentimientos para poder estar cerca de sus padres sin ser rechazado. Esa es la razón por la que se vuelven independientes y se valen por sí mismos desde pequeños. Sienten que no necesitan de nadie y que el hecho de abrirse o pedir ayuda les hace vulnerables.

En el perfil evitativo, el niño minimiza lo que le sucede; en el perfil ansioso ambivalente, maximiza cualquier cosa para recibir la atención de sus padres.

Se cree que un veinte por ciento de la población presenta este estilo de apego. Estos adultos han aprendido que mostrar sus necesidades o sentimientos a los demás no tiene una repercusión o respuesta positiva del entorno más cercano. Crecen pensando que sus emociones y sentimientos no son importantes para las personas más próximas y, por tanto, reprimen y anulan mucho de lo que sienten. Prefieren no depender emocionalmente de nadie. Un signo con el que se puede reconocer a estas personas —¡incluso desde joven!— es que parecen pequeños señores: muestran una imagen de independencia y madurez. Esa frialdad emocional a veces se traduce en personas que tratan con aires de superioridad a otros, con cierta soberbia, cinismo o dureza.

Estas personas presentan dificultad para establecer vínculos sanos con los demás y sufren profundamente por ello. Desde fuera dan una impresión de personas fuertes e independientes, pero muchas veces se trata de una coraza detrás de la cual existe una profunda inseguridad. Este apego no deja de ser un mecanismo de protección para no sufrir más.

Suelen tener problemas a la hora de gestionar sus emociones o expresarlas. Suelen ser alexitímicas: personas con dificultar para hablar o compartir su mundo emocional. Por tanto, cuando alguien se aproxima o intenta entablar una relación más íntima, no saben gestionarlo y sufren por ello.

Les cuesta mostrar realmente cómo son y prefieren controlar lo que expresan, usando más la cabeza que el corazón. Tratan a veces al otro como en un manual y no como les dictan los sentimientos.

En el experimento de Mary Ainsworth, la clave estaba en que estos niños se mostraban indiferentes cuando su madre se alejaba de la habitación y no expresaban alegría a la vuelta de ella. Incluso evitaban la cercanía con sus padres, pero siempre sin mostrar emoción. Lo importante es saber que internamente sí estaban somatizando —conducción dérmica, taquicardia y niveles de cortisol elevados en los momentos donde se alejaban sus padres—.

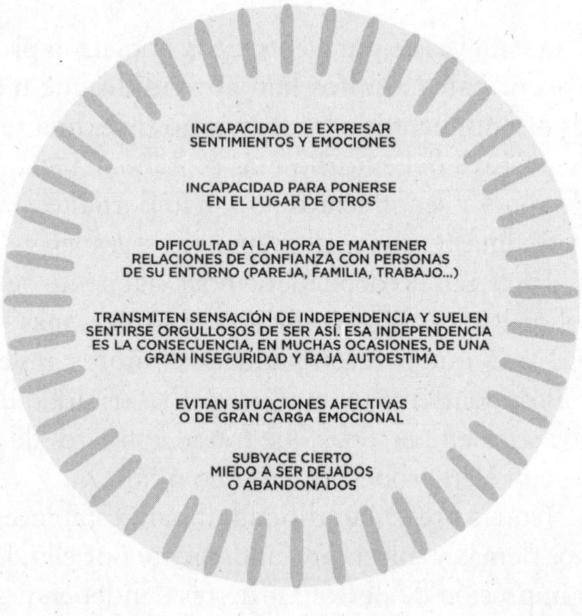

INCAPACIDAD DE EXPRESAR SENTIMIENTOS Y EMOCIONES

INCAPACIDAD PARA PONERSE EN EL LUGAR DE OTROS

DIFICULTAD A LA HORA DE MANTENER RELACIONES DE CONFIANZA CON PERSONAS DE SU ENTORNO (PAREJA, FAMILIA, TRABAJO...)

TRANSMITEN SENSACIÓN DE INDEPENDENCIA Y SUELEN SENTIRSE ORGULLOSOS DE SER ASÍ. ESA INDEPENDENCIA ES LA CONSECUENCIA, EN MUCHAS OCASIONES, DE UNA GRAN INSEGURIDAD Y BAJA AUTOESTIMA

EVITAN SITUACIONES AFECTIVAS O DE GRAN CARGA EMOCIONAL

SUBYACE CIERTO MIEDO A SER DEJADOS O ABANDONADOS

Apego evitativo.

El caso de Raquel

Raquel lleva saliendo con Gustavo varios meses, pero tienen discusiones y conflictos constantes.

—La quiero muchísimo —asegura Gustavo—. Es una persona excepcional, pero le cuesta comunicarse conmigo.

Gustavo tiene un apego seguro, ha recibido un cariño sano por parte de sus padres desde su infancia y detecta que algo sucede dentro de su pareja.

Raquel es una mujer distante y fría en el contacto. Al pedirle que me hable de la relación con Gustavo me doy cuenta de que no sabe expresarse en el plano emocional.

—Mi madre es alemana y mi padre español —cuenta cuando indago sobre su biografía—. En mi casa nunca ha estado bien visto expresar cualquier sentimiento y emoción. Los dos son profundamente exigentes y yo no recuerdo haberme desahogado con mis padres nunca. Siempre tuvimos que sacar las mejores notas. En mi familia se habla de política, economía, historia o literatura, pero jamás de un tema sentimental. No nos abrazamos ni nos decimos te quiero. Expresar sentimientos es de blandos y vulnerables. Yo siempre respondo con la cabeza, las decisiones de mi vida son racionales porque si usas los sentimientos seguro que te equivocas.

Raquel es inteligente y se va dando cuenta, a medida que pasan las sesiones, de lo que significa un apego evitativo. Le doy a leer algún libro especializado y a los pocos días me manda un mensaje: «Ayúdame, quiero cambiar y sanar mi apego». Hemos ido desmontando patrones aprendidos que le hacen sufrir, ella ha ido quitando capas y practicando con el corazón. Ha aprendido a expresar cariño —físico y verbal—. Su relación con Gustavo ha mejorado muchísimo y —¡ambos lo saben!— he apostado por ellos como pareja para el futuro. Al estar los dos en terapia individual, la evolución ha sido muy favorable.

El caso de Héctor

Héctor es alto, serio y distante. Se dedica al mundo docente y noto que en consulta le cuesta relajarse y no se encuentra cómodo.

—Mi mujer me quiere dejar, dice que soy un témpano de hielo —me responde al preguntarle qué le ocurre.

Héctor es hijo de padres separados; su madre les abandonó cuando era pequeño y se marchó con otro hombre con el que fundó una nueva familia. Vivió durante un par de años con su padre, pero este cayó en una profunda depresión y decidió marcharse a casa de los abuelos, quienes podrían atenderle y cuidarle. Me habla de su madre desde la rabia y el rechazo:

—Me abandonó, se marchó y solo me llama por mi cumpleaños. Creo que la odio.

Los abuelos eran personas muy frías, muy conservadoras y poco expresivas.

—Nadie me enseñó a hablar de emociones, nunca me sentí especialmente querido por las personas cercanas a mí.

Se refugió en los estudios, era un alumno brillante y sacaba notas excelentes.

—He estudiado tres carreras y realizado dos tesis doctorales. Doy clases en varios grados y soy profesor de una escuela en Inglaterra a la que acudo dos veces al mes.

Héctor únicamente se relaja hablando de temas intelectuales o profesionales. En cuanto giro la conversación hacia la relación con su mujer me dice:

—Nos conocimos en la universidad en Reino Unido. Ella era profesora de otro departamento, tuvimos que realizar una investigación conjunta y al poco comenzamos a salir. Es una mujer inteligente, pero en mi opinión demasiado sentimental.

Cuando me cito con ella, me encuentro con una chica extrovertida, pasional y muy lista.

—Me enamoré de la cabeza de Héctor, no he conocido a nadie que razone igual. Nos casamos a los pocos meses de conocernos, pero hoy, y más durante la pandemia, la convivencia se ha hecho insoportable. Es cero cariñoso y empático. Resulta imposible hablar de emociones con él, es profundamente hermético. Me he hartado, no puedo más.

El caso de Héctor es complicado. Hay heridas en la infancia severas —el abandono de su madre, la depresión de su padre y la frialdad de los abuelos—. Nunca tuvo un apego sano y seguro de pequeño y jamás sintió que sus emociones importaran a otros. Lleva varios meses en terapia, está siendo una labor lenta, ya que hay mucho que desbloquear y sanar, pero va entendiendo y aceptando el plano afectivo de la vida y su mujer nota poco a poco los progresos que van sucediendo dentro de él.

Tanto con Raquel como con Héctor he trabajado intensamente en convertir el apego evitativo en uno más seguro. He empleado la técnica del EMDR (véase página 164) para desbloquear escenas o momentos de la infancia donde existía el vacío a la hora de precisar cariño o atención. Por otro lado, ayudarles a entender y comprender su historia afectiva va sanando poco a poco esas heridas y generándose un punto de inflexión. Las pautas de conducta ayudan. Es decir, pequeñas herramientas que ejercitan la inteligencia emocional para expresar emociones, enfrentarse al conflicto y gestionar el mundo sentimental de la mejor manera.

Un tratamiento útil en los pacientes con estilo de apego inseguro consiste en unirse o conectar con personas —amigos, grupos, pareja...— con un estilo de apego seguro.

Los dos pilares del apego son la autonomía y el vínculo. Tiene que existir un buen equilibrio entre ambos. En el apego ansioso-ambivalente predomina más el vínculo. En el evitativo existe más el componente de la autonomía.

3. Desorganizado

Aquí nos encontramos con una mezcla entre el estilo de ansioso-ambivalente y el evitativo.

El niño tiene comportamientos contradictorios con tendencia a las conductas explosivas y con grandes dificultades para entenderse con su cuidador. También se atribuye este tipo de apego a que, ante las señales emitidas por el bebé, el cuidador ofrece respuestas desproporcionadas. Los pequeños crecen sin saber qué esperar de aquellos que les cuidaban en el entorno.

Al llegar a la edad adulta puede repetir patrones que vieron en su infancia y pasar de la agresividad a ser encantadores o manipuladores. Son personas con un alto grado de frustración e ira que no se sienten queridas y normalmente rechazan las relaciones, aunque en el fondo es que lo que más desean. Ellos mismos reconocen que no entienden lo que sucede en su interior. En muchas ocasiones pueden reconocer que están perdidos, desorientados o vacíos. Estas personas crecen sin modelos de identidad, son individuos sin criterios de ningún tipo a la hora de entablar o mantener relaciones. En ocasiones tienen problemas de impulsividad y en ocasiones requieren tratamiento farmacológico para paliar los altibajos y momentos de rabia y frustración.

Apego desorganizado.

La personalidad antisocial ha sido ampliamente estudiada en los últimos años. Una investigación reciente realizada con gemelos por Alexandra Burt, de la Universidad Estatal de Michigan, demuestra que tanto la educación basada en la agresividad física como aquella donde existe un componente autoritario y duro fomentan un comportamiento antisocial en esos niños cuando se hacen mayores.

El caso de Roberto

Roberto padece ataques de ansiedad frecuentes. Ha realizado múltiples terapias e incluso estuvo ingresado en un hospital por adicción grave a las drogas.

—Tuve una infancia traumática —cuenta—, mi padre dejó embarazada a mi madre, pero él ya tenía hijos de varias mujeres distintas. Soy su quinto hijo. Siempre ha llevado una vida muy desordenada. Mi madre era de origen humilde, muy guapa, y mi padre se encaprichó de ella en una feria del pueblo. Cuando se enteró de que estaba embarazada, la abandonó. Ella trabajaba de camarera en una discoteca y muchas veces llegaba tarde o no llegaba, y esas noches me quedaba con una vecina. Cuando cumplí siete años mi padre quiso conocerme y, como tenía más dinero, mi madre aceptó que pasara algunos días con él. Fue un infierno, yo era pequeño, pero recuerdo que cada día había mujeres diferentes en la casa. A los doce años, una noche me quedé solo esperando a que llegara. Me llamó, esto es algo que no he olvidado nunca, me puso al teléfono con una mujer que me dijo: «Esta noche tu padre se queda conmigo». Sentí un vacío terrible. En el barrio donde me crie un grupo de chicos me aceptaron y me hicieron sentir importante, pero las drogas estaban muy presentes y comencé a consumir cocaína.

Roberto lo narra sin gran emoción. Las chicas y las drogas han sido sus vías de escape. Es consciente de que gusta físicamente a las mujeres, pero es incapaz de ser fiel y de tratarlas bien. Le han despedido de dos trabajos porque tiene mala relación con los compañeros.

Trabajar con él supone un reto. Por un lado, ayudarle con los ataques de ansiedad constantes a la vez que va dejando el consumo de drogas. Lo difícil es desarticular su sistema de apego tan dañino e inseguro. Cree que nunca ha conocido a alguien que fuera una buena influencia. La clave de la recuperación ha sido encontrar un grupo con el que encajar y realizar actividades deportivas, viajes y tocar un instrumento. Sentirse parte de un grupo sano, con gente buena y que le acepta le ha ayudado a encontrarse mejor. De momento, no está preparado para tener pareja, al menos hasta que lleve una vida más ordenada.

Los padres o cuidadores tóxicos provocan en el niño un dolor terrible. Estará en cierto modo rodeado de una malla donde se quedará activado a lo largo de la vida su sistema de alerta —¡cortisol!—. Sus vías de escape serán consumo de drogas, problemas con la sexualidad y trastornos de ansiedad severos, pudiendo aparecer otros trastornos psicóticos —incluso esquizofrenia— y cuadros disociativos.

Es fundamental la presencia de un terapeuta capaz de comunicarse de forma firme, directa y con delicadeza. En ocasiones he tenido pacientes de este perfil y he realizado una labor conjunta con mi padre. Entre ambos aportamos una mezcla que estabiliza al paciente y decidimos qué aspectos trata con cada uno.

En pacientes con apego desorganizado existe una gran probabilidad de que no acudan regularmente a las consultas, que las sesiones sean diferentes y dependientes de las circunstancias —muchas veces hay que gestionar conflictos graves que van surgiendo— y la evolución es muy variable. Uno de los objetivos de la terapia es mostrarles patrones. Hay que enseñarles moldes de cercanía, evitando las disrupciones o crisis y aprendiendo a verlas venir para minimizar el daño.

En conclusión, estamos marcados por la forma en la que nos criaron, amaron y educaron cuando éramos pequeños.

13
Cómo sanar las heridas cicatrizadas, mal curadas o un apego inseguro

Cuando un paciente acude a consulta me puedo enfrentar a distintas situaciones. La primera es encontrarme con una persona que tiene una crisis y que solicita ayuda para resolverla —una depresión grave, un problema de ansiedad, una crisis de pareja...—. Esta puede estar motivada por algún aspecto concreto de su vida: sufre relaciones complejas con gente de su entorno, presenta un trauma que no ha logrado superar, padece miedos y fobias incontrolables, está atravesando una pérdida... Por otro lado, existen pacientes que ansían hallar herramientas para analizarse, comprenderse y gestionarse mejor porque se dan cuenta de que existen temas de su día a día que no funcionan como deberían. Otros reconocen que el vacío interior que padecen les conduce a comportamientos que acaban convirtiéndose en vías de escape —drogas, alcohol, adicción a las redes, al sexo...—.

En definitiva, algunos acuden porque las circunstancias son adversas y no pueden gestionarlas, y otros porque, a pesar de que las cosas, en general, les van bien, describen un vacío y una insatisfacción global —«No puedo quejarme, no tengo grandes problemas, estoy seguro de que existe gente más grave que yo que debería estar aquí, pero teniendo todo lo que tengo, ¿por qué no soy feliz?»—. Estas personas tienen probablemente algo que no les hace disfrutar; puede ser su perfeccionismo, un fondo depresivo, una voz interior que les machaca o una historia emocional dolorosa... En todos los casos, pedir ayuda es primordial para encontrar una paz relativa y hacer balance entre las circunstancias externas y la forma de ser de cada cual.

Aprender a gestionar las emociones
es una de las claves para disfrutar de la vida.

¿De qué depende la gestión emocional?

Una buena gestión emocional consiste en ser capaces de regularnos ante los momentos de estrés, rabia, tristeza o frustración. El aprendizaje de esa gestión comienza en la infancia —como ya hemos visto— y para que se active de forma sana es necesario que haya existido en los primeros años de vida una figura cuidadora que sepa atender de manera correcta y equilibrada las necesidades y problemas del niño.

El modo de vincularnos con otros está unido con cómo nos cuidaron y nos enseñaron a querer en la infancia. De cómo nos han querido, aprendemos a querer. Como te quisieron, quieres.

Cuando aparece un trauma en la infancia, se daña la capacidad de gestionar las emociones de forma correcta en la edad adulta. Los traumas pueden ser más o menos graves —ignorar a los hijos de modo reiterado, un abuso, *bullying,* acoso, recibir humillaciones...—, pero incluso los moderados o ligeros también dejan su huella. Las heridas emocionales impactan en quien te has convertido en la edad adulta. Comprender esa evolución en tu caso concreto te pondrá en camino para poder sanar los golpes que recibiste.

Como padre, no olvides que esa autorregulación emocional se educa desde la niñez. Como hijo, analiza cómo te enseñaron a gestionar el conflicto.

Aquí te dejo el proceso con el cual yo trabajo. Como lector que estás inmerso en estas páginas, estoy segura de que algún concepto resonará en ti.

Voy a ir enumerando diferentes pasos de mi camino terapéutico con los pacientes, pero no todos requieren atravesar cada fase; algunos tan solo con entender ciertas nociones ya se sienten aliviados y mejoran.

Comprender es aliviar

Entender, acompañar y empatizar con un paciente puede significar un punto de inflexión importante. Emplear de guía el esquema de personalidad, las nociones de la «percepción a la acción», el mundo apasionante del cortisol y los cimientos emocionales que te voy a explicar a continuación ayudan a entender la propia vida y, por tanto, mitigan el daño sufrido, ya que uno va sintiendo que su biografía tiene un contexto, un sentido, una dirección, una causa y una posible cura. Conforme uno va comprendiendo, el terapeuta puede ir introduciendo nuevos conceptos y nociones para ayudarle.

Mi terapia vitamina

1. Integrar todas las facetas

Durante la terapia escucho atentamente a la persona que tengo delante y voy encuadrando su sistema de apego, su forma de gestionar las emociones, su personalidad y cómo responde su cuerpo y su mente a todo esto.

Ese primer día explico lo que denomino el esquema de personalidad, a la vez que doy al paciente unas nociones sobre cómo se unen en él la mente —la psicología— y el cuerpo —lo físico—. Se lo transmito de forma personalizada, descifrando su propia historia desde el cortisol, el cuerpo, la inflamación, la somatización, la personalidad, la gestión de personas del entorno y su sistema de apego. Son unas nociones iniciales, pero dan un sentido a la persona que viene a verme. Entender sus síntomas, sus relaciones y su comportamiento le ayuda a visualizar el camino de superación.

2. Esquema de la personalidad

El «esquema de la personalidad» se erige como uno de los pilares del tratamiento desde el primer día. Ya lo mencioné en *Cómo hacer que te pasen cosas buenas,* pero me parece interesante recordarlo aquí.

Poder plasmar en una hoja el tipo de personalidad —los rasgos— del paciente, junto con los factores de estrés —aquello que le pone en modo alerta y le sube el cortisol— y las consecuencias físicas que tiene —somatización— y psicológicas le impulsa a comenzar su travesía hacia la mejoría.

El caso de Pedro

Pedro acude a mi consulta porque desde hace muchos años sufre de ansiedad. Analizamos juntos su forma de ser: es una persona obsesiva —le da muchas vueltas a todo—, perfeccionista y muy tímida —rozando la personalidad evitativa—. Identificamos sus factores de estrés: le cuesta gestionar el hecho de encontrarse con su exnovia a diario —trabajan juntos—, la gestión de los temas económicos —difícilmente llega a fin de mes— y acudir a actos sociales —su timidez le paraliza—.

Su personalidad, bajo los factores de estrés, se modifica —fíjate en el esquema— y lo somatiza física —dolores de cabeza constantes y reflujo— y psicológicamente —ansiedad e insomnio—. Pedro lleva años tomando pastillas para los problemas digestivos, para la ansiedad y para el sueño, ha atajado los síntomas, pero ha ignorado la causa. Ahora ya entiende que lo que siente y percibe físicamente son manifestaciones de su personalidad reaccionando ante factores de estrés. Aprendiendo a desbloquear esos factores y a trabajar los rasgos de personalidad, se abre un sinfín de posibilidades para la mejoría.

¡Cuánta gente lleva años tomando medicación sin haber analizado en profundidad su personalidad y sus factores de estrés! Por eso, de forma errónea, en ocasiones se dice: «Lleva toda la vida con depresión». Lo que sucede es que nunca ha trabajado su

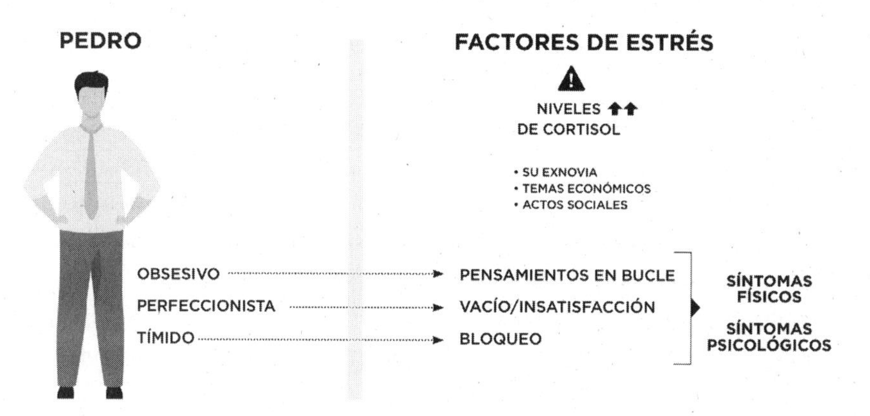

Esquema de la personalidad.
El caso de Pedro.

forma de ser y desactivado lo que le enferma y bloquea. Un tratamiento enfocado de esta manera aumenta las posibilidades de salir del túnel.

3. Expectativas

Tras escucharle y exponerle cómo funcionan su cuerpo y su mente, yo ya suelo tener unas ideas aproximadas de cómo me gustaría orientarle, pero antes busco entenderle: ¿qué esperas de la terapia?, ¿qué quieres de mí como terapeuta?, ¿cuáles son tus principales preocupaciones? Es un tema importante porque, a pesar de que yo me «excedo» en ocasiones en mi labor como psiquiatra intentando ayudar un poco más de lo estrictamente psiquiátrico, es clave conocer cuáles son las expectativas. Hay tantas opciones como personas, y me gusta entender en esa primera sesión hasta dónde voy a poder ayudar como médico.

4. Relación con el terapeuta

En terapia[1], para ayudar a alguien con un estilo de apego inseguro, una de las primeras premisas es tratar de que la relación con el paciente sea consistente. Es decir, que de cierta manera el terapeuta se convierta en un apoyo vitamina, en una figura de confianza para que el paciente sea capaz de mostrar sus heridas y se deje ayudar.

El vínculo que se genera médico-paciente puede llegar a ser muy difícil en las primeras sesiones. Yo voy con mucho cuidado, pues a veces se produce una conexión de dependencia, ya que el paciente busca un pilar esencial para su vida. En otras ocasiones, si las expectativas que este tiene puestas en el tratamiento o en el psicólogo no llegan a la altura, aparece el menosprecio. También puede surgir la desconfianza cuando no logra derribar la barrera

[1] Algunos de los grandes especialistas que han tratado este tema han sido John Bowlby, Daniel J. Siegel y Niels P. Rygaard.

que se ha interpuesto con el terapeuta y eso requiere tiempo, paciencia y mimo.

En ciertas situaciones hay pacientes que no consiguen transmitir lo que les pasa. Les supone un triunfo comunicarse; nunca han sabido expresar sus emociones y tienen grandes dificultades para compartir su malestar. Cuentan de forma casi descriptiva hechos, pero no saben expresar emocionalmente cómo esos acontecimientos les influyen. En otras, acuden personas solicitando ayuda para algún familiar, advirtiendo que no aceptará con facilidad terapia y le costará reconocer que algo va mal.

Para un paciente, sentirse comprendido por alguien que no le juzga y le permite expresarse significa un punto de inflexión desde donde puede trabajar sus miedos, sus problemas y preocupaciones. Desde esa confianza comienza una andadura terapéutica que puede ser muy fructífera. Ahí nace la terapia vitamina. La psicoterapia es una relación cercana con alguien. Se abren el corazón, el alma y la historia de cada uno. A veces la denomino «mimoterapia» porque requiere en primer lugar encontrar ese sitio seguro y esa persona que le aporta confianza y seguridad, donde el paciente se siente tranquilo y en paz, aceptado y no juzgado.

En algunos momentos, cuando termino una sesión importante donde observo un estilo de apego muy inseguro, me emociono, respiro profundamente y canalizo todo lo que me ha sucedido. Me recupero para poder entrar en la vida de la siguiente persona que me está esperando. Las consultas pueden ser de una profundidad y emotividad inmensas. Te cuento una historia que me sucedió hace unos años.

El caso de Rafa

Rafa tiene veintidós años y es hijo único. Sufrió una depresión por *bullying* durante la adolescencia y realizó un intento de suicidio. Desde entonces se forjó en él una personalidad dura y poco empática. Sus padres son personas frías, cero emotivas y muy exigentes. Ha estado confinado en un pueblo de Andalucía desde que comenzó la pandemia y sus padres no le han dejado salir por miedo al contagio.

Debido al empeoramiento de los síntomas, le pido que acuda presencialmente a consulta. Se han agudizado sus rasgos de personalidad rígida y obsesiva, y es incapaz de expresar emociones. Su apego es inseguro de tipo evitativo severo.

Ese día, cuando por fin consigo desmontar su coraza, se derrumba y se echa a llorar. La angustia, al haber roto su bloqueo, le tiene abatido y desolado. Me acerco a él, le cojo de las manos —estamos en plena pandemia y soy consciente de que no se puede tocar a nadie, pero la situación lo requiere— y me dice:

—Desde que la pandemia comenzó este es el mayor contacto físico que he tenido con alguien, gracias por tocarme. Me había olvidado lo que se siente cuando alguien se acerca a ti para apoyarte.

Poder ayudar a alguien que te deja penetrar en su corazón y en su alma es maravilloso, pero tambalea los propios cimientos del terapeuta. Esta es una de las causas por las que creo que los médicos, los psicólogos, los educadores y los especialistas del mundo afectivo requerimos un apoyo de vez en cuando; es decir, contar con alguien que nos oriente y nos refuerce en momentos de debilidad o saturación. Yo, ¡por supuesto!, cuento con ello, son mis particulares personas vitamina que me inspiran cuando me noto más cansada o vulnerable para seguir con mi labor.

5. El organismo, la medicación y los suplementos

Tras compartir con el paciente mi impresión sobre su historia emocional y sintomatología física y psicológica, intento aclararle las razones que le han llevado a ser y actuar así. Pauto si precisa un tratamiento para paliar los síntomas, desde fármacos hasta probióticos, sustancias naturales, omega 3, vitamina D…

La medicación a veces es imprescindible. Los fármacos pueden ser el empuje para salir de un bucle negativo y doloroso; en otras ocasiones nos saca del estado de alerta; a veces son necesarios para mejorar los síntomas obsesivos, pueden ayudarnos a recuperar calidad de vida al poder descansar; en otras nos ayudan a superar una etapa de enorme sufrimiento y angustia... Las medicinas son un gran apoyo, pero no pueden ser el único tratamiento. No debemos depender del fármaco sin emplear otras técnicas complementarias que potencien la salida. Lo importante es que cuando el tratamiento farmacológico empiece a hacer su efecto, se comience a trabajar la psique, las emociones, la conducta y los traumas si los tuviera. Tiendo a compararlo con una contractura fuerte de espalda o un lumbago. Si uno acude al médico dolorido e inmovilizado y le aconsejan ejercicios de estiramiento, lo primero y crucial va a ser poder moverse. Quizá para eso requiera una inyección o un fármaco que destense el músculo para luego empezar a trabajar.

El mecanismo de la mente, salvando las distancias, es similar. Un cerebro bloqueado, inundado de cortisol, angustiado, triste o enrabietado difícilmente podrá aprender técnicas y mecanismos para relajarse o mejorar en la gestión de sus emociones o de las personas de su entorno.

6. Pasado, presente y futuro en la terapia

Cuando el paciente va mejorando, voy ayudándole a gestionar sus factores de estrés del presente para que estos tengan la menor repercusión posible en su día a día. Estos factores son múltiples y diferentes para cada individuo: pueden ser personas, recuerdos o incluso situaciones que solo con pensar o toparse con ellas activan de forma drástica su sistema de alerta y ponen al paciente en una espiral negativa.

Desde encontrarse con la exnovia, el jefe o la suegra, a subir en ascensor o estar en lugares cerrados, hasta presenciar rabietas en los niños, a sentir síntomas físicos —en los hipocondriacos—, o a percibir la suciedad y el desorden en las personas obsesivas. La lista de factores de estrés es infinita porque no hay dos personas iguales. Desde el primer día identifico cuáles son en concreto para ir desarticulándolos y aprendiendo a manejarlos.

Cuando el paciente se va estabilizando, atendiendo a su evolución, voy trabajando su pasado y su futuro. En el pasado están los traumas, las heridas y los bloqueos; en el futuro, los miedos y las limitaciones para enfrentarse a algunos retos. Hay que hacerlo con mucha delicadeza para ir cerrando las heridas del ayer. Existen traumas que deben ser sanados y el paciente tiene que poder narrar sin sufrimiento momentos difíciles de su pasado.

Para desactivar los factores de estrés o sanar los traumas y heridas profundas suelo emplear una técnica, el EMDR, que me ayuda a curar o limar las heridas mal cicatrizadas para que no se atrofien.

EMDR. Qué es y para qué sirve

Siempre repito que la felicidad consiste en vivir instalado de forma sana en el presente, habiendo superado las heridas del ayer y mirando con ilusión el futuro. La técnica EMDR —acrónimo en inglés de *Eye Movement Desensitization and Reprocessing;* en español, «desensibilización y reprocesamiento por medio de movimientos oculares»— logra esto que propongo, gestionando los sufrimientos del pasado, las inquietudes del presente y los miedos del mañana.

Conocí esta técnica en Camboya, a través de un psicólogo francés. Me llevó a una pequeña clínica donde ayudaba a niñas violadas. Presencié un hecho donde la pequeña, con los ojos cerrados, revivía una escena de agresividad sexual terrible. El psicólogo iba relajándola mientras hablaba con ella. Me comentó que se trataba de una técnica creada hace décadas por la psicóloga estadounidense Francine Shapiro para desbloquear traumas. Me formé en cuanto volví a Madrid, y reconozco que es impresionante lo útil que llega a ser.

El EMDR es una técnica eficaz para el tratamiento del estrés postraumático —trastorno que experimentan algunas personas tras vivir una situación difícil en la que estuvo en riesgo su vida, la integridad propia o de otros, o donde no se tuvieron herramientas personales o emocionales para gestionarla y asimilarla debido a la edad o por la dureza de la situación—. Cuenta, además, con diversos protocolos para ayudar a personas con ansiedad, depresión, problemas de autoestima, recuerdos traumáticos, duelos no resueltos, obsesiones, fobias, adicciones, ataques de pánico o dependencia emocional, entre otros.

El EMDR suele durar varias sesiones y requiere de un ambiente y una compañía segura y tranquila, en el que se identifiquen los recuerdos, los sentimientos, las sensaciones negativas y todo aquello que se quiera resolver.

Este proceso se realiza mediante la estimulación auditiva, ocular o táctil interhemisférica, aprovechando los recursos fisiológicos naturales del cerebro para sanar la mente, como ocurre en la fase de sueño REM.

Por medio de los movimientos bilaterales, el EMDR busca eliminar o aliviar la obstrucción que tenemos en el sistema nervioso, haciendo que el cerebro procese de modo adecuado el recuerdo y lo envíe a la memoria a largo plazo. Así, la memoria de trabajo tendrá más espacio para hacer frente a los nuevos sucesos y estará más despejada para hacer buenos recuerdos. Esto permite que las experiencias no alimenten los recuerdos negativos, haciéndonos entrar en otro ciclo de estrés y ansiedad.

Cuando se abren nuevas vías de aprendizaje para un recuerdo traumático o doloroso, la experiencia pasa a recordarse de manera adaptativa. El recuerdo se integra con los demás que hay en el cerebro con la emoción adecuada y con asociaciones y creencias positivas. Esto no significa que el hecho se borre de la memoria, sino que ahora pertenece al pasado y nos permite vivir mejor, instalados en el presente y a mirar, ahora sí, con ilusión lo que viene.

En resumidas cuentas, en una terapia con EMDR lo que se logra es minimizar los detalles emocionales de un recuerdo traumático, los efectos físicos y psicológicos que se siguen percibiendo después de una experiencia traumática y la ansiedad por situaciones futuras similares.

Gracias al EMDR somos capaces de generar una narrativa del trauma. Es decir, a medida que uno puede verbalizar el trauma y crear una historia o «cuento» sobre lo sucedido, la mente va integrando lo que ocurrió y las heridas van sanándose. En ocasiones he empleado el EMDR para ello, reviviendo el trauma a la vez que generábamos un contexto, con resultados esperanzadores.

El doctor Daniel J. Siegel es un experto en estos temas. Su libro, *El cerebro del niño,* se encuentra entre los míos de cabecera. Lo recomiendo a los padres y educadores que quieran mejorar y entender la relación con sus hijos o alumnos. Los va guiando para entender el cerebro del niño, ayudando a mitigar el dolor y aprendiendo a acompañar a los pequeños en sus fascs de crisis o de crecimiento.

Siegel identifica un tema importante: existen etapas muy sensibles en el trauma. Si el hecho acontecido se produce de cero a tres años, no debemos jamás pensar que el niño no se acuerda. La memoria implícita está presente desde los últimos meses de embarazo y, por tanto, lo que suceda durante esa etapa sí tendrá impacto.

Suele ser difícil abordar esas heridas, pero hoy existen terapias para llegar a las profundidades de la mente y de las emociones y ayudar a esos niños que vienen dañados.

En el trauma hallamos niños que no son capaces de contar ni de evocar su historia. Hay recuerdos inconexos, lagunas de memoria, fragmentos cortados o bloqueados. El trauma reduce la conectividad entre ambos hemisferios y cuesta integrar el suceso con la emoción. Tratar algunos de los temas genera un dolor inmenso en su corazón, y faltan palabras que puedan describir lo que sienten. Narrar las historias da sentido a los traumas y ordena los pensamientos. Por eso fomento ser capaz de narrar integrando el trauma, para convertirlo así en algo más digerible y coherente.

Hace unos años realicé un curso maravilloso sobre trauma impartido por dos psiquiatras, el doctor Alberto Fernández Liria y la doctora Beatriz Rodríguez Vega, quienes explicaron la importancia de la mentalización, es decir, de la capacidad de percibir o interpretar la conducta de los demás mientras somos capaces de entender el propio comportamiento a la vez que identificamos estados mentales —emociones, intenciones, creencias, sentimientos e ideas propias y ajenas—. Es como una forma de empatía superior. En las personas que han sufrido traumas severos, esa capacidad de mentalizar se bloquea.

En Camboya, las jóvenes violadas mostraban un tono emocional bajo, mínima energía al hablar y un lenguaje poco coherente al relatar las historias vividas. Esas niñas —al igual que las personas con traumas severos— suelen tener un hemisferio derecho menos desarrollado y maduro que otras personas de su edad que no han pasado por esas historias dolorosas.

Una manera de estimular su hemisferio derecho es mediante juegos, música, bailes, arte —¡la arteterapia puede generar cambios espectaculares!—, contacto físico y el abrazo. En estos casos el médico debe entrar de forma paulatina en la vida de quien tiene delante. Esperando y avanzando. Analizando cada efecto producido en el paciente para seguir midiendo los pasos que se deben tratar.

7. ¿Cómo interpreto las cosas?

He repetido en numerosas ocasiones que la felicidad no es lo que nos pasa, sino cómo lo interpretamos. Esa interpretación depende de tres factores: el sistema de creencias —lo que pensamos y esperamos de la vida—, el estado de ánimo y la capacidad que tenemos para filtrar la información y quedarnos con lo importante —el sistema reticular activador ascendente—. En los últimos tiempos he añadido un esquema que creo que puede ser muy útil para entender mejor la interpretación que cada uno realiza de lo que va sucediendo. Lo denomino esquema «de la percepción a la acción». Suelo garabatearlo en un folio, poniendo unos ojos grandes y un corazón.

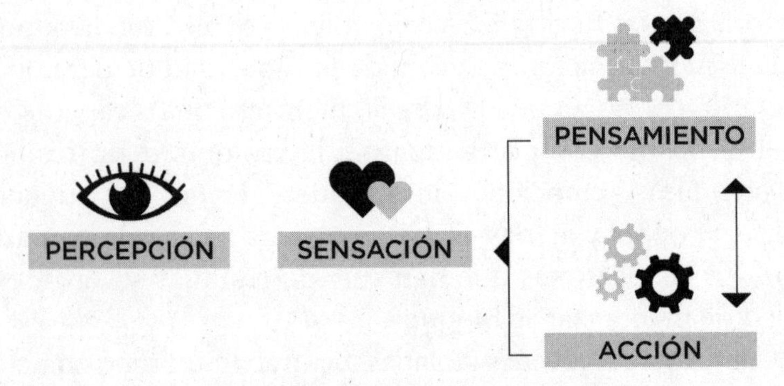

De la percepción a la acción.

Todos percibimos cosas que van sucediendo en nuestro entorno —ojos— y eso genera un impacto en el ámbito emocional —corazón—. Tras esto pensamos —más o menos intensamente— y pasamos a la acción —o en su defecto, nos bloqueamos—.

> *El caso de Jesús*
>
> Jesús es distraído y le cuesta enfocarse en las cosas. Es muy emotivo y sensible; suele quedarse enfrascado en sus pensamientos sin ser capaz de tomar decisiones.

Crecer en el autoconocimiento ayuda a gestionarse y a poder focalizar los objetivos psicológicos. Con Jesús he trabajado su hipersensibilidad para actuar con cabeza y ayudarle a convertirse en alguien más decidido.

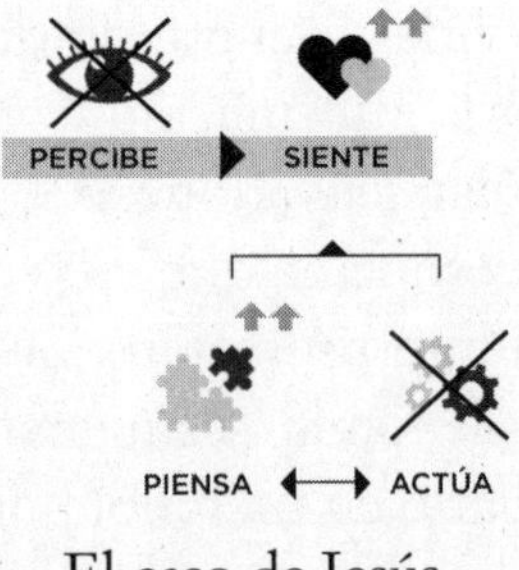

El caso de Jesús.

8. Reparar la comunicación

Uno de los problemas más frecuentes en el mundo emocional es aprender a expresar y comunicar de forma sana cómo uno se siente y entablar un intercambio fluido con las personas con las que uno se relaciona.

Aprender a comunicarse y a expresar las emociones es una tarea importante para la superación de un apego inseguro. Gran parte de los traumas que originan este tipo de apego radica en un problema de comunicación entre padres e hijos en la infancia. Es decir, muchas heridas aparecieron al no poder comunicarse verbalmente, al no existir comunicación afectiva. Ante esa ausencia de comunicación se gestionaron las emociones tan solo desde soluciones extremas como la agresividad, la indiferencia o el maltrato.

Esta es la clave por la que creo profundamente en el poder balsámico de la comunicación. En terapia enseño al paciente herramientas para aprender a expresar su malestar, su cariño o sus emociones sin agresividad. Enseñarle, a veces de forma básica, pautas para conseguir decir lo que siente sin herir, pedir ayuda sin ser vulnerable, hablar sin gritar, escuchar sin juzgar, compartir sin percibir amenaza... Son pasos lentos, pero de gran utilidad a la hora de sanar un apego inseguro.

9. Guiar y educar la voz interior

Esta es una idea muy importante que quiero transmitirte: la voz interior. Todos tenemos una que va comentando lo que nos sucede, nuestros miedos, nuestros retos y nuestros pensamientos. Hay personas que la oyen constantemente y que les culpa, les atosiga, y esto les llega a agotar física y mentalmente. En unas épocas es intensa y en otras no hace sufrir tanto; a veces somos más conscientes y otras mucho menos, pero el secreto es entender el impacto que tiene en nosotros.

La voz interior refleja la actitud que tenemos ante los diferentes desafíos, proyectos o retos de la vida, y debe servir para apoyarnos y no para hundirnos. Debemos tener cuidado con el autoboicot que nos lleva a fracasar antes de haber comenzado un proyecto. La actitud previa a una cita romántica, a una prueba médica, a un examen… influye significativamente en el resultado final.

En los últimos tiempos me ha sorprendido la cantidad de gente que me ha consultado al respecto —«¿Cómo hago cuando mi voz interior me culpabiliza?», «¿qué hago para gestionar una voz que me juzga?», «¿por qué me trato tan mal?, ¿por qué le doy vueltas a todo?»…—. Otras veces surgen frases como: «He engordado», «mi jefe no me hace caso», «mi marido está distante», «nadie se fija en mí», «nadie me valora», «seguro que me sale mal», «no tendré hijos nunca»… Es verdad que en *Cómo hacer que te pasen cosas buenas* lo traté en profundidad, sobre todo por el impacto que tiene en nuestra salud y en lo que nos proponemos en la vida. Ahora quiero transmitirte otra faceta de esta voz: ¿cuál es su origen?

Ser capaz de educar esa voz interior es complejo, pero lograrlo nos acerca a sentirnos en paz con nosotros mismos y a sacar nuestra mejor versión en el plano personal y profesional. ¡Cuánto influye esa voz en el trabajo! Conozco pocas personas que hayan triunfado en el ámbito laboral con una voz interior que machaque todo el tiempo. Por supuesto, no me estoy refiriendo a los narcisistas —ellos están rodeados de una voz que elogia y halaga todo lo que hacen—, sino a aquellos que se tratan bien interiormente, no se machacan y viven con los pies pegados en la tierra.

¿De dónde proviene?

Durante estos años he buscado un símil que pudiera explicar este concepto de la mejor manera posible. He diseñado un esquema que espero que te sea útil y que puedas aplicarlo a tu vida.

La grabadora en la infancia se convierte
en la edad adulta en la voz interior.

Todos cuando nacemos venimos de algún modo con una grabadora vacía, como si de un folio en blanco o un disco duro vacío se tratara. Ahí se van grabando acontecimientos, afectos y conversaciones de aquello que nos va sucediendo. En esa voz interior la clave radica en:

— Cómo nos hablaban nuestros padres. Desde un «no me siento orgulloso de ti» hasta un «eres un perezoso», «qué buen hijo eres», «eres un desordenado», o bien «confío en ti, lo lograrás...».
— Cómo se trataban entre ellos. Por ejemplo: «No hay quien te aguante», «te quiero mucho», «qué pesada eres», «eres un egoísta»...
— Cómo hablaban nuestros padres de nosotros a otros: «Este niño es insoportable», «qué pesado es», «tengo un hijo muy bueno»...

Donde digo padres puedes añadir hermanos, profesores o familiares cercanos. Los padres son los más influyentes, pero se puede llegar a desarticular esa voz interior partiendo de otras relaciones en el colegio, con los abuelos o algún hermano o amigo.

El caso de Luis

Luis era el menor de tres hermanos, todos ellos chicos. Su padre era una persona extremadamente exigente y duro con él. Me contaba que constantemente le señalaba como el más feo y menos atlético de sus hijos. Participaba en los eventos deportivos de los mayores, pero nunca fue a verle a él:

—No pierdo el tiempo viendo a un torpe correr... El día que juegues como tus hermanos, iré a apoyarte.

Esa humillación constante se grabó en su cabeza y le ha perjudicado enormemente de adulto. Su voz interior le repite siempre que no vale lo suficiente para sus jefes y, por supuesto, tampoco para sus padres —«No lo vas a conseguir», «tus jefes no te valoran», «seguro que te echan del trabajo»...—.

Luis tiene la autoestima muy baja, es muy inseguro y busca la aprobación de los demás en todo momento, ya que nunca la recibió en casa de pequeño.

¿Cuánto influye?

No es algo exacto ni desde luego matemático, pero puede ser orientativo como adulto que intentas entender tu historia o como padre que tienes hijos y quieres ayudarles a sacar su mejor versión.

Esa influencia es especialmente fundamental hasta los seis años —en torno a un cincuenta por ciento—; de los seis hasta los doce años vuelve a tener una importancia de un veinticinco por ciento y el resto de la vida de otro veinticinco por ciento. Estas cifras son aproximadas, no exactas, pero me parece que reflejan la importancia de cada una de esas etapas.

Uno puede haber disfrutado de un apego seguro y sano con sus padres, pero tener la mala suerte de toparse con una relación de pareja terrible y agresiva o con un jefe complicado, y eso generará heridas y podrá influir en la actitud, en los miedos y en la voz interior. Pero si la infancia ha sido relativamente buena, la sanación de esos momentos será más sencilla. Esto lo explica de forma maravillosa Boris Cyrulnik; la seguridad que tiene un adulto proviene del sistema de apego que se creó. Las heridas no hacen el mismo daño si se producen en una persona con una grabadora sana y un apego seguro, que con una grabadora destructiva y agresiva y un apego inseguro.

Esa voz marca de cierto modo nuestra autoestima y genera en muchos instantes problemas de indecisión. La propia vida se nos hace un mundo porque nunca sabemos dónde está la decisión correcta. Elegir significa tener una idea sobre las cosas, más o menos clara, tener pilares firmes en los que apoyarnos para tomar decisiones, elegir y actuar. Para ello hay que saber quién soy yo, qué me gusta, qué me disgusta, cuáles son mis límites y a qué estoy dispuesto a renunciar en la vida.

Las personas con baja autoestima
tienen una voz interior que les machaca.

Por tanto, ser aceptados por nuestros progenitores cuando nacemos es fundamental. Si eres padre, piensa en cómo ves a tus hijos. Sigo conociendo historias donde hay padres que me reconocen no sentirse orgullosos de sus pequeños, y que, de alguna manera, se lo hacen saber. El rechazo, en todos sus aspectos, marca al ser humano y en los casos de padres a hijos, de forma muy perjudicial y dañina.

Mucha gente se tortura con esa vocecita que no deja de ser una réplica de lo que escuchaba en la infancia de boca de sus seres queridos. Esa voz interior tiene un impacto esencial:

— En la seguridad en ti mismo y tu capacidad de tomar decisiones.
— En tu autoestima (cómo te tratas a ti mismo).
— En tu comportamiento. Aquí pueden suceder dos cosas: por un lado, que entiendas tu infancia, la sanes y la superes y, por tanto, que seas capaz de marcar tu propio camino

libre de esas heridas. Pero puede ocurrir lo contrario, que ese lastre te siga perjudicando al no haber sido capaz de curarlo o trabajarlo en tu vida.

El caso de María

María es ingeniera industrial, trabaja en una multinacional y habla cuatro idiomas. Tiene treinta años y le falta motivación.

—Estoy muy insatisfecha con mi vida, no me gusta en quién me estoy convirtiendo. Desde pequeña he estudiado muchísimo, mis padres eran muy exigentes conmigo y con mi hermano y nunca se nos permitió sacar menos de un sobresaliente. Todos los días teníamos varias extraescolares y nos despertaban una hora antes para aprender música. Siempre me he esforzado y he renunciado a planes y a viajes con amigos por los estudios y el trabajo. En mi vida había horarios y actividades programadas. No se nos permitía perder el tiempo. Tengo la sensación de haber vivido toda mi vida en tensión. Mis padres nos decían que se sentían orgullosos si no fallábamos y éramos los números uno.

Prosigue.

—Ahora no sé qué me pasa, pero vivo en una situación de insatisfacción constante, nada me llena. Tengo que estar continuamente haciendo cosas en el trabajo o en casa. Limpio, ordeno escuchando algún *podcast* de historia para aprovechar las horas. Siempre estoy pensando en actividades para hacer y cuando paro o descanso me siento mal conmigo misma. Es como si me diera cargo de conciencia.

Como es lógico, hay muchas causas que pueden subyacer tras el malestar de María, pero tengo claro que su actual voz interior no le permite descansar y parar sin sentirse culpable. Está más acostumbrada al activismo y la hiperexigencia que al disfrute y la calma. Una grabadora repleta de «debe ser» crea adultos perfeccionistas que no se permiten un fallo, y no olvidemos que ¡el perfeccionista es el eterno insatisfecho! Tomar conciencia de ello e ir desarticulando escenas de la infancia, frases de la grabadora y aprendiendo poco a poco a desconectar ha ayudado a María a encontrar lugares de paz en su día a día. En el siglo XXI existe en ocasiones una obsesión de los padres por entrar en una competición de resultados, ansiando tener el niño perfecto y ejemplar. Esos pequeños viven repletos de clases extraescolares y exigencias que muchas veces no son capaces de cumplir. Todo eso a la larga —mal gestionado— genera cuadros de apatía, insatisfacción y

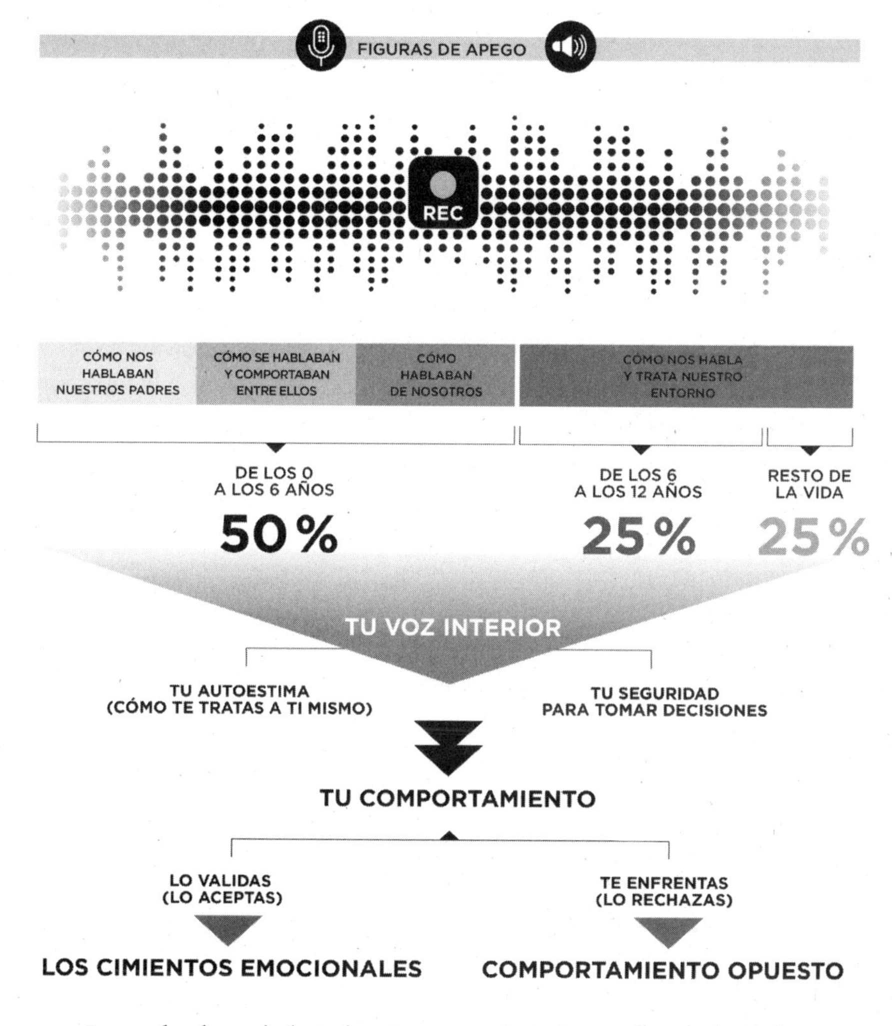

La grabadora de la infancia: tu voz interior en la edad adulta.

frustración por no estar a la altura. Su voz interior les recuerda constantemente que podrían estar haciendo más y más. Incluso puede afectarles a la hora de buscar pareja, ya que se fijan más en la capacidad de esfuerzo que tiene la otra persona que en sus virtudes afectivas, lo que impedirá normalmente que la relación fluya como debiera.

En consulta, educar, desbloquear y guiar la voz interior es un paso esencial para estar en paz con uno mismo. Para trabajarla hay que identificar cuál es el contenido de mis afirmaciones y cuánta influencia tienen en el día a día.

Aquí te dejo algunos ejemplos que pueden orientarte para hacer tu propio diagnóstico y enfrentarte a ello.

Soy una mala persona
No valgo nada
Nadie me quiere
No soy digno(a) de recibir amor y de ser querido(a) por alguien
No soy suficientemente bueno(a) en esto que hago o no estoy suficientemente preparado(a) para esta labor que realizo
Soy feo(a), no me gusto
No me merezco esto tan bueno que me está sucediendo
Soy tonto(a), o soy menos inteligente que los demás
Daría igual que yo muriera, a nadie le importaría
Me merezco que me pasen cosas malas
Soy distinto(a) a los demás
Mis padres/amigos no me aceptan
He cometido muchos errores
Nunca llegaré a ser nada en esta vida
Soy un fracasado(a)

Enfrentarse a historias complicadas

Te dejo un caso donde ejemplifico el esquema de personalidad, el EMDR y la grabadora.

El caso de Anabel

Anabel sufre un trastorno de ansiedad generalizado con ataques de pánico. Lleva años en terapia con diferentes psiquiatras y psicólogos, pero reconoce que no acaba de sentirse bien del todo. Una de sus preocupaciones es que se siente culpable por cualquier cosa que hace.

—Tengo una voz interior que me machaca y que me dice que no voy a conseguir nada en esta vida. Recibo a diario constantes mensajes negativos y eso me genera una profunda inseguridad.

Anabel es enfermera, está casada y es madre de una niña. Se siente triste, apesadumbrada y fracasada. Es extremadamente sensible al estrés, lo que la convierte en una persona frágil. Además, es tímida y desconfiada, lo que le lleva a bloquearse en muchas ocasiones, cayendo en melancolía y episodios de tristeza profunda.

Para frenar los ataques de ansiedad constantes que sufre a lo largo del día, comenzamos con un tratamiento farmacológico y a las pocas semanas iniciamos la terapia vitamina, con la que aprendió a gestionar los momentos malos y a analizar los factores de estrés. Lo hacemos con su esquema de personalidad donde plasmo sus rasgos.

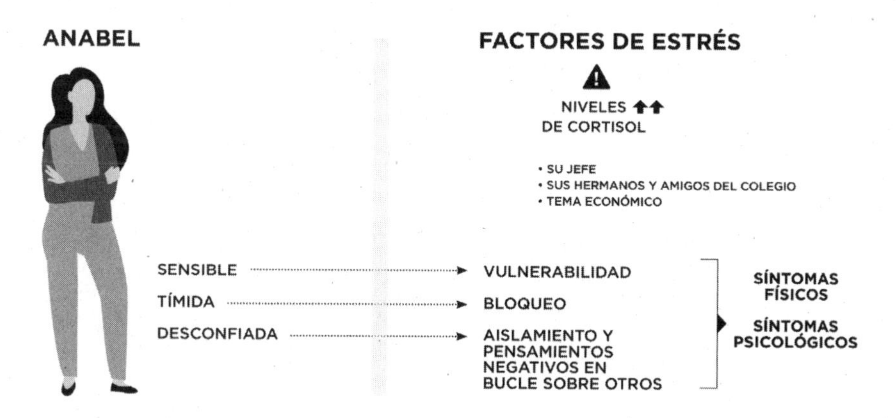

Esquema de la personalidad.
El caso de Anabel.

En este caso vemos que las causas del estrés son varias: ver a su jefe, encontrarse con sus hermanos y compañeros del colegio y mirar su cuenta en el banco y comprobar que no llega a fin de mes.

En su infancia nadie le prestaba atención y, si lo hacían, era para meterse con ella. Su madre trabajaba muchas horas y fue criada por una tía. La madre aparecía de vez en cuando y alternaba instantes de cariño con otros de nervios y ausencias. Anabel nunca sabía, al despedirse de ella, cuándo volvería a verla. Su tía era muy estricta y jamás demostraba afecto, algo que la hizo sufrir enormemente.

Nunca generó vínculos sanos con las figuras femeninas. Por un lado, en el ámbito familiar, su tía, que tenía mucho carácter, la juzgaba y criticaba y le decía cosas como «si tu madre te viera hacer esto se avergonzaría de tener una hija como tú». Su hermana, que era muy inteligente, era la preferida de todos, incluidas su tía y su madre. Nunca se llevó bien con ella. En el ámbito social tuvo problemas con los compañeros de clase, pues no encajaba con ningún grupo.

La terapia de Anabel consistió en:

— Explicarle su alto nivel de cortisol, del estado de alerta de su mente y su mundo emocional.
— Analizar sus cimientos emocionales y la grabadora de su infancia.
— Pautar un tratamiento para frenar los ataques de ansiedad y el estado de melancolía.
— Trabajar su personalidad e ir revisando sus rasgos principales (la sensibilidad, la timidez y la desconfianza).
— Identificar factores de estrés y escenas traumáticas y desbloquearlos gracias al EMDR.

A través de la técnica del EMDR, pasó por dos hechos principales:

— El primero tuvo lugar un día en el patio del colegio cuando era observada por el grupo de chicos populares. La imagen que le bloqueaba eran sus caras juzgándola y riéndose de ella. Anabel, ante esto, sentía miedo. Durante la sesión sufrió una crisis de ansiedad y lloró amargamente.
— En el otro aparecía su tía diciéndole que no valía nada, que su madre no se sentía orgullosa de ella, que nunca tendría amigas con lo complicada e insoportable que era. Recordar esto le generó automáticamente un malestar en el estómago y taquicardias.

En ambos casos me lo contó llorando, con mucha angustia. Cuando terminó la parte más dolorosa, dirigí su mente a un lugar seguro, imaginándose a sí misma esquiando y mirando la nieve con sensación de paz.

De vuelta a casa se encontraba exhausta —algo muy típico— y se durmió. Al día siguiente estaba más tranquila. ¡Incluso se topó con su tía por la calle y no le surgieron las taquicardias y la angustia!

Una de las claves fue hacerle descubrir el apego tan tóxico que generaba con las mujeres de su vida. Jamás se había sentido querida y comprendida por ellas, y encontrarse con algunas de estas figuras reactivaba sus miedos e inseguridades más profundas.

A medida que fuimos desbloqueando sus traumas, la voz interior comenzó a mitigar su impacto. Ahora lo sabe gestionar mejor y, sobre todo, está aprendiendo a hablarse bien a sí misma. La terapia es lenta; por un lado, hay que seguir trabajando las emociones para evitar los ataques de pánico; y por otro, vamos pautando algunas ideas que le ayudan a ir superando las piedras en el camino, a la vez que va reconciliándose con su pasado. Hoy uno de los retos es trabajar la relación con su hija para que Anabel sea capaz de revelarse como una persona vitamina para ella.

Pacientes vitamina

Me considero una luchadora. En las terapias intento ayudar a mis pacientes sin rendirme, y por eso continúo aprendiendo y formándome para acompañar a las personas en sus heridas y dificultades. Tengo gran esperanza en la capacidad de resiliencia y curación del ser humano. Muchas veces hablo de pacientes vitamina: aquellos que, tras el trauma y el dolor, han superado heridas y me insuflan motivación e ilusión para seguir.

Mi profesión tiene un componente de dureza y tristeza que a veces me remueve y me afecta personalmente. El dolor del alma puede llegar a ser insoportable y escuchar tantas historias desgarradoras me influye en algunas ocasiones. Pero sigo adelante, busco soluciones siempre que puedo y, sobre todo, intento demostrar al paciente que no está solo. La psicología, la farmacología y las diferentes técnicas han demostrado ser útiles para curar y aliviar a muchos.

Aunque mi tiempo es limitado y no puedo atender a todas las personas que querría, cada paciente activa mi ilusión para sacar de él su mejor versión.

Agradezco en estas páginas de forma especial su esfuerzo y compromiso a aquellos pacientes que confían en mí para superar sus miedos y problemas. La capacidad de superación de Gerardo, la risa contagiosa de Yolanda, la resiliencia de Lorena, la ternura de Elena, la alegría de Gonzalo, la genialidad de Albert, la simpatía de Merche, la empatía de Jaime o la capacidad de sobreponerse de Manolo… representan mi inspiración para seguir ayudando.

Herramientas vitamina

La infancia y adolescencia suponen un reto para algunos padres. Hay que perder el miedo a enfrentarnos a la educación de los hijos como si de algo peligroso se tratara. Muchos momentos de crecimiento se viven como si de una crisis se tratara y existe la preocupación constante de curar o eliminar patrones que resultan raros o molestos —niños inseguros, problemas de atención, trastornos de impulsividad...—. No se trata solo de que desaparezcan los síntomas o los problemas que preocupan tanto a los padres, se trata de trabajar y mejorar al máximo la relación padre-hijo. Es decir, que los padres sean conscientes de su labor como tal, que sean conscientes de su propia historia y de su forma de gestionar emociones.

Cuando tú, como adulto, conectas con tu interior, gestionas tus emociones de manera sana, automáticamente —nada es automático, pero sí se transforma en un proceso más sencillo— surgen puentes hacia el mundo emocional de tu hijo. Si te cuesta aceptar un no por respuesta y reaccionas mal a la desobediencia —proceso por otro lado natural de la mente humana— quizá respondas de modo desproporcionado ante una falta de respeto. La educación que hayas recibido influirá significativamente en la forma en la que tratas a tu descendencia.

Ya lo sabemos: los niños que se sienten queridos se convertirán en adultos que sabrán amar. Durante la infancia se irán formando los cimientos que les ayudarán a sentir y querer de forma sana y ese desarrollo emocional estará íntimamente relacionado con las primeras interacciones familiares y sociales.

He escuchado y leído en varias ocasiones una frase que me parece muy acertada: «Si alimentas a tu hijo con grandes dosis de amor, sus miedos morirán de hambre». Alimentarlos con amor es comunicarles y expresarles cariño, ya que esto mejora la seguridad que tendrán en ellos mismos a la hora de enfrentarse a los retos de la vida.

Cuanto más queridos se sienten, mayor facilidad tendrán para superar sus miedos. Y sí, un padre o una madre vitamina son los que no tienen miedo a demostrar afecto, físico o verbal. No se avergüenzan de compartir cariño.

Te dejo unas ideas para ser padre o madre vitamina:

— Enséñales a hablar de sus emociones y a expresarlas.
— No niegues su vulnerabilidad o sus defectos. Háblalos y ayúdales a reconducirlos.
— Tócales, no temas expresar afecto a través del contacto físico.
— Aprende a elogiarlos sin atontarles.
— Evita la sobreestimulación (que hagan mucho y que no conecten con su familia o emociones). Cuidado con los hijos que tienen una agenda de «ministros», repletos de extraescolares y gran exigencia sin ser capaces de dar importancia al mundo emocional.
— Ralentiza, practica el *slow mode* con ellos. No quemes etapas, cada edad tiene sus instantes de crecimiento y de disfrute. Sal de la cultura de la prisa y del hiperactivismo para poder disfrutar de lo bueno.
— Ordena su día a día. Los niños se sienten seguros cuando en sus horarios existen patrones que se repiten. A diferencia de lo que se pueda pensar, nuestros hijos disfrutan y se comportan mejor cuando las actividades son previsibles y existe cierto orden en sus jornadas.
— Ante el trauma, no abandones nunca al niño; y ante una desgracia, nunca te aísles. El dolor sufrido de forma solitaria es mucho más difícil de sobrellevar. Enséñales a pedir ayuda cuando alguien les hiera.

Placer y amor

Si no recuerdas la más ligera locura
en que el amor te hizo caer, no has amado.

William Shakespeare

El amor se compone de una sola alma
que habita en dos cuerpos.

Aristóteles

14
El placer

No me sé su nombre, solo he tenido sexo con él

Algo está cambiando. Parece más sencillo tratar temas sexuales que temas afectivos o amorosos. En el plano de las relaciones existe una inmadurez rampante. Vivimos como si los treinta fueran los nuevos veinte y los cuarenta los nuevos treinta.

El caso de Marta

Marta acude a mi consulta la mañana de un viernes. Recuerdo que era viernes porque reconoció que venía sin dormir, «de empalmada».

—Tenía la cita reservada desde hacía tiempo, pero el plan de anoche era estupendo y no podía dejar de ir.

Intento que me hable de algo cómodo para que vaya tomando confianza y que me cuente qué le trae al psiquiatra.

—¿Qué plan tuviste ayer? ¿Dónde fuiste?

—Pensé que sería una noche diferente, salir hasta las tantas en los últimos meses se ha convertido en una rutina en la que siempre hacemos lo mismo: quedamos en casa de alguien, bebemos, salimos y terminamos en alguna discoteca. He dormido con un chico al que conocí en el bar donde fuimos.

Marta reconoce que lo único que sabe de él son las pocas palabras que cruzaron mientras tomaban algo. Durante más de una hora escucho su biografía con atención. Me relata su historia sentimental. Salir, pasarlo bien, disfrutar, vivir de forma intensa el presente sin preocupaciones. No le apetece comprometerse. Habla de los momentos en los que sufre de mayor ansiedad y de sensación de tristeza. Busca la noche como vía de escape.

Reconoce que desde hace varios años el sexo se ha convertido en un mecanismo rápido para encontrar placer y lo usa como simple divertimento, sobre todo cuando hay alcohol de por medio, al margen de cualquier vinculación afectiva.

Tuvimos una conversación muy interesante sobre el amor y el sexo. Después le hablé de su personalidad, sus factores de estrés y su sistema de apego y fuimos vislumbrando algunas posibilidades para ver cómo salir de la tristeza y angustia que sentía en ocasiones.

¿Qué le sucede a Marta y a tantos jóvenes hoy? Nos encontramos en una etapa de la historia donde todo vale. Contamos con el poliamor, las relaciones abiertas o el sexo casual. En la actualidad se pondera y refuerza desde muchos medios de comunicación y creadores de opinión el sexo en cualquier variante, al margen de otra consideración. Más que nunca antes se está potenciando y fomentando el sexo en redes, en series de televisión y en las conversaciones. ¿Por qué en público es cada vez más aceptado hablar o reconocer que uno ve porno o casi cualquier forma de sexo explícito y en cambio cuesta expresar el amor? El sexo ha pasado a ser asunto público que se exhibe sin pudor, mientras que el amor se ha convertido en algo de la esfera privada de lo que muchos parecen avergonzarse. Los jóvenes hablan con más soltura de su vida sexual que de alguien de quien se han enamorado.

Un día una paciente me preguntó en consulta por qué su novio quería que fuera a comer a casa de sus padres si solo llevaban seis meses juntos. ¿En qué está pensando? ¿No se estará tomando la relación demasiado en serio?

La gente, incluso ya madura, se conoce una noche, busca placer, ansía una vía de escape y acaba en la cama sin reflexionar sobre lo que ha sucedido. Lo curioso es que cuando en terapia entro en la vida de esas personas en muchas ocasiones percibo una gran tristeza y un inmenso vacío. Les acompaño en sus ensoñaciones, preocupaciones y dilemas vitales. Falta algo. Falta un suelo consistente sobre el que pisar.

El caso de Clara

Clara es una chica de veintiocho años que acude a consulta por tristeza.

—Llevo años que nada me llena. No soy capaz de detectar la causa. Me he ido a vivir a Barcelona, que era mi sueño, con dos amigas. Salimos mucho, lo pasamos bien, pero no soy feliz. Siempre he querido ser esa chica joven, sin ataduras, libre con mi cuerpo, pero algunas noches, al meterme en la cama, sueño con tener pareja estable e hijos. ¿Por qué me pasa esto? ¿No es cierto lo que dicen que cuanta más libertad, más felicidad?

Sexo sin amor, sexo con amor

El sexo supone seducción, misterio, aventura, experimentación y pasión desenfrenada. Ofrece descubrir y paladear la intimidad propia y la de la otra persona. Constituye y representa la culminación de la relación amorosa.

Cada relación sexual es un mundo en el que los ingredientes cambian. A veces tiene mucho de pasión y de físico y en cambio en otras priman el amor y el sentimiento. El sexo por puro placer —sin compromiso ni amor— conlleva una gratificación instantánea, un chispazo de dopamina donde evitamos generar un vínculo y usamos a la otra persona como un objeto de diversión. El alcohol suele estar en la base de muchos de estos comportamientos, ya que «ayuda» a no pensar y potencia el disfrute con la mayor intensidad posible.

El amor de verdad, sin embargo, no es algo rápido, fugaz ni instantáneo. Enamorarse conlleva un riesgo. Te conviertes en alguien vulnerable. El que busca solo sexo no se expone, no arriesga su corazón. Se cierra a enamorarse y a sentir desde su parte más afectiva. En el sexo hay otras debilidades y otros riesgos, pero de diferente naturaleza.

La persona que no quiere enamorarse va con una coraza por la vida. ¡Cuántas veces me he dado cuenta al escuchar una historia de que existe un muro que bloquea el enamorarse! Es importante detectarlo cuando conocemos a alguien para que no se confundan los sentimientos y evitar padecer innecesariamente.

La sexualidad puede ser causa de gran placer y felicidad, pero también motivo de enorme sufrimiento. En terapia he escuchado historias donde la corporalidad de las relaciones es una razón de bloqueo, de angustia y de trauma. Hay heridas, dolor, rabia, rencor, ansiedad o miedo. Dedico en consulta un rato para tratar de los temas sexuales. La vida íntima nunca deja indiferente: bien nos gusta, nos disgusta, nos perturba; bien nos genera vértigo, nos recuerda algún dolor o la tenemos «aparcada» por alguna razón.

Micaela Menárguez es doctora en Farmacia y ha escrito un libro, *Solo quiero que me quieran,* donde cuenta sus experiencias como docente en la universidad al hablar de cuestiones relacionadas con la fecundidad, las enfermedades de transmisión sexual y las parejas en jóvenes de hoy en día. Algunos de los comentarios que cita de la razón por la cual estos mantienen relaciones sexuales son muy similares a los que yo escucho en consulta —«para destacar en el grupo por acostarme con la más guapa», «necesito a alguien que me quiera», «por curiosidad», «por sentirme deseada», «por sentirme valorada», «como subidón de autoestima», «porque me gusta poder contarlo a mis amigos»...—. Las razones son múltiples, pero frecuentemente se da un problema de base sentirse abrazado.

Muchas veces esas relaciones sexuales casuales se buscan inconscientemente con el fin de sentirse especial. Ya te habrás dado cuenta de la importancia que tiene la infancia en la edad adulta. Las heridas que traemos —abusos, agresiones, ausencias severas...— influyen en el mundo afectivo sexual de mayores. No haber creado un apego seguro o no haberse sentido querido y apreciado en la niñez afecta, pero hay un factor que marca aún más profundamente: **no haber sido tocado con cariño.** Es decir, un niño que recibió en su piel palizas y golpes o que no fue abrazado y tocado con amor arrastra una carencia emocional que buscará llenar de otras «cosas» en la edad adulta. Muchas personas reconocen que lo que buscan en el sexo es contacto, un abrazo o sentir la cercanía de otra persona. Todos queremos «sentir oxitocina» y si llega envuelta en dopamina (placer sexual), uno disfruta y se siente bien.

Algunas personas acuden al sexo para sentirse tocadas, acariciadas y abrazadas por alguien.

Hoy en día las relaciones son en muchas ocasiones de usar y tirar, no hay compromiso. Tinder, por supuesto, no ayuda. El cuerpo y el corazón no van de la mano y eso duele. ¡Sí! Hay cosas que no se pueden negar. Cuando el ser humano aleja o trata de separar su mundo sentimental de su cuerpo, los síntomas físicos y psicológicos empiezan a surgir. La mente y el cuerpo van de la mano, como vimos en *Cómo hacer que te pasen cosas buenas,* ¡por tanto, cómo no va a suceder lo mismo con mente, cuerpo y corazón! ¡No escuchar al cuerpo daña!

En el plano sexual,
disociar el cuerpo del corazón no nos deja inmunes.

Si has leído mi primer libro o has escuchado alguna de mis conferencias sabes que me he involucrado mucho en temas de prostitución y de trata de mujeres. Hoy sigo ayudando en terapia a actrices porno y a prostitutas que acuden a mi consulta. No hace mucho una de ellas me decía que había muchos hombres que se sentían solos y que lo único que querían era hablar y alguien que les escuchara. Me reconocía que no todos buscaban sexo.

La socióloga Eva Illouz, en su libro *Intimidades congeladas. Las emociones en el capitalismo* habla de un concepto muy interesante, explica que el último escalón del capitalismo es el «capitalismo emocional». Una sociedad individualista como la que existe hoy, enfocada en satisfacer las necesidades más imperiosas del individuo, que busca saciarse de todo, es una sociedad que en última instancia está arrinconando el corazón y los sentimientos. Como el caso de Marta es más fácil hablar de sexo que hablar de sentimientos.

El filósofo francés Roland Barthes, ya en el año 1977 —¡hace más de cuarenta años!— denominó tabú sentimental al hecho de que estábamos acercándonos a un momento donde sería más sencillo hablar de sexo que de sentimientos. No se equivocaba. La sociedad se encuentra hipersexualizada y, como contrapartida, hay una gran dificultad para ahondar en los sentimientos, afectos y cariño reales.

Y la realidad es que mucha gente se está perdiendo lo mejor de la vida: el AMOR con mayúsculas.

Existen más deseos románticos de los que nos quieren convencer que hay. El corazón quiere querer y quiere ser querido. En un mundo donde todo se compra y se vende al alcance de un clic, el amor de siempre no encaja, parece un imposible, pero la verdad es que hay mucha gente que sigue ansiando encontrarlo.

Cuando decidimos cuidar el corazón, cuando apostamos por una relación, cuando elegimos arriesgar y querer a alguien y demostrárselo y dejarnos querer, nuestra vida cambia por completo. Esa dedicación requiere, no obstante, esfuerzo: tiempo, constancia, voluntad y paciencia. Decidir querer a alguien conlleva, en ocasiones, sanar nuestras heridas emocionales porque, como dice mi padre, «para estar bien con alguien, hace primero falta estar bien con uno mismo».

Amor, trato y tiempo van de la mano

En el ser humano se une lo físico, lo psicológico y lo espiritual. Por mucho que intentemos separar lo primero de lo segundo es complicado, ya que el cuerpo genera un impacto en la mente y la mente influye de manera decisiva en el organismo.

El caso de Alejandro

Alejandro lleva casado seis años con Victoria. Se conocieron en un máster en Barcelona y una noche, tras salir y beber mucho alcohol, acabaron en la cama. Estuvieron con una relación abierta durante los primeros meses, viéndose de vez en cuando tras las clases, pero sin mantener compromiso alguno. Al cabo de un tiempo Victoria se dio cuenta de que estaba embarazada. Después de hablarlo decidieron irse a vivir juntos, y, tras el nacimiento del bebé, se casaron y comenzaron una vida en familia.

Cuando Alejandro acude a consulta refiere haber perdido la ilusión y la atracción por su mujer. Le aburre tener sexo con ella y se están distanciando. Acude a consulta porque quiere recuperar su matrimonio, desea tener una relación estable y disminuir la necesidad de novedad constante, pues nunca ha sido fiel a una pareja y siempre ha necesitado experimentar cosas nuevas en la cama. Le explico que existen tres tipos de relaciones sexuales con alguien: sexo con amor, sin amor y sexo con amor comprometido.

El sexo sin amor es fácil captarlo. El sexo con amor —me refiero especialmente a los meses de enamoramiento o donde la relación está consolidándose— suele funcionar muy bien y ser motivo de gran alegría y plenitud para la pareja. El sexo con amor comprometido se da cuando la pareja ya lleva años junta y han comenzado a nacer los hijos. El mundo sexual aquí suele cambiar. La libido puede estar disminuida, uno pasa noches sin dormir por los pequeños, el trabajo, los problemas del día a día abundan y la consecuencia deriva en que se descuida la vida íntima. ¡Pero es un factor clave! Las parejas que no cuidan su mundo sexual se deterioran. Una pareja «sin oxitocina» corre el riesgo de romperse. Y al revés, aquellas que intentan mantenerlo a pesar a las circunstancias —cansancio, hijos, el cambio en el físico, la falta de novedad...— tienen mayores probabilidades de que esa pareja funcione y perdure, esto es sexo con amor comprometido.

¿Puede provocar el sexo casual depresión?

Ya hemos visto que el sexo casual busca distracción o una vía de escape fácil ante momentos de estrés, aburrimiento o en el contexto de la diversión con alguna droga. En este tipo de relaciones también existe un componente de conquista, de reto, de orgullo y de vanidad al tratar de conseguir a alguien que resulta muy atractivo en algún aspecto. No está tan lejos de la actitud de los cazadores que cuelgan de la chimenea las piezas para su exhibición. De ahí el nombre de *trophy wife*. Para que el sexo casual no nos provoque problemas, debemos ser capaces de enterrar nuestros sentimientos. Eso no es fácil y a muchos les cuesta y les acaba pasando factura. Cuántas veces he escuchado en consulta: «Quedamos de vez en cuando y nos acostamos. No quiero nada más con él/ella; pero hace unos días me llamó para decirme que estaba conociendo a alguien y estoy triste. No pensé que me fuera a afectar».

El problema de este tipo de relaciones es que la otra persona no te debe nada; no hay sentimientos ni compromisos, y es fácil llegar a encariñarse o equivocarse en las expectativas. Esta es una de las razones por las que no me sorprendió leer el resultado de uno de los estudios más amplios que existe sobre sexo casual y depresión realizado en 2013 y que se publicó en *The Journal of Sex Research* sobre el impacto del sexo casual en la salud mental. Los resultados hallaron, contra todo pronóstico, una asociación entre el sexo libre y la depresión y se vio que sucedía tanto en hombres como en mujeres. Se producía, además, mayor aislamiento, alta ansiedad y mayor dificultad para consolidar relaciones serias. Reconozco que cuando leí las conclusiones de la investigación no me sorprendieron, ya que en consulta observo constantemente a pacientes que admiten sentirse tristes a pesar de tener una vida sexual muy activa.

Dos facetas: la erótica y la materna

Una joven al llegar a su adolescencia se siente vulnerable. Su cuerpo cambia, y, según cómo lo haga, los hombres la mirarán más o menos, será más o menos atractiva para el entorno y las otras mujeres se compararán con ella. Puede convertirse en un momento complicado. El deseo de gustar y de cómo los demás nos miran se convierte en algo primordial en esa etapa de la vida. Ahí nacen gran parte de las inseguridades que nos pueden acompañar a lo largo de la vida como mujeres.

Uno de los libros que más me ha inspirado en este tema en los últimos años es *Erótica y materna,* de la psiquiatra italiana Mariolina Ceriotti —tuve la suerte de conocerla en un viaje a Madrid, cenamos juntas y aproveché para mantener con ella una conversación muy interesante y profunda sobre el mundo femenino—. Ella trata un concepto llamativo, explica que la mujer, en el mundo sexual-afectivo, tiene dos componentes fundamentales que no siempre van unidos. Por un lado, la parte erótica y sexual; por otro, la maternal. La primera incluye el físico, el deseo, la capacidad de ser autónoma, de imponerse y de saber disfrutar de su cuerpo. La segunda está relacionada con ser cuidadora y con tener una empatía y una sensibilidad mayores que el varón, aunque no necesariamente llegue a ser madre.

Todos sabemos que la mujer —casi siempre— es la que se encarga de unir, de reunir, de acoger y de pulir las relaciones humanas. Los hombres, en general, cuidan menos sus relaciones. Las dos facetas son necesarias y, cuando confluyen felizmente, nos encontramos ante una mujer flamante y completa, pero a veces parecen estar peleadas o contrapuestas.

Conseguir fusionar lo erótico y lo materno requiere haber tenido una infancia y una adolescencia sanas en lo afectivo. Esa armonía tiene un fondo contradictorio, razón por la que es frecuente que una mujer haya pasado periodos de su vida muy enfocada en la faceta erótica y otros momentos donde predomine una concepción más maternal.

Durante muchos años el componente placentero de la sexualidad estuvo mal visto. La mujer tenía un deber para con el marido. Era la dadora de vida y el orgasmo, si llegaba ella, era más un accidente o una sorpresa que algo consciente y buscado. Hoy, en esta sociedad tan influida por la pornografía y lo erótico, la parte sexual se ha desarrollado quizá en exceso, negando y ofuscando en muchas ocasiones la parte maternal. Me gusta orientar y ayudar a las mujeres a entender cómo se desarrollan estas dos facetas en su vida.

TikTok, cuerpo y mujer

Las pequeñas de ahora están influidas de forma poderosa por un ambiente donde cada vez existe una mayor presión por la imagen. Cuando contemplamos la moda en las tiendas de ropa infantil percibimos un componente seductor inapropiado para niñas de corta edad.

Los especialistas en el mundo emocional tenemos claro que quemar etapas impide un desarrollo afectivo sano. Pienso en el fenómeno TikTok. Recuerdo hace unos años, pocas semanas después del lanzamiento de la aplicación, una anécdota divertida. Estaba en la cola del supermercado y una niña de unos ocho años se puso a mover los brazos y el cuerpo mientras su madre pagaba en caja. Pensé que tenía algún problema neurológico, lo que en medicina se denomina discinesia. Un par de días después, al visitar a una buena amiga, me encontré a su hija en la puerta con movimientos similares. Extrañada le pregunté si estaba bien, y me dijo que era su baile de TikTok. Y como en tantos fenómenos, indagué sobre el tema.

Me impresiona no tanto por lo que es en sí —¡bailar me encanta!—, sino porque se está volviendo demasiado frecuente ver a niñas y preadolescentes bailoteando de manera descaradamente sensual ante una cámara.

En uno de mis viajes a Colombia me quedé preocupada al escuchar en un colegio a niñas de unos doce años cantar algunas canciones de reguetón del momento, que degradan a la mujer en el acto sexual. Este es un tipo de música en el que se emplean rimas sencillas de recordar cuya letra repiten sin ser conscientes de lo que dice. Las melodías están llenas de expresiones y palabras de contenido erótico, sexual y agresivo. Difundir esas canciones, a veces en niñas muy jóvenes, me parece un riesgo enorme.

El sexo como se transmite en esas letras se enfoca en el sexo genital, sin amor, por puro placer y egoísta. El baile que lo acompaña no ayuda tampoco. La mujer es descrita de modo degradante como un objeto sexual. Te sugiero que busques alguna de las letras para entender a lo que me refiero.

En 2009, en la Universidad de Pittsburgh, se realizó un estudio con más de setecientos adolescentes de entre trece y dieciocho años donde se les preguntaba sobre su vida sexual. Los resultados fueron publicados en la revista *American Journal of Preventive Medicine*. Se observó que aquellos que seguían las letras y los bailes con alto contenido explícito sexual tenían más probabilidad de tener relaciones sexuales en edad temprana.

Estos datos me parecen importantes. Concienciar a la población e intentar frenar esta clase de contenidos protege la infancia y la juventud y sobre todo protege a la mujer, para que pueda convertirse en una persona plena, con su faceta erótica y materna.

El fenómeno de Tinder

Ser elegidos por una imagen genera mucha angustia. Hay que seducir al otro mediante una foto. En Tinder se potencia la cultura de lo sexual, lo físico y lo erótico. Uno se mide por los *matches* que recibe y basa la seguridad en sí mismo en el éxito que tiene en la aplicación.

Cuidado con usar Tinder como dispensador automático de afectos. Como una máquina tragaperras donde buscas sentir siempre la aprobación de otros. Esa gratificación instantánea, esos chispazos de dopamina, generan con el tiempo una gran tristeza y vacío. El mecanismo es muy similar a las drogas, razón por la que uno se vuelve adicto y necesita ese subidón de autoestima diario.

El caso de Mercedes

Mercedes, de treinta y dos años, había roto con su novio y una amiga, Jimena, le había recomendado descargarse Tinder.

—Era reacia al principio, pero comencé a pasármelo muy bien. Todos los días había gente que me escribía, muchos no me gustaban, pero hacían que me sintiera bien. Me costó dar el paso para quedar con uno, pero hace poco acepté y nos fuimos a cenar. Estaba muy nerviosa, aunque traté de aparentar normalidad. La charla fue fluida, pero yo no quería que perdiera el interés en mí. Me pasé toda la velada mezclando simpatía, sentido del humor y una conversación amena. Mi amiga Jimena me había dado los *tips* para que ese primer encuentro funcionara bien. Al terminar fuimos andando hacia mi casa y tuvimos relaciones. Por la mañana se despidió pronto porque tenía que ir a trabajar. No he vuelto a saber nada de él. He repasado obsesivamente todo lo que sucedió aquella noche para saber en qué pude fallar. Mientras, me sigue escribiendo gente por Tinder. Mañana tengo otra cita para comer con otro chico, pero me siento muy insegura.

Después de esa consulta volví a ver a Mercedes a las pocas semanas. Me contó que había vuelto a quedar con otro hombre y que tuvo buen *feeling*. Este le acompañó a su trabajo después de comer y le dijo de volver a verse otro día para cenar. Sin embargo, todavía no le ha contestado. Mercedes se encuentra desconcertada, no sabe qué está haciendo mal.

Mercedes es un ejemplo de lo que está sucediendo con las citas *online*. Aplicaciones como Tinder influyen en nuestra forma de ser, de relacionarnos, en nuestra autoestima y en nuestro estado de ánimo —según los datos, una persona la emplea de media once veces al día—. Un usuario de estas aplicaciones acaba basando el criterio que tiene sobre sí mismo según lo que esa plataforma le vaya mostrando.

Mercedes está sufriendo de otro gran mal de muchas de estas aplicaciones; el denominado *ghosting*, «las bombas de humo». Se trata de gente que desaparece tras quedar o haber hablado un tiempo. Muchos lo ven como una ventaja —«Evito dar explicaciones»—, pero demuestra una gran falta de inteligencia emocional y empatía. No ser capaces de ponerse en el lugar del otro y darse cuenta de que eso genera una gran inseguridad y tristeza. Decir que no a alguien nunca es plato de buen gusto, pero esfumarse es una señal de cobardía. Mandas un mensaje y no responde nadie. Eso es rechazo, y ya hemos visto que sentirse rechazado —el dolor social— activa la misma zona en el cerebro que el dolor físico. Por tanto, estar expuestos de forma constante a este comportamiento puede alterar nuestro estado de ánimo y nuestra autoestima.

Siempre he pensado que me encantaría hablar con el dueño o el CEO de Tinder. Le sugeriría no permitir más de tres conversaciones a la vez. ¿La razón? La mente siempre está pensando que hay algo mejor y no se cuidan las conversaciones que se mantienen en la red. Poder centrarse, profundizar y hablar con calma abre las posibilidades de que realmente conozcamos a alguien especial. Si tienes miles de opciones y chats constantemente abiertos, pocas veces te centrarás en alguien porque tu mente te pedirá más emoción y más novedad.

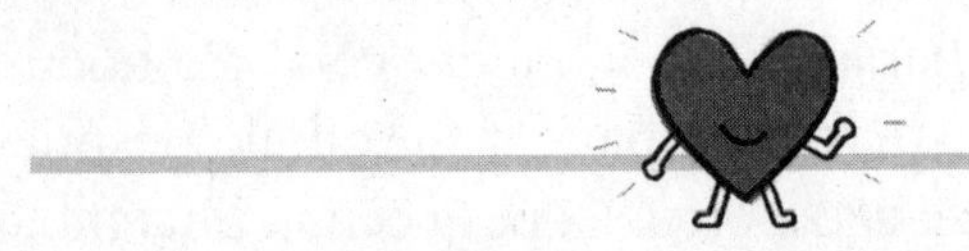

No olvides que tus deseos y expectativas son contrarios a los deseos y expectativas que Tinder tiene contigo. Tú buscas encontrar una pareja y ellos quieren que no la encuentres y que vuelvas a intentarlo.

Si usas aplicaciones de citas que sea con conocimiento y conciencia. Sabiendo cómo funcionan serás menos vulnerable y quizá entres en ese porcentaje —pequeño— que sí encuentra al amor de su vida ahí.

El algoritmo del amor

El año pasado leí un libro de la periodista francesa Judith Duportail, *El algoritmo del amor* —me había topado con un artículo suyo tiempo atrás publicado en *The Guardian* cuyo título era: «Le pedí a Tinder los datos que guarda sobre mí y me envió

800 páginas de oscuros secretos»—. En el libro relata cómo usó esta aplicación de manera obsesiva para entender cómo funcionaba, y trata de la relación de Tinder con la autoestima y la ansiedad.

Hace años, estando soltera, acudí a la boda de una buena amiga. La madre de la novia, durante el baile, se acercó a mí y me dijo que no me preocupara, que pronto me llegaría el amor. Creo que ese concepto hace mucho daño. Parece que no encontrar un compañero o compañera de vida sea un veredicto condenándonos a la soledad y la frustración. Creo sinceramente que estamos diseñados para querer y ser queridos, pero en este siglo XXI tan apasionante —en todos los sentidos, bueno y malo— y digital que estamos viviendo encontrar pareja estable no es tan sencillo. La presión a la que estamos sometidos por los medios, la incapacidad de frenar y detenernos para valorar la vida real, la superficialidad de muchas relaciones y la dependencia absoluta de las redes nos lleva a un gran vacío existencial. Es lógico desear ser querido, pero aprender a ser felices sin pareja es una gran tarea, necesaria en estos momentos, que a la larga puede hacernos descubrir otras facetas maravillosas que tiene la vida. Yo en esos casos recomiendo el mundo de la solidaridad, los viajes y la cultura, ¡llenan el corazón, el alma y la mente!

La «grabadora» en la mujer

Las personas adultas somos el resultado de esa voz interior, ¡nuestra grabadora!, que desde la infancia ha ido condicionando nuestra vida. Esa voz interior es fundamental y va a influir cuando crezcamos en quiénes nos convertimos como personas, como madres, como amas de casa o como profesionales. En este punto, para entender la grabadora femenina, quiero hacer hincapié en un par de cuestiones.

Muchas mujeres arrastran algún complejo físico o psicológico. En el año 2019 se realizaron, según la sociedad internacional de cirujanos plásticos, veinticuatro millones de operaciones de cirugía estética en el mundo. Desde la pandemia se han disparado las inyecciones de botox. Las operaciones están a la orden del día. En algunos países se regalan al cumplir los dieciséis años; en otros, las jóvenes ahorran para cambiar aquello que nos les convence de su cuerpo. Somos muy duras con nosotras mismas.

Hay mujeres que tienen una baja autoestima, problemas con otras mujeres y dificultades con los hombres. En la base de esas historias subyace en muchas ocasiones una madre que ha sufrido, quizá porque nunca asumió de forma sana su maternidad —porque alteró su cuerpo, truncó su carrera profesional, perdió atractivo físico…— o quizá porque, aun haciéndolo, el hombre que estaba cerca de ella no supo respetarla y tratarla bien. Por eso es importante que cualquier niña en su infancia y adolescencia viva en un entorno donde su madre se sienta —y la hija lo perciba— como una persona satisfecha con el hecho de ser madre y esté a gusto consigo misma.

Si esa niña percibe la relación de su padre con su madre como algo especial, donde él la valora desde la faceta erótica —le atrae su mujer— hasta la maternal —como madre de sus hijos o como la que sabe cuidar y ser el centro de la familia—, su desarrollo emocional tendrá un fundamento sólido.

Estos procesos son complejos, cada familia, cada pareja, cada historia son un mundo y tienen sus matices. Los pilares son estos pero existen excepciones que acaban funcionando bien y generan un apego seguro. Incluso en personas que tras un fracaso amoroso han rehecho sus vidas, la estabilidad de la nueva relación puede aportar a los hijos el equilibrio que precisan para convertirse en adultos con una buena gestión emocional.

La primera relación sexual

La edad media de inicio de las relaciones sexuales completas se encuentra en torno a los dieciséis años. En algunos casos son doce; en otros, veintitantos. Por lo general en las primeras relaciones confluyen nervios, ansiedad, mucha emoción, ilusión, miedo y unas expectativas a menudo poco realistas que cubrir, más aún habida cuenta de la inexperiencia de los participantes.

El caso de Margarita

Margarita nunca ha disfrutado con el sexo. No solo eso, sino que afirma que no le gusta. Es joven, pasional, inteligente, creativa, deportista, está satisfecha con su cuerpo, pero el tema sexual la bloquea desde que empezó a tener relaciones allá en su etapa en el colegio.

—Desde hace unos años soy un poco arisca. No sabría decirte desde cuándo, pero cambié en la adolescencia. No quiero que me abracen ni que me toquen. Con mis hijos soy algo más cariñosa, pero no me verás dando un beso a mis padres ni a mis amigos. Les cuido y les demuestro lo que les quiero de otras maneras.

Al adentrarme poco a poco en su biografía, en la relación con sus padres y hermanos, llegamos a su primer novio.

—Lo recuerdo bien, era Ricardo, el guapo del instituto. A todas nos gustaba, pero quiso salir conmigo. Fue con él con quien me acosté la primera vez.

Al preguntarle por los recuerdos de ese momento, me mira abrumada.

—Es curioso —me dice—. He intentado acordarme de los detalles muchas veces, pero mi memoria está en blanco. Sé que estábamos en una barbacoa de verano en su casa, que me llevó al salón y lo siguiente que recuerdo es ducharme con mucho jabón. También sé que estuvimos juntos en otras ocasiones. Lo raro es que no soy capaz de traer a la mente ninguna escena sexual concreta con ninguno de los tres novios que he tenido.

Las personas que anulan vivencias de forma tan clara normalmente se están protegiendo de alguna agresión o daño sufrido. A Margarita le realicé un EMDR de lo poco que podía acordarse, asociándolo con un momento íntimo con su marido. Comenzó con taquicardia y sudoración mientras traía a su mente la cara de

Ricardo. Transcurridos unos minutos, recordó que intentó quitarle la ropa a pesar de decirle que no estaba segura y que prefería esperar. Al final él la convenció.

Margarita no podía ni imaginar que su problema derivara de entonces. Ha sido un trabajo lento y delicado, pero está mejorando sus relaciones sexuales con su marido y hoy consigue disfrutar y transformar esos momentos en algo placentero para ella.

Muchas disfunciones y trastornos sexuales derivan de relaciones sexuales precoces donde existió más dolor y molestia física que placer, y eso puede perdurar en la vida íntima del adulto.

Es decir, si esa primera vez tuvo un componente negativo o doloroso, esto puede influir en las sucesivas relaciones sexuales.

La primera vez queda marcada en nuestro cuerpo, en nuestro corazón y en nuestra mente. ¡Si estuvo bien, es más fácil que todo fluya en las siguientes veces! El problema radica en si fue traumático, doloroso o vergonzoso. Esto no significa que nos afecte a todos de igual manera. No deja la misma huella, ya que depende de muchas circunstancias, pero son bastantes los estudios que revelan que esa primera aproximación a la sexualidad nos altera de forma más intensa de lo que se podía pensar.

En la revista *The Journal Sexual of Medicine* hay varios artículos publicados al respecto. Es difícil buscar una temática sobre esto que no haya sido analizada por algún grupo de investigación. El Departamento de Psicología de la Facultad de Medicina de la Universidad de Otago, en Nueva Zelanda, aporta ideas muy interesantes: si la primera vez se vivió de manera negativa o dolorosa, esto tendrá un impacto en el futuro de las relaciones sexuales. Los resultados muestran que no se trata solo de la edad —que lógicamente influye—, sino de otros factores que son más decisivos. Estos están relacionados con cómo se vivió el momento en sí: el haberse sentido coaccionado, las presiones externas, si se estaba consumiendo alguna droga o bajo los efectos del alcohol, si uno estaba inseguro, si existía la sensación de ser utilizado, el no tener la conciencia tranquila por algo realizado, el contexto o las expectativas.

Las expectativas son clave

Hoy los jóvenes han visto tanta pornografía y han obtenido tales respuestas a sus dudas e inquietudes en internet, que es casi imposible que esa primera vez cumpla con lo esperado. La decepción puede convertirse en frustración, pero también en algo más traumático que a la larga bloquee o genere ansiedad.

La presión de los iguales

Una vez un chico me comentó que había entrado en Tinder para acostarse con una chica y así dejar de ser el único de su grupo que era virgen. ¡Cuidado con esas personas que jamás han mantenido relaciones y se presionan porque está mal visto! En estos caso, recomiendo precaución. Obligarse por ser parte de un grupo implica hacerlo por lo que los demás piensen de nosotros, y actuar por el qué dirán nunca es el mejor compañero.

Las personas que viven sus primeras relaciones sexuales de manera negativa pueden desarrollar problemas de inseguridad y angustia en el futuro. En muchas ocasiones he visto en consulta lo que denominamos disfunciones sexuales psicógenas derivadas de una mala experiencia —desde la disfunción eréctil, la eyaculación precoz o el vaginismo—. Los hombres se presionan y si no consiguen lo que se han propuesto pueden sentirse avergonzados y que esto afecte a su autoestima.

Un trabajo de la Universidad de Cornell llevado a cabo por la doctora Sharon Sassler investigó a seiscientas parejas y el momento en el que habían tenido relaciones sexuales. Los datos mostraron que una de cada tres había comenzado pronto su vida sexual —al mes de estar saliendo—. Los resultados apuntaban a que aquellos que habían iniciado las relaciones durante la primera cita o las primeras semanas tenían menor calidad en la relación a largo plazo, siendo el índice de rupturas mayor. Asimismo, expusieron que para muchas mujeres la actividad sexual temprana era entendida por estas como un indicador de compromiso, a diferencia de lo que interpretaban los hombres.

Estar preparado para mantener relaciones implica unos conocimientos de la naturaleza humana, del cuerpo del hombre y de la mujer, de las expectativas, de lo que esperamos sentir o de los miedos que queremos superar. Pero también es necesario tener una cierta autoestima y equilibrio interior. La lógica inexperiencia de esos primeros compases en el mundo sexual puede ir unida a una herida que perdure en el tiempo.

Suelo recomendar tres ideas importantes a la hora de la primera relación sexual con tu pareja[1]:

— Que sea en el ámbito del amor. Con alguien a quien quieres de verdad y que te quiere a ti. No solo desea experimentar con tu cuerpo o tener un instante de placer. Si esto no es así, existe una gran probabilidad de que te sientas utilizado por la otra persona.
— Que no haya consumo excesivo de alcohol o de alguna droga. Las sustancias desinhiben y cambian el tipo de placer que sentimos en las relaciones. Desdibujan y devalúan el acto y nos impiden recordar con nitidez esos momentos tan íntimos.
— Mantener unas expectativas razonables. «Las primeras relaciones sexuales están sobrevaloradas». Esto se lo he

[1] Parto de la base de que cualquier persona trae sus valores y creencias propios de cada familia, sociedad, cultura y religión. Sea cual sea tu ideología, estas son mis tres recomendaciones para tu primera relación sexual en la vida o la primera relación sexual con tu pareja.

escuchado decir a mucha gente a lo largo de los años. La plenitud de las relaciones sexuales requiere conocer al otro y conocerse a uno mismo (la sexualidad en el hombre y la mujer son muy diferentes) y encontrar la química y la complicidad necesarias exigen práctica, tiempo y, en última instancia, empatía.

La pornografía

Durante la pandemia, la mayor plataforma de pornografía del mundo, Pornhub, tuvo el «detalle» de regalar el contenido de su web Premium a todo aquel que se suscribiera. Su consumo se ha disparado y los padres, médicos, pediatras, educadores, psicólogos y psiquiatras estamos asistiendo preocupados a los problemas que esto está desencadenando en muchos sectores de la sociedad.

El caso de Marisa

Marisa acudió a mi consulta una mañana de verano. Sé que era verano porque venía con un abrigo:

—Tengo grabación luego y no sé cuánto tiempo voy a estar aquí, prefiero venir tapada —me dijo.

Su mirada era penetrante, pero mostraba melancolía y cierta pena.

—Trabajo en el mundo de la pornografía, con largas sesiones de grabación. El otro día, cuando acabé una de ellas, me metí en la cama y tuve ideas de suicidio. Me eché a llorar y no sabía a quién llamar. Mis productores están muy contentos conmigo porque gusto al público.

Su madre había trabajado antes de conocer a su padre en un sitio de citas e intentó persuadirla para que no entrara en ese mundo, pero Marisa siempre había tenido las ideas muy claras.

—A mí no se me dan bien los números ni estudiar, pero mi cuerpo gusta y no me perjudica hacer lo que hago.

Marisa estaba en un buen momento profesional, pues la pandemia hizo que tuviera más usuarios y visualizaciones y, por tanto, recibía más dinero, pero ya no se sentía bien consigo misma.

La pornografía y la prostitución tocan mi fibra sensible. Conozco ese mundo muy de cerca y soy consciente de las miserias, dramas y tristezas que puede llegar a generar tanto en los que actúan como en los que observan. Al otro lado se encuentran millones de usuarios que pasan horas delante de la pantalla experimentado subidones de dopamina mientras miran esas escenas.

«¿Cuánta pornografía ves a la semana?». Esta pregunta se la hago a menudo a mis pacientes. Soy consciente de que forma parte de la rutina de muchos, y me gusta poder ayudarles a entender cómo ver porno les influye en su vida sexual, personal, cognitiva o de pareja.

No hace mucho participé en el Congreso Nacional de Pediatría impartiendo una sesión, y antes de comenzar este fue uno de los temas que tratamos entre los médicos. Consumir mucha pornografía puede modificar la estructura y el funcionamiento del cerebro. La consecuencia se conoce: uno puede caer en una adicción. Una persona adicta comienza a consumir tras sentir vacío, tristeza, soledad o aburrimiento, que busca llenar con algo que le produce una gratificación inmediata —y el porno la proporciona—. Por eso el sexo *online* tiene una forma de actuación muy similar a las drogas.

Esa dopamina que se segrega a niveles altos de forma antinatural altera el sistema de recompensa, dificultando que sintamos placer en la vida real. Esta es la razón por la que muchas personas que consumen pornografía tienen disfunciones sexuales a la hora de practicar sexo con sus parejas: casi un cincuenta por ciento presenta problemas en la erección, pero ese «problema» desaparece cuando vuelven a incrementar el consumo de porno.

Por otro lado, ver porno bloquea la corteza prefrontal —y se ha visto que con el tiempo puede provocar que esta disminuya de tamaño—. Eso impacta en la capacidad de aprender, de memorizar y de prestar atención, que se ven mermadas por el porno.

Un estudio publicado por la revista *Archives of General Psychiatry* expone cómo el exceso de pornografía daña los centros de recompensa del cerebro. Cuanta más dopamina, más necesidad tenemos de consumir. Se produce una tolerancia al producto de consumo, y, por tanto, el contenido tiene que ser cada vez más agresivo, violento o explícito para generarnos una recompensa similar. De hecho, las investigaciones apuntan a que la adicción a la pornografía y al alcohol activan la misma zona del cerebro —el núcleo estriado—. Si este consumo persiste en el tiempo, el núcleo caudado y los ganglios basales disminuyen de tamaño.

El porno afecta a largo plazo
produciendo depresión y problemas de disfunción eréctil.

En un momento de la historia donde buscamos respetar a la mujer en todos los ámbitos, el mundo de la pornografía me parece denigrante. Los contenidos de pornografía están repletos de escenas de sexo violento. **La sociedad impulsa lo que luego condena.** Hemos asistido a graves acontecimientos en los últimos años, donde jóvenes abusaban de alguna chica. Todos los que incurren en estas conductas suelen reconocer consumir pornografía con frecuencia. El profesor Marco Iacoboni, de la Universidad de California, afirma preocupado que la pornografía está en la base de muchos comportamientos agresivos que estamos presenciando en los jóvenes de hoy. ¿Qué sucede? Se activan las neuronas espejo y el individuo tiende a repetir lo que ha presenciado.

Creo firmemente que tenemos que fomentar una cultura apropiada y equilibrada en todos los aspectos de la vida, y ahí debe de estar incluida —¡por supuesto!— una educación sexual sana. Hay que evitar introducir conceptos que perjudican, imágenes que distorsionan y regular los contenidos sexuales —sobre todo agresivos— en los medios digitales. Explicar y difundir lo bueno del sexo a la vez que se alerta sobre los efectos dañinos del porno.

Tenemos que construir una sociedad donde la pornografía no sea un bien de consumo para tantas personas. Ello ayudaría a recuperar la salud de muchas relaciones de pareja ya que la pornografía se ha convertido en motivo de separación en numerosos lugares del mundo. Casi un cincuenta por ciento de los divorcios en Estados Unidos son debidos a la pornografía. No olvidemos que aporta una imagen de la sexualidad irreal, fantasiosa y utópica. Los jóvenes se engañan pensando que sentirán, experimentarán y vivirán vivencias similares a las que observan en la pantalla. Tras ver porno la corteza prefrontal, que controla nuestra capacidad de reflexionar y contener nuestros impulsos, se deteriora y debilita. Nos convertimos así en personas más primarias, prontas a actuar instintivamente y con una peligrosa tendencia hacia una visión simplista y cosificada del sexo contrario que nos puede alejar de las personas reales más cercanas.

El porno distorsiona la realidad, haciendo creer al que lo ve que sucederán situaciones altamente improbables. Transmiten una idea de que la mujer está siempre deseando tener sexo —y en muchas ocasiones, salvaje—. Confunden sobre cómo es el funcionamiento de una mujer, sus tiempos de excitación y lo que en realidad le gusta.

¿Y qué pasa con las mujeres? Las cifras en ellas también han aumentado considerablemente. Muchas chicas me han reconocido que ven porno porque les gusta, pero sobre todo porque les aporta ideas sobre cómo gustar a un hombre. Aprenden a posar, a moverse y a seducir. ¡Existe un deseo irrefrenable de ser una experta en todos los ámbitos!

Durante el tiempo que ayudé a Marisa me preguntó a menudo con preocupación sobre los jóvenes que trato con problemas de adicción. Le he hablado del perfil de muchos de los que están enganchados —unos más, otros menos— y de las consecuencias que ello tiene en el cerebro y en el comportamiento. Se ofreció voluntaria a hablar con alguno de ellos si lo deseaban. Así fue como un día le presenté a Carlos, un paciente que dejó la carrera tras engancharse al porno con veinte años. Perdió a su novia, a sus amigos y acabó en terapia conmigo. Conocer a Marisa y ver a una mujer de la pantalla, del sexo *online,* en la vida real, escuchar su historia, ha significado un punto de inflexión en mi vida. Me estremece pensar en la tristeza y las vidas rotas que suele haber en las personas reales detrás de la fachada placentera de la pornografía o la prostitución. También sufro, en el lado contrario, con los terribles efectos de la pornografía y la prostitución en quienes las consumen. En general se trata de un mundo oscuro, sin ley, una selva en la que quienes se están lucrando no sienten ni un ápice de compasión hacia las depresiones, adicciones y vidas rotas que están provocando entre sus usuarios.

El sexo es algo maravilloso, pero mal orientado se vuelve como un búmeran contra ti y puede destruirte. ¿Y qué pasa si el placer, el sexo y el amor confluyen? ¿Podemos potenciar que esto suceda? Claro que sí. Entramos en el fascinante mundo del amor.

15
HABLEMOS DEL AMOR

El amor, la pasión, la atracción, el deseo, el romanticismo son distintas fases y momentos de la relación entre dos personas donde se genera un vínculo afectivo, físico o de pareja especial.

Durante las próximas páginas quiero adentrarme en esta cuestión desde varios puntos de vista. ¿Se puede acertar en la pareja? ¿El amor es ciego? ¿Qué produce enamorarse en el cerebro y en el organismo?

Hay múltiples teorías sobre el amor y he leído e investigado sobre este tema en los últimos años. Voy a presentarte mi visión, pero basándome en expertos y escritores que han plasmado sus ideas sobre el asunto.

¿EXISTE EL AMOR A PRIMERA VISTA?

Todos hemos oído hablar del amor a primera vista; bien porque nos ha sucedido, bien porque conocemos a alguien que lo ha experimentado, bien porque nos han hablado de ello. ¿Qué es? Se trata de un instante donde surge una gran atracción hacia otra persona y en segundos o minutos notamos que eso puede derivar en algo más grande, sólido, pasional e importante para nuestra vida. Se crea una conexión fuerte hacia la otra persona.

El caso de Fran y Pilar

Fran y Pilar se conocieron cuando ambos tenían diecisiete años en una boda de amigos comunes. Fran se «enamoró» locamente y se acercó al padre de ella, que estaba en la boda.

—Yo me casaré con tu hija —le aseguró.

Bailaron, rieron, se contaron sus secretos y no se volvieron a ver durante muchísimo tiempo.

Los caminos les separaron, ya que Fran se marchó a estudiar a Estados Unidos, pero mantenía el recuerdo de aquella chica con la que había coincidido una noche. No se habían dado el teléfono, WhatsApp todavía no existía —sí, aunque parezca mentira, hubo una época en la que no había esta aplicación, y no hace tanto tiempo— y no habían vuelto a saber nada el uno del otro.

Ocho años más tarde coincidieron en París en una fiesta. Fran no podía creerlo, ¡Pilar estaba ahí, sin novio! Se acercó a ella y le dijo:

—Quiero que llames a tu padre y le preguntes qué le dije el día que nos conocimos.

Pilar, estupefacta, lo hizo.

—Papá, estoy aquí con un chico que conociste en la boda de mi amiga de hace años; un tal Fran. Dice que habló contigo, ¿te acuerdas?

—Sí, me dijo que se casaría contigo —respondió el padre al otro lado de la línea.

El amor a primera vista es un «amor» principalmente físico y, por tanto, suele suceder en gente atractiva o guapa, ya que el componente físico tiene gran importancia. Esto podría ser la causa por la que, según los estudios, se da con más frecuencia en hombres que en mujeres. Puede achacarse a que ellos suelen ser más visuales —no olvidemos que hablamos de amor a primera vista y que la mirada es clave—. Mi padre tiene una frase que podría encajar en este tema: «En general, el hombre se enamora más por la vista y la mujer por el oído». Toda generalidad es una limitación, pero el concepto se entiende. Otro dato interesante que aportan las investigaciones sobre este asunto es que, a diferencia de lo que puede pensarse, esto suele ser un flechazo que únicamente siente uno de los dos.

> El famoso amor a primera vista tiene mucho de vista, de mirada, de atracción, de deseo y de pasión, pero poco de amor.

El amor requiere conocer a la otra persona y crear un vínculo que, por supuesto, no existe en ese primer instante. ¿De dónde surge entonces ese amor a primera vista? Dejando el tema físico aparte, la clave se encuentra en la infancia y juventud. Es decir, desde que somos pequeños hacemos un mapa del amor —lista inconsciente y consciente de lo que buscamos en una pareja— que, junto con la atracción que surge en ese momento, activa el circuito del amor romántico que explica la antropóloga y bióloga —experta en estos temas— Helen Fisher.

Hay pocos casos que hayan salido bien tras ese chispazo inicial tan fuerte, pero tengo unos amigos del alma que comenzaron su maravillosa historia de esta manera y por tanto no puedo dejar de compartirlo contigo. Eso sí, las parejas que conozco que han empezado con un amor a primera vista también han requerido trabajo, esfuerzo y dedicación para que su relación funcionara. Han atravesado situaciones complicadas y delicadas y han tenido que emplear muchas herramientas para fortalecer su matrimonio.

¿Qué hay de cierto en que el amor es ciego?

Mi padre, gran sabio de los asuntos del corazón, tiene una frase sobre este tema: «El amor, cuando llega, puede ser muy ciego, pero cuando se va, es muy lúcido». ¿Qué hay detrás de esta frase? Cuando uno se enamora suceden cambios muy interesantes en el cerebro. Uno de ellos —y para mí una de las claves— es que la corteza prefrontal, el área encargada de la concentración, de la atención, de la planificación y de la capacidad de juicio, se apaga. «Ha perdido la cabeza», dicen. Cuesta más discernir sobre lo que nos conviene y resulta complicado apreciar y analizar los posibles riesgos de la relación.

La amígdala —la zona encargada del miedo— también pierde su fuerza y el estado de alerta disminuye; es decir, uno percibe de forma menos intensa los peligros. ¡Uno hace casi cualquier cosa cuando se enamora! Por eso, cuando nos enamoramos, pasamos por alto cosas como «tiene veinte años más —¡o menos!—», «vive en otro país», «está casada/o», «está atravesando un divorcio complicado», «no tiene trabajo», «vive con su madre en casa»... O cosas que para ti son fundamentales las apartas de tu mente y te focalizas en lo que te gusta —«qué atractivo», «qué divertida», «qué cariñoso», «qué interesante»—.

Esto es esencial. Helen Fisher explica de manera clara que ese momento de chispazo, de atracción y de enamoramiento dura de media diecisiete meses.

Los grandes expertos en el amor —y respaldo la postura— recomiendan dejar que la relación repose y se asiente durante el primer año y medio para poder decidir. No te cases ni te vayas a vivir con alguien tras conocerle. Espera, deja que tu corteza prefrontal vuelva a funcionar de modo correcto y podrás decidir de manera mucho más precisa y acertada sobre qué pasos dar en tu relación.

¡Cuidado con ir demasiado rápido!

Ya hemos visto que los amores a primera vista aceleran las etapas de una relación. La gente muy pasional tiende a embarcarse en decisiones rápidas. Yo suelo recomendar ser prudentes y no quemar etapas en los inicios de una pareja, ya que en ocasiones nos puede jugar una mala pasada. Acelerar es irse a vivir juntos al poco de conocerse, adelantar una boda, mantener relaciones sexuales cuando uno no está seguro de dar ese paso... No olvidemos que acertar en la pareja está muy vinculado con la madurez que uno tiene y una característica propia de una persona madura es usar los tiempos vitales de forma correcta.

Un consejo: ante la duda, vete despacio. La pasión, la chispa y el enamoramiento se asocian a veces a decisiones sin cabeza, a impulsos poco racionales y a sentimientos desbordantes. Esa corteza prefrontal desactivada nos impide analizar la situación.

Tras «bajar» el enamoramiento a veces uno descubre que había mucho de deseo y de atracción, pero poco de amor y de complicidad de la buena para mantener una pareja y convivir de forma sana. Y cuando desaparece esa fase tan química advertimos que en ocasiones los valores y lo que unía al idilio no era tan sólido como suponíamos.

Al recordar los inicios de un romance, uno puede percatarse *a posteriori* de que se precipitó porque la atracción física era demasiado intensa, porque uno intentaba olvidar a otra persona o incluso porque existía el miedo a quedarse solo. Cuando vamos demasiado rápido, la mente lo vive casi como un proceso obsesivo, ya que uno no puede dejar de pensar en la otra persona en ningún momento.

El caso de Aitana

Aitana es sensata, pero ha perdido la cabeza por un chico que ha conocido por Internet y está obnubilada por él.

—Estoy loca de amor. Nos hemos visto casi todos los días desde entonces. Ya hablamos de hijos y por fin siento algo extremadamente especial —me contaba hace meses emocionada.

Me quedé preocupada, no me escuchaba cuando yo, de la forma más delicada posible, intentaba avisarle de que la prudencia nunca está de más en estos asuntos.

—No me quites la ilusión —me dijo—, por fin me ha llegado a mí, y quiero sentirlo todo con la máxima intensidad. Me ha dicho que nos vayamos a vivir juntos para no pagar alquiler y creo que le voy a decir que sí. Sé que vamos rápido, pero queremos recuperar el tiempo perdido.

Probablemente al leer el caso de Aitana te venga a la memoria algún momento en tu vida donde te sucedió algo similar o a alguien de tu entorno y también recuerdes que terminó regular. La mayoría de estos inicios tan intensos y apasionados acaban en un golpe de realidad doloroso. ¡Por supuesto que alguna relación que comienza así llega a buen puerto, pero lo lógico es que se sufra mucho! ¿La razón? Como decía, en esos instantes de emoción máxima pasamos por alto temas esenciales para asentar las bases de una pareja que funciona, nos impide conocer en profundidad a la otra persona y hablar con ella de las cuestiones importantes.

El principio de las relaciones requiere, como ya he dicho, paciencia y prudencia. En un mundo donde vivimos acelerados, a base de gratificaciones instantáneas y adictos a experiencias emocionales, ir despacio es un ejercicio a contracorriente, pero muy necesario. Así lo indican también diferentes exponentes del *slow movement* —o movimiento lento, en español—, quienes no excluyen el tema del amor, *slow love.* Defienden que no solo hay que hacer las cosas más despacio, sino aprender a vivir de manera más reflexiva, evitando el estrés y el aturdimiento emocional y disfrutando de los pequeños detalles y saboreando las primeras fases de esos momentos tan especiales.

El amor según los circuitos cerebrales

Helen Fisher en temas del amor distingue —desde un punto de vista científico— tres tipos de amor que van asociados a circuitos cerebrales distintos. Ella habla del:

1. Deseo sexual

La parte más física e impulsiva donde el cuerpo busca un amplio abanico de compañeros.

2. Amor romántico

Aquí tu mente te permite concentrarte en uno solo. Te conviertes en una persona posesiva —es mío— y obsesiva —tu cabeza no puede dejar de pensar en esa persona—.

Este circuito cerebral es primitivo y genera dopamina, activando el núcleo accumbens, la hormona del placer y de las adicciones. Es el amor que conocemos de los poemas, las canciones y las películas. Ese enamoramiento te hace pensar que la persona que has conocido es la más maravillosa del mundo. No existe nadie igual, eres un afortunado, ya que has podido encontrar a tu media naranja.

3. Apego

Helen Fisher describe esta etapa como aquella en la que se forma un vínculo muy profundo de pareja. Ella lo lleva hasta el cuidado de los hijos, tarda más tiempo en llegar. Yo lo denomino la pareja consolidada. Estos son momentos donde la pasión está atenuada, pero el cariño crece más y más. Aprendes a convivir gracias a la voluntad, intentando crear una familia con valores, cordialidad y afecto.

Muchos se asustan cuando llega esta fase porque no sienten lo mismo. En efecto, bioquímicamente no hay tanta dopamina. Es un momento de oxitocina, de asentamiento, de crecimiento y de afianzar la familia que se ha ido creando.

¿Qué pasa en el cerebro cuando nos enamoramos?

Al enamorarnos, todo cobra una ilusión especial. Lo que sucede es mejor, el mundo se convierte en un lugar más amable, las canciones nos recuerdan a esa persona. Queremos saltar, bailar y llevar una sonrisa puesta todo el día. Al enamorarnos, el organismo genera endorfinas y percibe de forma más leve el dolor y la tristeza. Cualquier oportunidad es buena para disfrutarla. Sentimos menos apetito, dormimos menos ¡y aguantamos! Las emociones son más intensas de lo normal y la alegría se activa ante pequeños estímulos.

Cada uno de nosotros siente el amor
de manera diferente en su vida.

Hay cuatro hormonas que se «revolucionan» cuando nos enamoramos:

1. Nuestra oxitocina

Se encarga de incrementar las ganas de abrazar y tocar al otro. Además, nos ayuda a confiar de modo incondicional en la otra persona y a imaginar un futuro juntos. Y no solo eso, también potencia el vínculo y el cariño.

2. La adrenalina

Es la responsable de las taquicardias, del nudo en el estómago y de la disminución de apetito. Se ocupa de que la persona enfoque la atención en el otro, eso tan conocido de «no tiene más que ojos para él/ella».

3. La dopamina

Es la hormona del placer que se encarga del circuito de recompensa y está involucrada en las adicciones. Durante el enamoramiento, sobre todo cuando es intenso, se produce una gran liberación de esta sustancia. Esta es la causa por la que durante la fase del enamoramiento busquemos una y otra vez volver a sentir y ver a esa persona para repetir esa experiencia tan placentera. Nos volvemos en cierta forma adictos a cómo nos sentimos cuando estamos cerca del otro. La dopamina ayuda a memorizar hasta los detalles más pequeños de esos primeros compases.

Si te acuerdas del inicio de alguna relación, puede sorprenderte rememorar los pormenores más curiosos e insignificantes. La dopamina funciona de manera intensa al principio de la relación para consolidar lo que se está formando. Si no notamos esa euforia en las primeras semanas, difícilmente esa relación terminará bien. Hace falta ese «enganche» que surge en los inicios. Luego irá disminuyendo y dejando paso a nuestra conocida, la oxitocina. Si viviéramos toda la vida inundados de la dopamina inicial, descuidaríamos otros aspectos de la vida como la alimentación, el trabajo o la salud.

4. La serotonina

Es la hormona de la felicidad. Está íntimamente relacionada con el apetito, la libido alta y la sensación de energía inagotable y de disfrute.

Hormonas y... ¿algo más?

Por supuesto. Las hormonas y la biología juegan un papel relevante en la elección y condicionan de forma importante el comportamiento de los enamorados, pero no son determinantes.

Muchos síntomas del enamoramiento se comprenden entendiendo las hormonas, ya que nos influyen; sin embargo, estas ni nos dirigen ni nos anulan. De hecho, esa primera revolución hormonal disminuye al cabo de unos meses y se estabiliza, y en ese momento son el sentimiento, la voluntad y las ganas por mantener ese compromiso los que permiten que la relación funcione.

Existe una primera fase de deseo, de atracción y de química que deja paso a una relación más estable, al amor romántico. Aquí la sensación es que nos conocemos desde siempre y tenemos una relación muy íntima y cercana.

Después de esta primera fase muchos comienzan con el conocido «ya no siento lo mismo». En efecto, esto es cierto, ya no sentimos «hormonalmente» igual y la psicología va evolucionando. Desaparece la euforia del inicio. Nuestros propios deseos, pensamientos, conductas y emociones buscan encontrar su lugar en primer plano. No solo buscamos el bien absoluto de la persona amada, sino que nuestras prioridades vuelven a aparecer.

Uno de los grandes errores en el amor
es creer que siempre vamos a sentir lo mismo.

Al creer que se debe vivir en ese estado de ilusión y euforia de forma constante, uno puede cortar con alguien al no sentirlo. Por eso el porcentaje de divorcios tras los segundos matrimonios es mayor que en los primeros, y en los terceros sigue aumentando, y así sucesivamente.

Cuando la base es sólida, pasa a la siguiente fase, donde llegan la calma y las ganas de seguir formando parte de esa relación. Eso que explica Helen Fisher con su deseo de vivir en una relación consolidada, con un vínculo y unas ganas de mantener la familia. Ahí es necesario que se asienten el orden, la intención y la disciplina. Si no se cuida la pareja, desde la cabeza y la voluntad, la relación se romperá.

El amor verdadero aparece cuando desaparece el enamoramiento. Es entonces cuando nos damos cuenta de si existe futuro o no para la relación. Esos momentos son clave, pues nos percataremos de si el otro quiere luchar por lo que se está consolidando. Todos deseamos encontrar una pareja que piense de esta manera: «haré todo lo posible para mantener lo nuestro vivo y, si se apaga, lucharé por recuperarlo». En el fondo nadie quiere comprometerse con alguien que piense «te quiero y te cuido mientras lo sienta, pero si comienzan las tensiones, lo dejamos». ¡Eso genera una enorme sensación de vértigo!

El amor requiere no solo de pasiones y emociones intensas, también de sensación de estabilidad y de paz.

Para conseguir una pareja consolidada donde la familia funcione hace falta un pilar fundamental, desde donde todo se articula: acertar en la pareja. Errar nos hará sufrir toda la vida. Comparto contigo una idea que llevo años transmitiendo a mis pacientes en sesiones y conferencias.

¿Cómo acertar en la pareja?

Cuando hace diez años comenzó mi andadura por la psiquiatría y la psicología, me quedé impactada ante la cantidad de gente que pasaba por una crisis de pareja. ¡Los datos resultaban escalofriantes! Hoy las cifras siguen igual o peor. En el primer mundo se rompe una pareja cada cuatro minutos.

Elegí varios libros[2] sobre el amor, las relaciones..., y todos hablaban de las claves del matrimonio o de la pareja. Fue entonces cuando me planteé varias preguntas: ¿y si el problema tuviera que

[2] Son lecturas que recomiendo al final del libro sobre temas de pareja, fáciles de leer y entender.

ver con un error a la hora elegir esa pareja? ¿Por qué nos juntamos con personas que en ocasiones no nos convienen? ¿Se puede aprender a elegir «bien» la pareja?

La elección surge de muchas maneras. La mayoría de las personas va creando su propio mapa del tipo de pareja con la que quiere estar según su biografía, su voz interior, la relación con sus padres, las personas que han sido su pareja a lo largo de su vida... Ese retrato robot inconsciente a veces no es lo que más nos conviene, pero es la consecuencia de nuestra historia y, por tanto, cuando nos topamos con alguien así en la vida surge la chispa.

Aunque muchos piensan que la elección afectiva —insisto, hablamos de quien quiere una pareja estable y duradera con la que formar un proyecto de vida— no es un tema importante, en realidad es crucial. Elegir bien determina. La psicóloga Meg Jay, en su libro *La década decisiva,* explica que fallar en esta elección nos marca toda la vida, ya que con esa persona que elegimos, tomaremos decisiones que influirán de forma muy importante en la vida: dónde vivir, cómo gestionar el dinero, el tipo de educación que queremos dar a nuestros hijos..., y si esa relación se rompe, seguiremos arrastrando muchos temas durante años sucesivos, sobre todo, si hay hijos de por medio.

Existe gente que falla en su decisión y no sabe elegir —«Siempre me enamoro de la persona equivocada, ¿qué me pasa?», «¿será que el problema lo tengo yo?»—. A veces, uno se topa con el amor de la manera más inesperada. Otras, uno sale a la búsqueda con el propósito de encontrar el amor. Tiene claro lo que quiere y «trabaja» en ello. Tras observar cientos de relaciones, diseñé lo que yo denomino la teoría de la pirámide.

16
Elegir bien es un éxito

Este capítulo puede servirte de muchas maneras. Puede ser que ya tengas pareja y te interese entender cómo fue tu proceso de enamoramiento. Quizá hayas tenido mala suerte en el amor y busques alguna «estrategia» que te ayude. Quizá seas padre y quieras tener una conversación con tus hijos jóvenes y adolescentes sobre las relaciones amorosas. Sea cual sea tu situación, creo que estas páginas te pueden orientar, inspirar o resultar de interés.

Pocos sentimientos hunden más que el desamor y las crisis de pareja. Decir te quiero implica un para siempre, y cuando este «para siempre» se rompe algo se resquebraja por dentro. Ese carácter indefinido descarta como amor las relaciones cortoplacistas con fines puramente sexuales, que no entrarían en este concepto.

Cualquier pareja pasa por momentos malos por razones diversas: uno se cansa del otro, se cruzan personas en el camino, los sentimientos fluctúan, uno deja de soportar determinadas situaciones de tensión, la familia política se inmiscuye, hay divergencias en la educación de los hijos, aparecen los problemas económicos, asoma la enfermedad... Tener a la persona adecuada al lado es una garantía para solucionar las realidades más adversas. Elegir supone seleccionar conscientemente un perfil específico o aproximado en las facetas de la vida más importantes: físico, psicológico, ideológico, social y cultural. Tener claro lo que buscamos ayuda a no ser esclavos de cualquier chispazo o encontronazo que asoma.

Te presento la teoría de la pirámide. Te interesará si buscas acertar en la pareja, no si buscas divertirte o tener relaciones sexuales casuales, y sobre todo si quieres elegir a alguien para intentar forma un proyecto de vida firme y coherente. Luego saldrá mejor o peor, pero la intención es esa.

Escoger correctamente evita entrar en crisis y, en el peor de los casos, facilita la salida de las mismas.

Antes de empezar voy a mostrarte las fases de la elección que nos ayudará a adentrarnos en la pirámide.

Las cuatro fases de la elección

1. La chispa

Algo surge, algo nace en ti y quieres conocer más a esa persona. Te gusta su lenguaje corporal —su mirada, su sonrisa, su cuerpo—, su conversación y su estilo. Algo se revela que te impulsa a querer estar más con él/ella. Es difícil que un hombre se enamore de alguien por quien no se ha sentido atraído físicamente en las primeras citas. La mujer admira profundamente una buena conversación o una dialéctica interesante, y, aunque también hay un componente físico, este no tiene la misma intensidad que en el hombre.

Conozco a muchas mujeres que admiten que cuando conocieron a su pareja no les gustó nada, pero con el tiempo se enamoraron y ahora incluso ¡le ven atractivo! Y he escuchado numerosos relatos también de hombres que cuando no se han sentido atraídos en un primer momento, les ha costado más enamorarse[1].

La chispa surge cuando conoces a alguien cuya forma de ser y atractivo —no siempre por ese orden— son lo suficientemente potentes como para activar la posibilidad de enamorarte.

2. La cabeza

Aquí entra en juego la inteligencia. Sí. En el caso de que durante esa primera cita —o a lo largo de los compases iniciales— declares amor eterno, muestres todas tus cartas o mantengas relaciones sexuales, tienes más probabilidades de que la relación no llegue a buen fin. No digo que en esos casos las relaciones resulten siempre un fracaso, pero la probabilidad de que no funcionen es mucho mayor. Tu mente se nubla y no sabes si en realidad esa persona te conviene.

No olvidemos que muchas veces no lanzamos a relaciones llevados por el ímpetu de la pasión, de la atracción física y de la emoción intensa que surgen en las primeras citas. Resulta complicado ser reflexivo en momentos donde hay una exaltación fuerte del mundo afectivo. Es muy difícil poder discernir, analizar y tomar decisiones de forma fría —la corteza prefrontal está desactivada—. Ser dueños y señores de nuestras decisiones —no me refiero a anular los sentimientos, sino a encauzarlos— es una llave

[1] Quiero evitar etiquetar o ser tajante en cualquier afirmación. Tras años escuchando todo tipo de historias relacionadas con el amor, reconozco ciertos patrones que se repiten y creo que exponerlos clarifica los primeros pasos en el conocimiento de una pareja.

poderosa para tener éxito después de esos primeros momentos de pasión o chispa. Hay que usar la cabeza. Suelo explicar en las conferencias, en consulta o a la gente cercana a mí que lo ideal es hacerse varias preguntas:

— ¿Me conviene?
— ¿Me hace ser mejor persona?
— ¿Es lo que siempre he pensado que encajaría con mi forma de ser y de ver la vida?
— ¿Está dentro de mis criterios?

Esta última pregunta es muy importante, te la explico con detenimiento en las siguientes páginas. La respuesta a las tres primeras tiene que ser afirmativa. Si durante el planteamiento no lo tenemos claro o vemos algo que de manera explícita no nos conviene, es mejor no seguir avanzando —puede ser por distintos motivos: está casado, tiene hijos, vive en otro país, este tipo de hombres/mujeres siempre nos ha hecho sufrir, está comprometida, se droga, es un mujeriego, no busca relaciones serias...—.

No hay nada peor que enamorarse de la persona equivocada. Si pese a saber que no nos conviene racionalmente seguimos adelante, el daño emocional está asegurado: bien sea porque después, al echarle valor para terminar la relación, esta nos habrá marcado y los dos sufriremos con la ruptura; bien porque ante las diferencias en un futuro, los conflictos de la vida harán saltar la relación por los aires.

El cariño que surge en una relación es, en ocasiones, tan grande que acabamos formalizándola aun a sabiendas que la otra persona no es la adecuada pero no sabemos cortar con ella. La clave de la pirámide radica en este paso, que explicaré en el siguiente capítulo.

3. Enamorarse

Aquí entra en juego el amor de verdad, el amor romántico, con mayúsculas. El enamoramiento es un sentimiento donde se une el deseo y la atracción con el anhelo de que eso que va apareciendo no disminuya ni se pierda nunca.

Hay multitud de parejas que comenzaron porque encajaban —«Me convenía y era bueno para mí»—; es decir, no sentían una gran pasión o un amor intenso, pero sí había suficientes planteamientos que les hicieron continuar —«Vale tanto», «me cuida y es muy atractivo/a», «a mis padres les gusta», «su familia es estupenda», «es trabajador/a, bueno/a y responsable», «es un/a chico/a valioso/a en todos los ámbitos»—.

Si no estás enamorado, soy de la teoría que no debes seguir con tu pareja. Sé que es una decisión complicada; y lo sé porque he acompañado últimamente a mucha gente en esta encrucijada. ¿La razón para cortar? Que se te cruce alguien de quien te enamores. Entonces será probable que no seas capaz de mantener —o te resultará muy difícil— la que ya tienes. Y las causas para no terminar con la relación puede ser el temor a la soledad, a enfrentarse a los miedos o a hablar con la otra persona.

El caso de Isabel

Isabel se separó a los cinco años de haberse casado porque su marido le era infiel. Sufrió mucho y cayó en una profunda depresión. Trabaja de secretaria en una empresa tecnológica y gran parte de su labor es *online,* por lo que desde el divorcio ha conocido a muy poca gente.

Se mudó al casarse y ahora se ve muy sola porque su familia vive en otra ciudad. Ha comenzado a utilizar las redes sociales para conocer gente y un día quedó con un tipo que la escribió por Tinder. Se llama Juan, tiene cuarenta y siete años, está separado y es padre de dos chicos adolescentes. Comenzaron a quedar y a verse y al año se fueron a vivir juntos.

Cuando conozco a Isabel me encuentro con una mujer de treinta y siete años, apagada, triste y con poca ilusión. Hablamos mucho de Juan.

—Le quiero, pero no estoy enamorada de él. Tiene carencias afectivas, no tiene detalles conmigo; sin embargo, me da pánico cortar con él. Me he planteado en numerosas ocasiones qué es lo menos malo para mí, si estar sola o acompañada por él. Tiene cosas buenas, pero no es el hombre de mi vida.

En el caso de Isabel lo que hice fue trabajar con ella su personalidad, su biografía y su herida de la separación para fortalecer su autoestima y ser capaz de decidir sin tanta angustia. Uno de nuestros lemas hasta que se vio preparada para terminar la relación y poder enfrentarse a sus miedos era «aprender a estar sola a pesar del vértigo». Ha sido un proceso largo, pero ahora se siente más segura y preparada para elegir bien, en el caso de que llegue una pareja adecuada para ella.

El caso de Gabriel

Gabriel es un chico de treinta y cinco años. Conoció a Ángela en una fiesta y desde el primer momento se sintió atraído por ella. Resultó, además, ser la prima de uno de sus mejores amigos.

Ángela es una chica trabajadora, buena y colabora en una fundación cuidando niños enfermos en sus ratos libres. Juega al tenis y le encanta viajar.

—Me di cuenta de que era una mujer que valía la pena. Tiene todo lo que siempre he querido y conozco muy bien a su entorno y a su familia —me dice—. A las pocas semanas de la fiesta nos pusimos a salir. Me gusta mucho, sin embargo, noto que me falta algo. No sabría explicarlo bien. Yo he estado enamorado en otras ocasiones, y siendo Ángela la mejor chica que he conocido, no siento todo lo que debería. A veces creo que debería acabar con la relación porque me falta ese «algo», pero al analizarlo freno en seco y sigo adelante. Este tema me está generando ansiedad y llevo varias semanas sin dormir. No quiero engañarla, pero estoy hecho un lío con respecto a mis sentimientos.

Gabriel tiene mucha conciencia del tema. No siente lo que debería, no está enamorado; pero su cabeza le dice de seguir, porque Ángela es muy válida y encaja perfectamente con lo que él quiere en una pareja. Tomar una decisión en estos casos es complicado. La primera opción es hacer todo lo posible por enamorarse, ¡sí!, eso se puede hacer. Buscar querer, elegir sentir, potenciando los sentimientos al máximo.

Hay muchas parejas que han trabajado los sentimientos y han llegado a sentir más y mejor. Una persona que ofrece cosas buenas puede generar mucho amor y, por tanto, el enamoramiento llega en un segundo plano. No olvidemos que hay relaciones donde el amor surge en los primeros momentos y otros donde surge con el paso de las semanas, los meses e incluso los años. ¡Quién no conoce a alguien que se ha casado con su amigo de toda la vida, con su confidente de aventuras o con esa persona que lleva desde siempre cerca —de alguna manera— y un día de golpe comienza a verla con otros ojos!

Si eres de los que necesitan sentir mucho, ¡que conoces lo que es estar enamorado!, no sentir puede generarte gran angustia, aunque la persona que tengas delante sea excepcional. Entonces hay que ser frío y cortar, a pesar de las circunstancias. Son decisiones difíciles y muy complicadas, como digo, pero estar con alguien por pena o sin sentir lo que se debe te hará sufrir y hacer sufrir al otro[2]. De igual manera puede suceder que no sientas nada porque tienes el corazón herido o que te hayas puesto una coraza para no sufrir de nuevo. En ese caso es bueno que busques ayuda, sanes tu corazón y tengas paciencia, ya que quizá, aliviado el dolor, el sentimiento surja y valores a esa persona que tienes a tu lado que tiene la paciencia y la delicadeza para acompañarte a sanar tu corazón.

4. La voluntad

Si la elección es la correcta, la voluntad será tu gran aliada el resto de tu vida. El amor no es solo un sentimiento, sino un acto

---

[2] Recuerda que estamos hablando de la elección de pareja, no de parejas ya consolidadas que tienen una familia. En estos casos se trata de una crisis y eso requiere otro tipo de abordaje e incluso puede ser necesario pedir ayuda.

de la voluntad. Yo decido, yo trabajo la relación porque me conviene, porque es adecuada para mí, porque es buena y me hace ser mejor persona, aunque sufra en ocasiones. No puedo basar el amor solo en sentimientos o razones, ya que estos —por definición— fluctúan, cambian y evolucionan. Unos días están arriba y otros abajo, por tanto necesito involucrar a la voluntad. ¿Quién no ha tenido un amigo o amiga con el que haya pasado etapas en las que no le soporta o le atosiga? ¿Quién no se ha sentido saturado por un padre o por un hijo? Los sentimientos varían dependiendo de multitud de factores y lo adecuado es que estén bien orientados; pero la voluntad juega un papel primordial.

¿Qué significa la voluntad en el amor? Cuidar los pequeños detalles con mimo, los días especiales, la forma en la que se trata a la otra persona… Lo cotidiano nunca es insignificante, al contrario, es el sustento de la vida corriente y de hacer feliz a la pareja. Voluntad implica esfuerzo en preguntarse cómo puedo alegrarle el día, ¿hay algo que yo pueda hacer para que sufra menos por este contratiempo? Si la manera en que tratas al otro es buena —a pesar de la adversidad, el cansancio o la rutina—, la vida juntos se convertirá en algo muy especial.

Cuando pones el corazón en algo pequeño,
pasa a convertirse en algo grande y maravilloso.

17
La teoría de la pirámide

Los criterios para buscar pareja

Soy de la teoría de que uno debe saber lo que busca en la pareja. Insisto, esto sirve para aquellos que quieren una relación estable y duradera. Quizá ahora estés en otro momento vital afectivo; no buscas pareja, estás en fase de separación o comenzando con otra persona. No importa en qué etapa te encuentres, lo que describo a continuación puede servirte de ayuda.

Imagina una pirámide. En la base estarían los pilares más sólidos, es decir, aquellas características o cualidades que consideres necesarias en la persona que buscas. A esto lo denomino yo los criterios I. Aquello que la pareja con la que estés debe tener sí o sí. He ayudado a cientos de personas a formular su pirámide, y existen criterios de todo tipo. Para encontrar los propios hace falta conocerse bien: entender nuestra historia afectiva, nuestras carencias, inseguridades y preferencias en la vida.

A continuación, superado lo esencial, sigue construyendo hacia arriba. Ahí, esos criterios II irán enriqueciendo el perfil que estás buscando. Van siendo más específicos, más personalizados y concretos y potencian la posibilidad de que la relación funcione más y mejor.

Los criterios I son los básicos, el pilar de la pareja; los criterios II mejoran la química, la comunicación y la evolución de la relación.

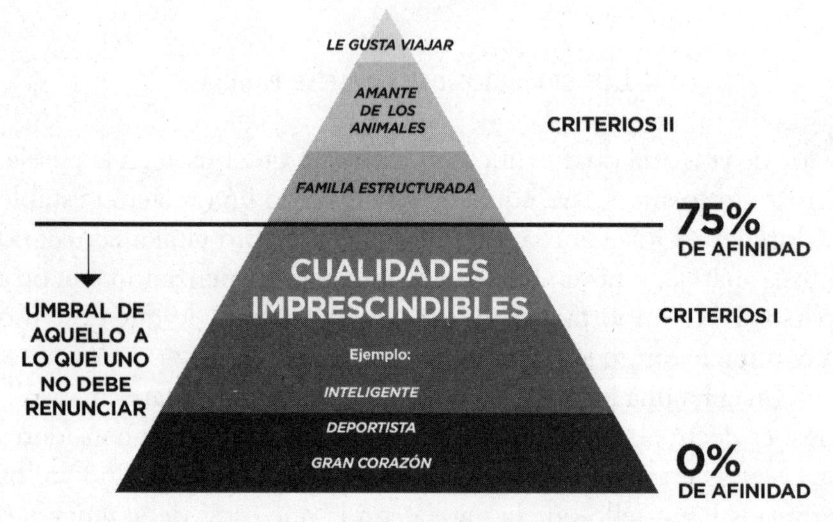

La teoría de la pirámide.

A mayor porcentaje de afinidad, existe una menor probabilidad de encontrarlo pero una mayor probabilidad de acertar.

Muchas personas pueden llamarnos la atención y encender la chispa, pero no tantas encajan para un proyecto de vida duradero.

CADA UNO DEFINIMOS NUESTROS PROPIOS CRITERIOS

Inteligente, con valores, atractivo/a, culto/a, extrovertido/a, familiar, discreto/a, con sentido del humor, interesante, el tipo de familia/educación que tiene, fiel, sano/a en sus hábitos, cómo gestiona el dinero —generoso/a, tacaño/a, egoísta—, *hobbies* que tiene, ideas políticas, religiosas, deportista, que le guste viajar, su amor por los animales... Lo importante es que tú definas qué es para ti cada criterio.

Lo que tú llamas inteligente, probablemente no signifique lo mismo para otra persona. Lo que para ti es con valores, otro lo especificará de manera diferente. Pon siempre los criterios en positivo.

Estarás pensando, ¡lo quiero todo! Pero como «todo» es imposible de conseguir, lo primordial es que sepas cuáles son las tres cosas más importantes para ti. ¿Te acuerdas del sistema reticular activador ascendente (SRAA)? Traté de ello en profundidad en *Cómo hacer que te pasen cosas buenas,* pero quiero explicarlo por encima de nuevo. La mente capta varios millones de bits de información al instante, aunque únicamente presta atención a lo que le interesa o a aquello que forma parte de nuestras metas o ilusiones. Es el ejemplo de la mujer que tras quedarse embarazada ve carritos de bebé por todos lados o la persona que decide comprar un coche y lo ve a partir de ese día constantemente por la calle.

El SRAA es un conjunto de neuronas que se encuentran en el tallo encefálico y que se encargan de filtrar y priorizar de entre toda la información que nos llega la que tiene más interés para nuestros objetivos, preocupaciones e incluso nuestra supervivencia. Mi gran amigo, el doctor Mario Alonso Puig, dice que «lo que el corazón desea de verdad, la mente se lo acaba mostrando» —te recomiendo sus lecturas y conferencias—. Cuando algo nos interesa, el cerebro hace lo posible por encontrarlo de entre todos los *inputs* que recibe. No significa esto que por desear algo con fuerza vaya a aparecer por arte de magia, sino que la mente hace todo lo posible por encontrarlo en el entorno. Si hay algo parecido a lo que ansías, tu SRAA te lo mostrará. El problema es que mucha gente no sabe lo que desea y se deja llevar. Por eso, en el tema de pareja, te recomiendo activar tu sistema reticular activador ascendente.

Si conoces tus criterios, si sabes qué estás buscando, es más probable que tu mente te muestre a alguien de ese perfil si se te cruza por la vida. Te ayudará a reconocerlo y de ahí puede surgir la chispa o incluso algo más. ¡Recuerda esta idea que te ayudará siempre! Cuando te ilusionas por algo, tu cerebro experimenta un cambio, ya que induces un estado emocional que tiene la capacidad de modificar el normal proceder de las neuronas.

Enfócate en lo que deseas de verdad, usa la pasión para ilusionarte en tu proyecto, sea cual sea, y comenzarás a sentir que algo sucede en tu interior. Ese impacto en tu interior tiene consecuencias en la vida real.

Atraemos lo que nos va sucediendo en la vida

La pasión es poner el corazón en lo que hacemos. ¡Cuidado! No se trata de obsesionarnos con lograr exactamente lo que queremos, ya que eso puede conllevar el efecto contrario. A veces hay que distanciarse para obtener mejor perspectiva y apuntar hacia una meta distinta.

Cuando tus objetivos y criterios no te funcionen, marca un poco de distancia, aléjate, vuelve a analizar la situación y redefine lo que buscas. Quizá las circunstancias han cambiado, quizá pides algo muy complejo, quizá estás buscando en el lugar equivocado...

Cuando activamos el SRAA nos damos cuenta de que en la vida recibimos constantemente señales —puedes llamarlo como tú quieras— para ir encontrando nuestro camino, y en este caso que nos concierne esas señales pueden guiarnos para acertar con la pareja.

El caso de Berta

Berta, de treinta y nueve años, sufre un estado depresivo derivado de la ruptura con su pareja, con la que llevaba tres años conviviendo. Trabaja en una empresa de publicidad, le encantan los viajes y los deportes y ha sido siempre una persona muy activa, llena de inquietudes.

Su expareja es huérfano de padre y vive con su madre en un pueblo de las afueras de Madrid. Trabaja de funcionario y, según me cuenta, su vida es muy monótona y tranquila. Le gusta poco la aventura y prefiere no viajar —le dan miedo los aviones—.

Cuando Berta le conoció se sintió atraída físicamente por él. Era un hombre muy trabajador, aunque demasiado «parado», según sus gustos. Desde el principio supo que había cosas que no encajaban bien, pero le tenía mucho cariño y no se atrevía a dejarle.

Con el tiempo se dio cuenta de que tenía que terminar con la relación y así lo hizo. A los pocos días comenzó con un cuadro de tristeza y gran angustia, se sentía muy sola y su cabeza no la dejaba tranquila —«Te vas a quedar sola siempre», «no sabes elegir», «no me gusta la vida que me ha tocado vivir»—.

Al darse cuenta de que estos pensamientos iban a más, solicitó ayuda. Durante las primeras sesiones trabajamos su sintomatología depresiva, pero en cuanto empezó a encontrarse mejor, fuimos avanzando en su personalidad y en su biografía. Berta nunca había sabido elegir bien la pareja. No tenía claro qué buscaba y a poco que conociera a alguien simpático, empezaba a tontear y a salir con él. Entendimos juntas su infancia, su manera de relacionarse con los hombres y las heridas no bien cicatrizadas de su juventud.

Un día le hablé del sistema reticular activador ascendente e hicimos su pirámide. Fuimos analizando su manera de ser y elegimos, en primer lugar, lo que serían sus tres criterios (básicos): aventurero, sentido del humor y familiar.

Le dije que estuviera atenta, que activara su SRAA durante las siguientes semanas y que me fuera contando. Sucedió una anécdota muy divertida tras la terapia. Berta acababa de salir de mi consulta y se había marchado a la estación para regresar a su ciudad. Al rato, mi secretaria me avisó de que me llamaba urgentemente para hablar conmigo. Me puse al teléfono y me contó sorprendida y nerviosa que le había tocado de compañero en el tren un chico, de más o menos su edad, que iba trabajando con el ordenador preparando una presentación en PowerPoint donde se podía leer: «Aventuras en Birmania, experiencias inolvidables» y fotos adjuntas. En otras diapositivas aparecían fotos de él subido a un elefante, bajando por un río haciendo *rafting*… ¡Tenía uno de sus criterios I de la pirámide! No sabía qué hacer, así que traté de calmarla y le dije que intentara comenzar una conversación pausada con él para ver qué sucedía.

Semanas más tarde, cuando volví a verla, me comentó que tras colgar el teléfono se atrevió a preguntarle por las fotos. Él le contestó que trabajaba para una agencia de viajes y que se encargaba de probar hoteles y experiencias en diferentes lugares del mundo. El corazón le empezó a latir y al fijarse más en él le resultó muy atractivo. No sabía si tenía que ver con lo que le estaba contando, pero le encantó. Le preguntó, además, si su pareja le acompañaba en los viajes y él le dijo que estaba solo y que nadie aguantaba su ritmo de vida. ¡El sistema reticular de Berta había funcionado! Hoy forman una pareja estable y están esperando un bebé.

Es cierto que no todas las historias ocurren de esta manera, pero también es verdad que si ella no hubiera tenido su sistema reticular encendido, jamás se hubiera fijado en esa persona.

Muchas parejas que funcionan bien tienen un denominador común: ambos tenían claro qué tipo de persona querían en su vida.

Si piensas en la relación de alguien de tu entorno que le va muy bien, y le preguntas, verás que en el fondo sabía lo que buscaba. Claro que hay personas que tienen la enorme suerte de toparse con su «media naranja» de pronto y que todo fluya, pero en mi experiencia, cuando tienes claro qué buscas, hay más posibilidades de encontrarlo y de que salga todo bien.

¿Y SI CUESTA QUE ALGUIEN SE ENAMORE DE NOSOTROS?

Hay mucha gente que pasa por etapas donde nota que no interesa a nadie —«No gusto, nadie se fija en mí»—. Esos momentos pueden generar gran tristeza y vacío y hacer debilitar la autoestima. Solemos reducir este asunto al físico, y es cierto que tiene importancia —y más en el siglo XXI, donde existe una exaltación de la belleza—, pero hay otros factores que influyen.

Según la ciencia existen estrategias para seducir y gustar. Con este libro no aprenderás trucos para conseguir atraer a otros, pero sí te puede ayudar a entender la razón por la que hay ocasiones en las que tienes menos poder de atracción sobre los demás. Si quieres despertar el interés en otra persona, te sugiero algunas ideas:

— Analiza si estás en una situación donde vives «intoxicado» de cortisol. Ya hemos visto a lo largo de estas páginas cómo el cortisol aleja a las personas del entorno. Uno está más ansioso, irritable, triste o apagado. Nadie quiere estar con una persona que vive en estado de alerta porque la mente lo percibe como un lugar de tensión. Si es así, intenta entender el origen de la situación y busca mecanismos para salir de ello. La actitud funciona, pero a veces no es suficiente y hay que pedir ayuda. Todos hemos pasado por momentos donde no nos soportamos ni a nosotros mismos, ¡así que imagina un desconocido!

— Potencia tu oxitocina. Ya la conoces, ¡la hormona del cariño, del amor y de la cercanía! Si te vas transformando en persona vitamina, siempre habrá gente que busque conocerte y estar cerca de ti. Quizá no surja el amor, pero habrás conocido personas que te aporten y te hagan sentir bien.

— Sonríe. Lo sabemos. Cuando estamos con alguien que sonríe, nos sentimos mejor. Las neuronas espejo, tan importantes para la empatía y el estado de ánimo, se activan cuando observamos dibujarse una sonrisa en el rostro. Ante una duda, recuerda que ese gesto te abrirá las puertas del corazón de otro.

— Aporta sentido del humor. Va más allá de la sonrisa, es una forma de enfrentarse a la vida. La gente con sentido del humor posee una mejor salud. El inconsciente, al buscar una relación a largo plazo, quiere una persona que sea capaz de sobreponerse a las batallas y momentos duros que la vida va poniéndonos en el camino. Cuando nos topamos con alguien que sabe darle un toque alegre a los dramas y relativiza, sentimos una conexión especial. Algunos de mis pacientes vitamina me narran sus dramas, pero han aprendido a darle un giro a la historia para no hundirse, interpretando el sufrimiento de otra manera.

— Evita la soberbia y el yo, yo, yo. Solemos rehuir de los egocéntricos que solo hablan de lo suyo y no saben preguntar por nuestras cosas. Todos valoramos a los que se interesan por lo nuestro y que escuchan atentamente.

— Intenta comunicarte bien. La asertividad y la comunicación son factores clave. Transmitir conceptos e ideas de forma sana ayuda a generar un puente. Las buenas conversaciones activan relaciones y nos impulsan a seguir viendo a otras personas (esta característica la he trabajado en terapia muchas veces con mis pacientes).
— Busca hacerle la vida agradable a la persona que está contigo, que se sienta bien. El cerebro no solo recuerda qué te sucedió en un momento dado, sino cómo te sentiste en ese instante. Es decir, recordamos y saboreamos más el CÓMO estuvimos que el QUÉ nos dijeron.
— La personalidad. La forma de ser que tenemos influye de manera importante en la gestión de las emociones. Hacerte un pequeño esquema de tu personalidad te ayudará a analizar si hay algo concreto que puedes mejorar en este aspecto.

Formas de boicotear una relación

Hay diferentes maneras de que una relación empiece mal y casi siempre se hace de manera inconsciente.

1. Comenzar la relación desde el miedo

Miedo a que nos dejen, miedo a que nos sean infieles, miedo a que nos hagan sufrir, miedo a que nos decepcionen, miedo a que nos fallen, miedo a… Cuando empezamos con esta premisa, la otra persona se convierte en una fuente de desconfianza total. Pasamos a estar en modo alerta —tema que conocemos bien a través del cortisol— e impedimos que la mente, el corazón y el organismo disfruten. Razonar y darse cuenta de que esto es fruto de una herida e inseguridad ayuda a que la angustia no se apodere de nosotros.

2. Transmitir desde un primer momento que existe pavor al compromiso

Existe un miedo particular al que dedico un apartado especial: el pavor al compromiso o a notar que la relación se puede consolidar.

> *El caso de Sofía*
>
> Sofía sufría la separación traumática de sus padres. Es la mayor de cuatro hermanos y debido a la situación tan compleja que se estaba viviendo en casa ella se encargaba de cuidarlos.
>
> Su padre es un hombre inestable, agresivo verbalmente y difícil en el trato, y su madre siempre ha estado sometida a él. Sofía medió entre ellos desde pequeña hasta que la situación se volvió insostenible y la separación se hizo inevitable.
>
> Cuando la conocí, estaba inmersa en un cuadro terrible de tristeza y melancolía.
>
> —No puedo más, no soporto a mis padres, quiero a mis hermanos, pero ahora mismo dependen emocionalmente de mí y me está costando terminar la carrera. Tengo una losa encima. Eso sí, lo tengo clarísimo: yo nunca me casaré.

Seguí ayudando a Sofía de forma intermitente hasta que terminó la carrera y comenzó a trabajar. Hace unos años volvió a consulta para decirme que había conocido a un chico maravilloso. Llevaban varios meses saliendo y ella ya le había dicho que no quería compromiso ni nada serio. No deseaba estar con otros hombres, pero le daba pánico enamorarse y que eso que sentía fuera a más. Por otro lado, reconocía que era un hombre muy bueno, un regalo; sin embargo, no sabía gestionarlo, le costaba abrirse y contarle cómo se sentía. Él estaba desconcertado.

Sofía estaba boicoteando su relación, pero la realidad es que tenía temor a comprometerse, a sentir, a enamorarse y en su cabeza su voz interior le repetía constantemente que no quería una pareja. Por otra parte, tenía miedo a que él se cansase y la dejara.

Le sugerí que viniera a consulta con él en la siguiente sesión y semanas después acudió junto a Antonio. Su novio resultó ser un chico excepcional. Le expliqué de forma sencilla y delicada que Sofía había sufrido mucho la relación y el divorcio de sus padres y eso le había dejado una herida cuya consecuencia era que le costaba recibir afecto y, por ello, salía corriendo cuando percibía gran intensidad de cariño. Ella cuidaba siempre, pero nunca fue cuidada. En sus cimientos emocionales nunca se había dado el haber sido atendida de forma incondicional y, por tanto, no sabía gestionar una relación donde Antonio le prodigaba tantas atenciones.

Antonio escuchó atentamente y me dijo que agradecía mis palabras porque estaba un poco confundido. Hasta hablar conmigo, había dudado si dejarla, darle un tiempo para aclarar sus ideas o, al revés, seguir tratándola como hasta ahora esperando a que se desbloqueara.

Llevan dos años saliendo. Sofía ha ido sanando sus heridas y hoy es capaz de disfrutar de la relación y de pensar en formar una familia con Antonio.

3. Sentir que no merecemos que nos quieran

He escuchado en varias ocasiones la frase de «¡no merezco que me quieran tanto!», y he de reconocer que las primeras veces me sorprendía, ya que creo que todos somos merecedores de un amor incondicional y de recibir felices las muestras de afecto, pero la realidad es que hay momentos donde no nos sentimos dignos de recibir tanto cariño.

Cuando transmitimos esto en los primeros compases de una relación se genera cierta tensión, pues lo que se traduce de ese comportamiento es una enorme inseguridad. Nos castigamos y no nos permitimos disfrutar de lo bueno que nos está sucediendo.

Hay muchas personas que tienen, como hemos visto, heridas muy profundas en la vida y no saben querer y recibir amor de forma sana. Son temas dolorosos porque pueden terminar con una relación, pero también pueden ser curados. Si notas que te boicoteas tu relación por algo así, analiza el origen e intenta ir aceptando poco a poco que te quieran.

¿Por qué nos enamoramos de quien no nos conviene?

Todos conocemos a alguien que ha querido a otra persona de forma intensa y que no ha sido correspondido o que esa relación no le convenía. Luchar contra los elementos para poder conquistar a una pareja es desgastante y acaba generando una gran tristeza y frustración. Es como entrar en un callejón sin salida; uno no sabe cómo gestionarlo porque siente que está metido en un bucle sin solución.

El caso de Patricia

Recuerdo un *e-mail* que recibí hace tiempo y que decía:

«Me llamo Patricia. Llevo años en una relación tormentosa. Nos conocimos en la universidad y estuvimos un tiempo saliendo. Rompimos porque él se fue a trabajar a Inglaterra unos años. Nos veíamos en Navidades y volvía a surgir la chispa entre nosotros, teníamos relaciones, pero me confesó que tenía pareja en Londres. Por alguna razón no era capaz de cortar. Le escribía frecuentemente sabiendo que él estaba viviendo con ella. Jamás en mi vida hubiera aceptado ser la otra pero no entiendo qué me sucede con él; doy por válidas cosas que nunca hubiera imaginado. Llevo diez años arrastrando esta historia y creo que tengo que romper el círculo, pero no sé cómo resolverlo. ¿Me puedes ayudar?».

En esta vida nos podemos enamorar de la persona equivocada —lo sabemos por la teoría de la pirámide— o estar cegados en una relación sin darnos cuenta de la toxicidad y daño que nos genera. A veces la mente no es capaz de analizar de forma fría y sensata, y esto es así por varias razones:

— Una característica que nubla lo demás porque viene acompañada de una gran intensidad: porque es muy atractivo/a, tiene dinero, es muy divertido/a, el sexo es maravilloso, cuando estamos juntos me hace sentir muy bien (cuando estamos separados me hace sentir muy mal)... El rasgo positivo es tan intenso y fuerte que impide percatarse del resto y ver la relación como un todo.
— Haber salido de una relación dolorosa y meterse al poco tiempo en otra para olvidar lo sufrido. En estas ocasiones, aunque sean migajas de afecto y amor, cualquier cosa vale para olvidar lo anterior y puede minimizar aquellos aspectos que en condiciones normales nos avisarían de que la relación no nos conviene.
— Que las circunstancias lo propicien. Estas son muy diversas: encontrarse solo/a, sentirse presionado/a (en el entorno todo el mundo tiene pareja) o incluso el aburrimiento (aquí aplicaciones como Tinder juegan un papel clave) son condiciones que pueden favorecer que nos lancemos a relaciones por estar y de ahí comience el cariño y derive en una relación que preferiríamos haber evitado, pero que no sabemos cómo salir de ella.
— Baja autoestima. Existen personas que aceptan esas migajas de cariño, sexo o amor porque no se atreven a enfrentarse a la otra persona por miedo a perderla. Ahí la voz interior y la seguridad en uno mismo tiene un papel fundamental. Conseguir reafirmarse, marcar límites claros y poner un «hasta aquí» es muy doloroso en principio, pero luego genera un alivio enorme.

18
Cómo mejorar las posibilidades de éxito en una relación

Cuando una pareja comienza su andadura afectiva van a ir surgiendo cuestiones que harán que la relación se consolide o que, por el contrario, se rompa. Si nos damos cuenta de que «pinta bien», soy de la opinión que debemos tratar ciertos asuntos para evitar conflictos mayores en el futuro. Según mi experiencia estos son:

1. Los hijos

Hay muchas parejas que han tenido grandes conflictos por este tema. No se trata de sacar a colación esto en una primera cita, pero si uno de los dos tiene claro sus ideas al respecto, a medida que vaya asentándose la relación es conveniente que lo comparta.

He asistido a discusiones interminables sobre la paternidad y la maternidad —«Te dije que solo quería un hijo», «nunca quise ser madre, te lo advertí al poco de conocernos», «no me gustan los niños»—. Pensamos, y a veces sucede, que con el tiempo el otro cambiará de opinión, pero no siempre es así y puede ser motivo de mucho dolor.

2. La fidelidad

Parece básico, pero hoy en día las reglas del amor han cambiado para muchos y la fidelidad no siempre es exigida. He conocido a personas que aceptan relaciones abiertas, «deslices» sexuales o intercambio de parejas. Por eso, es importante que conozcamos bien al otro y seamos capaces de expresarle nuestros sentimientos sobre este asunto.

Otro aspecto fundamental es que no todo el mundo define igual la infidelidad. Para algunos es algo puramente físico y sexual; para otros, estar en Tinder o chatear lo es; para otros, la pornografía o según qué despedidas de soltero lo son. Las reglas son las reglas y hay que ser sinceros, expresarlo para que no haya lugar a equívocos.

3. El dinero

Es otro de los temas de mayor conflicto en una pareja. Las relaciones pasan por fases: desde momentos de mayor holgura económica a otros más complicados, donde hay que apretarse el cinturón y pasarlo mal. Muchas parejas se han roto tras una crisis económica importante o por discusiones sobre el uso del dinero. Ser austero, tacaño o tener gastos personales no comprendidos por el otro puede generar discusiones dañinas en el matrimonio.

4. La familia política

Es un asunto crucial. No sale en las primeras, ni en las segundas ni en las terceras citas, pero si tienes pareja o estás casado sabes exactamente a qué me refiero.

Las suegras, los cuñados, las reuniones, las bodas, las comuniones... son una fuente frecuente de discusiones en la pareja. Como digo, no es un tema para tratar al comenzar a conocer a alguien, pero, cuidado si vas viendo ciertas cosas que te inquietan al principio.

He conocido a personas que como premisa han querido que el padre o la madre formaran parte fundamental de la pareja. Si estás pensando en asentar la relación, es bueno que tengas ideas claras sobre lo que quieres en estos temas.

¿Y SI ME ENAMORO DE OTRA PERSONA?

La atracción es un fenómeno que puede suceder tanto desde un punto de vista físico como psicológico. Sería como un síntoma de enamoramiento, pero que bien gestionado no tiene por qué ser un problema. Lo que sucede es que confundimos muchas veces atracción, admiración y sentirse a gusto con otra cosa, y esto puede llevar a malentendidos o infidelidades. Muchas veces he oído lo de «éramos amigos, nos queríamos mucho, pero un día de copas pasó algo más y ahora no sé qué es exactamente lo que siento», «estaba pasando una crisis con mi marido y me fijé en un compañero de trabajo que siempre me había caído bien, y le empecé a ver con otros ojos», «mi mujer no me cuida, no me hace caso porque está siempre con los niños y he conocido a una chica en el gimnasio que está pendiente de mí y todo lo mío le interesa mucho»... Puede que alguna de estas frases te resulte familiar y creas que son el inicio; sin embargo, no son un veredicto.

Existe una parte hormonal, impulsiva y pasional en el amor y en el sexo, pero la cabeza —si lo permitimos— no tiene por qué dejarnos de lado. Por supuesto hay factores que disminuyen la capacidad de pensar y razonar como son las hormonas —¡qué época tan fascinante la adolescencia!— o el alcohol —que frena la actividad en la corteza prefrontal—. Sí, el alcohol suele estar presente en la mayoría de las infidelidades que he conocido. Su consumo lleva a la desinhibición y a hacer cosas que nunca haríamos sobrios.

Nada activa tanto al ser humano como sentirse querido y apreciado por otra persona, y nada lo mueve más que enamorarse. Pero romper un vínculo, engañar a alguien que queremos y respetamos o llevar una doble vida tiene sus consecuencias, y el cuerpo y la mente detectan ese conflicto interior y puede desembocar en enfermedades físicas o psicológicas.

El caso de Cristina

Cristina trabaja de administrativo en una empresa tecnológica, está casada y es madre de dos niños de cinco y ocho años. A grandes rasgos no parecía tener nada especialmente llamativo desde un punto de vista psicológico, pero sí sufría problemas digestivos y fuertes dolores de cabeza que según su especialista podrían deberse a un componente emocional. Su organismo le estaba avisando de que había asuntos que no sabía gestionar y el cuerpo los estaba somatizando.

El «asunto» se reveló semanas después de la primera visita entre lágrimas: estaba enamorada de un hombre casado y llevaban juntos dos años.

Cristina no estaba segura del todo de que fuera amor o novedad, pues su amante era detallista y estaba pendiente de ella, todo lo contrario a su marido. Lo recomendable hubiera sido que ella misma hubiese encontrado una salida a su dilema, sin embargo, en ocasiones, estos casos necesitan a un profesional que ayude a dar perspectiva y algo de luz a aquello que preocupa. En la vida hay que tomar decisiones muy duras, y a veces la cabeza y el corazón no van siempre de la mano.

—En mi opinión —le dije— tienes que razonar, pensar fríamente. Si quieres a tu marido y deseas mantener a tu familia unidad debes cortar con la otra persona. Tener una doble vida tiene consecuencias, tanto físicas como psicológicas. Tu cuerpo no miente, tu cuerpo escucha y tu corazón debe vivir la verdad.

La serenidad y la paz interior no tienen precio y determinan nuestro estado de ánimo. ¡Claro que hay momentos donde a todos nos gusta experimentar con emociones intensas y con el riesgo!, pero sentir sosiego, calma y tener la conciencia tranquila ayudan a sacar lo mejor que llevamos dentro.

Cristina siguió adelante con las dos relaciones. Un día su marido casi la pilló *in fraganti* y de la angustia acabó en Urgencias por un ataque de ansiedad. Eso la llevó a replantearse las cosas. Finalmente decidió centrarse en su marido y sus hijos y cortar la otra relación. Está siendo un camino difícil, pero se va acercando a su meta.

LOS INGREDIENTES DE UNA PAREJA QUE FUNCIONA

Para que una relación funcione hacen falta dos componentes: la atracción física y psicológica y la admiración. Una pareja evoluciona por los mil avatares de la vida, pero para que siga existiendo ese superglue que mantiene unido el afecto es necesario que estos elementos se mantengan o se sigan fomentando. No olvidemos que las personas que se unen, aunque provengan de ambientes y culturas similares, traen su propia biografía e historia que va a influir de forma significativa en la manera en la que se relacionen como pareja. Es decir, a pesar de que parezca que todo fluye desde un primer momento, siempre existirán unas diferencias que marcarán el futuro de la relación. Estas pueden ser grandes o pequeñas, y las últimas son las que van deteriorando la convivencia del día a día.

Pormenores tan nimios como la cocina, el orden en la casa, los horarios o la manera de gestionar las relaciones humanas. Las dificultades y los momentos malos son parte del transcurso normal de una historia afectiva. La relación tiene un desarrollo y cada miembro de la pareja tiene el suyo propio. Ese ritmo interior es clave, ya que existen periodos que parecen crisis en el matrimonio, pero en realidad son etapas personales de crecimiento y desarrollo. Saber enfrentarse a ellos de manera sincera y sana es un trampolín para sacar lo mejor que llevamos dentro.

Para conservar una relación, desde la más idílica y fácil hasta la más compleja, debemos querer cuidarla y querer mimarla. No conozco nada más complicado que el matrimonio o la relación de pareja consolidada. Surgen tristezas, conflictos, problemas y crisis, razón por la que hace falta trabajar el amor romántico todos los días.

Suelo decir que existen tres tipos de parejas:

1. Las que funcionan solas (nada funciona solo, pero me refiero a las relaciones sencillas que fluyen con pocos conflictos).
2. Las que no funcionan y son fuente constante de sufrimiento y dificultades.
3. Las que funcionan con mucho esfuerzo, pero, con ganas de ambos, pueden salir adelante.

Como digo, toda pareja requiere ser cuidada —«**quiero querer cuidarte.** Decido cuidarte a pesar de las circunstancias»—. Ya hemos visto que el enamoramiento dura lo que dura y el éxito de una relación radica en cómo ambos saben salir de los conflictos, en la generosidad a la hora de ceder y perdonar y en cómo se comunican entre ellos. Toda pareja precisa trabajar algunas pautas para que la convivencia funcione lo mejor posible.

Es un campo apasionante y existen terapias, libros y vídeos al respecto, pero he pensado que dejarte algunos *tips* puede ayudarte para que en un momento de dificultad con tu pareja, hojees estas líneas y descubras si alguno de los pilares de un amor sano no lo estás cumpliendo de la manera necesaria:

1. Trabaja la comunicación

Desde cómo hablas, cómo te comunicas, cómo expresas lo que sientes… Evita sacar la lista de agravios y de heridas del pasado. En los enfados, el cerebro muestra de golpe heridas, daños, ofensas y feos que la otra persona te ha hecho. Uno necesita transmitir y manifestar su dolor y su rabia por tantos momentos malos.

Cuida tus palabras, tienen un impacto directo
en la otra persona, en ti y en la consolidación de la relación.

2. Analiza tu sensibilidad

¿Cómo te afectan las cosas? ¿Eres de los que se toma todo a pecho? ¿Le das vueltas a cualquier comentario negativo? ¿Sufres de forma desproporcionada ante una mala cara o un hecho insignificante? Dale a las cosas que te pasan el valor que verdaderamente tienen. Es un consejo que te ayudará en todos los temas de tu vida.

3. Cuidado con la imaginación

El noventa por ciento de las cosas que nos preocupan jamás suceden. ¡Cuántas veces he repetido esta frase! No son reales, son fruto de la imaginación, pero tienen un impacto directo en nuestro cuerpo —fue el tema principal de *Cómo hacer que te pasen cosas buenas*—. «Seguro que le gusta otro/a», «pasa de mí», «los niños no le importan», «se olvidará de la fecha de nuestro aniversario», «no quiere estar conmigo, prefiere estar con sus amigos/as»... son algunos ejemplos que quizá te hayas dicho en alguna ocasión. Esos diálogos internos son profundamente tóxicos y perjudiciales.

Suelo recomendar a mis pacientes que cuando están bien, en un momento pacífico de la relación, escriban una carta o una nota en el móvil con todo aquello que les mueve a seguir con la otra persona. Ese documento, en las etapas malas, se convierte en un bálsamo para la mente que nos recuerda lo bueno que tiene el otro y nos aleja de los pensamientos negativos.

4. Presta atención a los detalles

Como hemos visto, el amor se nutre de detalles. Demuestra tu cariño y afecto a través de mensajes, caricias, mimos, delicadeza y abrazos. El amor tiene un sinfín de formas para manifestar lo que sentimos. Un detalle culinario, unas flores, una nota en la cama, un emoticono, una sorpresa, un rato de calma y paz juntos en un lugar inesperado, una conversación agradable... son alimento para la relación.

El que no sabe expresar afecto puede llegar a tener un problema para mantener la relación. Si notas que es algo que no te gusta o te cuesta, pide ayuda, lee al respecto o habla con alguien cercano. Seguro que poco a poco puedes vencer esa barrera.

La temida ruptura

¿Y si la relación se acaba? ¿Qué ocurre en el cerebro? Lo primero que sucede es que se produce un gran dolor, una herida se abre y se sufre mucho. Al poco tiempo uno se rebela y busca activar de nuevo mecanismos para la reconquista, ¡la seducción por ejemplo! Si no funciona, puede surgir el sentimiento de rabia asociado con la obsesión por el otro. Después de unas semanas desaparece la esperanza de volver con la pareja. Y tras haber luchado incluso meses —estado de alerta mantenido—, uno cae en un estado de tristeza o apatía cuando por fin asimila que no va a volver con el otro.

Si la persona estaba en tus planes de futuro —soñabas con crear una familia, con tener hijos y envejecer juntos—, el desconsuelo puede resultar insoportable porque la mente se ve afectada. Cualquiera que haya sufrido un episodio de desamor sabe a qué me refiero.

«Tenemos que hablar». Estoy segura de que con solo escuchar esta frase se genera un pico de cortisol. Esa cascada de hormonas que estaban en pleno funcionamiento —dopamina, serotonina y oxitocina— sufre un desequilibrio y las consecuencias son claras: uno no puede dejar de pensar en el ser amado perdido con angustia y desolación, y si la pena es demasiado intensa, puede emerger la culpa, tan dañina en esos momentos.

Tanto la dopamina como el núcleo accumbens son zonas responsables de las adicciones. Si unimos esto al pico de cortisol por la pena y la angustia que sentimos, tenemos un estado de enorme desesperación.

Al ser el amor un proceso bioquímicamente muy similar a un proceso adictivo, lo que sucede al desaparecer esa persona de tu vida es que cualquier cosa nos evoca a esa persona. ¿Solución? Hay que alejarse de aquello que nos recuerda al objeto deseado. El alcohólico o el drogadicto deben evitar el contacto y la presencia de aquello que les incentiva a volver a consumir.

Rehúye tú también de todo lo que te recuerde a tu ex: elimina su contacto, deja de seguirle en Instagram —y a sus amigos más cercanos—, no preguntes a tu gente sobre él/ella. Todos sabemos que cuando algo nos interesa, sacamos al estratega y al espía que llevamos dentro hasta que conseguimos unas migajas de información sobre la otra persona.

Por supuesto, haz ejercicio, ya que hará que baje el cortisol y disminuyan las obsesiones generadas en tu cabeza, rodéate de personas vitamina —¡que incrementan tu oxitocina!— que te abracen y te hagan sentirte querido y realiza actividades para generar endorfinas.

Si no cortas definitivamente con esa persona,
tu corazón y tu mente no podrán seguir hacia adelante.

La gran noticia es que se sale de las rupturas. Estamos diseñados para querer, y cuando hemos sido rechazados o engañados, la mente y el corazón sufren una fase de gran revolución hormonal y física que con el tiempo regresa a la normalidad. El corazón anhelará volver a querer y ser querido y deseado por otra persona.

19
La personalidad altamente sensible

¿Qué es el PAS?

Desde mis inicios como profesional de la salud mental observé unos rasgos que se repetían en ciertos pacientes. Se trataba de personas con una sensibilidad especial y un nivel de alerta más alto de lo normal en lo referente a los sentimientos.

Documentándome sobre ello, encontré artículos muy interesantes[1] y así descubrí a Elaine N. Aron, doctora en Psicología, experta en personas altamente sensibles que acuñó el término hace ya tres décadas.

He acompañado a mucha gente en el camino de la alta sensibilidad. En *Cómo hacer que te pasen cosas buenas* hice un pequeño apunte sobre el PAS, y me sorprendió el número de personas que me escribía agradeciendo que hubiera tratado el tema y sintiéndose identificados. Muchas solicitaban más información y debido a esto me animé a dedicarle un capítulo en este libro.

---

[1] La web lamenteesmaravillosa.com tiene artículos sobre este y otros temas de psicología muy recomendables que me han servido de inspiración para algunas de estas páginas. Para las personas que no tienen tiempo de profundizar en los libros, su web puede resultarles de gran utilidad.

Según Elaine Aron, entre un quince y un veinte por ciento de la población puede considerarse PAS. Es más frecuente en mujeres que en hombres, pero indudablemente resulta más llamativo cuando afecta a los varones porque, en general, son menos sensibles en temas sentimentales.

En el PAS se une una capacidad mayor de lo normal de captar los estímulos externos, percibir lo que sucede y sentir como consecuencia de ello.

Características y rasgos

Los rasgos principales de una persona altamente sensible son:

— Observadores. Captan con gran intensidad los estímulos (ruidos, sabores, colores, olores, comentarios, expresiones faciales…). De hecho, según algunos estudios, tienden a procesar los estímulos percibidos por los sentidos de forma diferente.
— Sienten con mayor intensidad.
— Disfrutan hablando de sentimientos. Este dato es importante, ya que algunos hombres se sienten raros e incomprendidos al hablar de sus emociones.
— Tienen más facilidad para sentirse cansados y agobiados ante el exceso de estímulos.
— Poseen gran capacidad de reflexión sobre la información que les llega.
— Suelen medirse más y ser más cautelosos antes de enfrentarse a una situación o a un reto.
— Procesan la información con mucha sutileza.

— Pueden asociar rasgos de una personalidad obsesiva.
— Son más sensibles a la crítica y al rechazo.
— Son más empáticos.
— La frustración les hace sufrir más.
— Les gusta ayudar y suelen ser solidarias/os.
— Necesitan sus pequeños momentos de soledad.

La sensibilidad en los hombres

En los últimos años he sentido un enorme interés en comprender cómo funciona el mundo emocional y sentimental de los hombres —supongo que tener cuatro hijos varones también ha influido—. Busco profundizar en su sensibilidad, no solo de los PAS, sino en general, y me parece interesante apuntar unas ideas al respecto.

Creo que he sido capaz de captar y entender la sensibilidad del varón gracias a que varios hombres de mi círculo cercano poseen rasgos de alta sensibilidad. Todos ellos coinciden en ser especialmente sensibles, empáticos y creativos. Se emocionan, les gusta la música clásica, el arte y se sienten cómodos hablando de sentimientos y emociones. Mi padre, por ejemplo, es una persona sensible. No llega a la definición de PAS de Elaine Aron, pero tiene cualidades y manifestaciones de ello. Posee una calidez humana impresionante, se emociona con facilidad y su capacidad de escucha son algunos de sus fuertes como persona y médico. Esta es una de las razones por las que nunca me ha resultado raro toparme con un hombre sensible.

Hasta no hace mucho que un hombre fuera sensible estaba mal visto, porque era una muestra de vulnerabilidad y debilidad. Una educación autoritaria y el rol del padre como una figura distante y arisca obsesionada con la reciedumbre de sus hijos no solo no ayudaba, sino que más bien frustraba y marginaba lo sentimental. Se buscaba potenciar la fortaleza física y mental de los hijos, relegando lo emocional a las mujeres por considerarlo un síntoma de fragilidad.

He tratado no pocos casos de pacientes adultos que adolecían de problemas de inseguridad, baja autoestima y una tristeza persistente cuyos síntomas derivaban de una hipersensibilidad mal gestionada y poco comprendida. Como adultos, somos el reflejo del niño que fuimos. Un pequeño que se ha sentido rechazado por sus padres arrastra una herida en su corazón. Cuando un padre o una madre fuerzan y reprimen el mundo sentimental de un niño o adolescente, están aumentando las posibilidades de que ese muchacho, convertido en adulto, arrastre inseguridad, ansiedad o depresión.

Recomiendo trabajar el mundo emocional de los niños y niñas desde pequeños; si les ayudamos a gestionar su vida interior desde la infancia estaremos poniendo los cimientos de una personalidad más segura y equilibrada.

El caso de Ramiro

Ramiro arrastra una tristeza y una insatisfacción crónicas. Es abogado especialista en temas societarios, está casado y tiene dos hijos. Tras la primera sesión, me doy cuenta de que a pesar de la fachada seria y distante que presenta, es un hombre profundamente sensible.

Me narra que los días que se encuentra saturado, al llegar a casa toca el piano que heredó de su madre, una música excelente.

—Mis días me cansan; la gente, también. Considero que mi trabajo es muy agresivo. No quiero llegar a ser socio del bufete porque requiere una personalidad que yo no tengo, pero siempre he tenido buena memoria y se me han dado bien los temas legales. Mi padre quiso que estudiara Derecho, pero si por mí hubiera sido hubiese elegido Historia del Arte. Soy ordenado, y me encargué de la decoración de mi casa cuando mi mujer y yo la alquilamos. Sufro una barbaridad cuando la gente no me trata bien; no sé si es un problema de autoestima, de inseguridad o de que soy muy obsesivo y meticuloso.

Le realizo preguntas sobre su manera de percibir los sonidos, las luces, los estímulos y los sentimientos. No hay duda, es una persona altamente sensible. Tras hablarle del PAS se siente aliviado porque siempre se ha considerado un tipo raro, diferente a los demás, que no encajaba del todo con sus amigos y en el trabajo le costaba identificarse con la gente de su equipo.

La terapia con él ha ido encaminada a ayudarle a entender su personalidad, a gestionar los factores de estrés que le desestabilizan y a mejorar la relación con su mujer y las personas de su entorno. Como él mismo dice, desde que se entiende, se siente más fuerte y menos vulnerable. Desde su sensibilidad ha hallado la fortaleza que necesitaba. Muchos PAS arrastran rasgos obsesivos y de perfeccionismo en su personalidad. Trabajando todo ello de forma conjunta, la posibilidad de que esa persona alcance un equilibrio interior es mucho mayor.

El impacto del PAS en las relaciones de pareja

Si eres PAS lo que puede suceder es que sufras enormemente con pequeños detalles de tu pareja. Quizá te sientas frustrado al sentir que el otro no percibe las cosas con la misma intensidad que tú, o que no entiende tus emociones, tus momentos de tristeza, tus silencios... Quizá te duele notarle menos empático/a cuando tú necesitas que te escuche con más atención.

Si una persona con PAS no sabe canalizarlo y comunicarlo bien, puede sentirse muy vulnerable en las relaciones. Poder hablarlo y realizar una lectura conjunta sobre el tema puede ser de gran ayuda. En consulta muchas veces cito a la pareja de algún PAS para explicarle los matices y la forma de sentir y de actuar de alguien así.

Quiero dejar una idea clara: ser sensible es un don, un regalo y una enorme virtud si aprendemos a manejar la situación bien. Para ello es preciso:

— Entender que los otros no perciben y sienten como tú. No puedes exigir los mismos niveles de sensibilidad y atención en los demás. Lo que tu pareja puede proporcionarte difícilmente tendrá tu mismo nivel de detalle o, si lo tiene, puede suponerle un gran esfuerzo.
— Entender cómo procesas la información, los estímulos, las emociones y el dolor.
— Comprender que tienes más capacidad empática y, por tanto, más facilidad y habilidad de poder ayudar a otros.

Si te reconoces en estos puntos o reconoces a alguien cercano a ti:

— Ponle nombre a esto que te pasa. Por experiencia mucha gente que conozco se ha sentido profundamente aliviada al entender que es un PAS.
— Aprende a gestionar tus emociones y trata de identificar los principales factores de estrés que te meten en estado de alarma.
— Planifica tareas que te ayuden a canalizar tu PAS: escribir, pasear, leer a los clásicos, tocar algún instrumento, coser, recitar poesía, recibir masajes, conectar con la naturaleza, pintar, descansar, hacer algo de ejercicio…
— Pon límites. Por definición, una persona con PAS suele marcar pocos límites, razón por la que se satura y agota. Al sentir tanto, se entregan en cuerpo y alma y sufren más. Decir que no en estos casos es terapéutico y te ayudará a sentirte mejor contigo mismo. Es frecuente que las personas con PAS se cuiden poco en el plano afectivo y a veces hay que enseñarles a poner límites.

PERSONAS TÓXICAS

Algunas personas causan felicidad ahí donde caminan,
otras la proporcionan cuando se van.

OSCAR WILDE

20
¿Qué es una persona tóxica?

Nunca me ha gustado el concepto de persona tóxica. Una persona no es tóxica, lo que sucede es que el efecto que produce en el otro es una intoxicación de cortisol. Su presencia, e incluso solo pensar en ella, nos saca de nuestra área de confort, nos altera profundamente, nos entristece, nos pone agresivos, nos irrita y, por encima de todo, activa nuestro sistema de alerta. Es decir, cuando estamos cerca de una persona así estimulamos el sistema nervioso simpático, ponemos el estado de alerta en marcha y empezamos a segregar cortisol.

Si bien el ser humano es social por naturaleza, las personas no nos generan un impacto neutro. Hay relaciones que nos convienen más y otras menos. Existen personas que nos aportan paz y alegría, mientras que otras, al contrario, nos agotan e irritan. Seleccionar en lo posible las que nos rodean y entablar relaciones sanas con ellas condiciona nuestro bienestar psicológico y emocional.

Una persona no es tóxica de por sí, es tóxico el efecto que genera en ti.

Hay que entender que muchas relaciones que devienen tóxicas pudieron no serlo en un principio. Generalmente empezaron bien, pero en un momento dado alguien nos hirió, nos juzgó, nos rechazó o nos humilló, y desde entonces esa persona nos produce cierto rechazo. Los repetidos incidentes en muchos casos provocan que una relación se desgaste hasta no aportar nada positivo a nuestra vida. Peor, aportan en negativo: restan. Por ejemplo, si uno se siente amenazado por otra persona o nota que está siendo excluido de un grupo, el estado de alerta del afectado se activa. Puede ser tanto una sensación como una realidad. Podemos estar rodeados de gente, pero sentir que no estamos integrados, que no nos cuidan y que no están pendientes de nuestras cosas; y la consecuencia es que podemos sentirnos solos o abandonados.

Un problema adicional se plantea cuando nos cuesta separarnos de personas que nos resultan tóxicas. Es como si uno tuviera una dependencia hacia aquellos que no siempre son la mejor influencia para nosotros.

Por otro lado, a veces hay que ser sinceros: el problema es propio y no ajeno. Algunas personas con hipersensibilidad al rechazo erróneamente identifican otras de su entorno como tóxicas cuando en verdad el problema reside en su percepción de la realidad.

En estas líneas voy a intentar desarrollar todas esas posibilidades. Será difícil que en alguna ocasión no nos hayamos sentido identificados con alguna de ellas.

El deber en este apartado será triple: en primer lugar, analizar nuestras relaciones por si hubiera alguna con un componente tóxico y aprender a manejarla lo mejor posible; en segundo lugar, debemos evitar ser tóxicos para los demás —¿alguien podría acusarnos de generarle rechazo?— y, por último y ya para nota, convirtámonos en parte de la solución y no del problema. Aspiremos a ser persona vitamina de quienes nos rodeen.

Insisto, emplearé persona tóxica para tratar esta idea: persona que intoxica de cortisol.

Las personas tóxicas nos generan un automático rechazo e incomodidad. Sea fundamentado o no, su presencia nos altera, nos cohíbe y nos estresa, y nos da la sensación de pérdida de libertad. El tóxico acostumbra a ser invasivo y agresivo; invade nuestro espacio y nuestras conversaciones, pontificando y juzgando nuestra vida y opiniones. Sin embargo, hay personas que logran ser tóxicas sencillamente con su expresión corporal, sus comentarios ácidos y su ironía puntual, generando esa misma sensación en el otro. Este último tipo es más difícil de analizar porque su actitud y motivos son inteligentes y sutiles, y la influencia negativa que ejercen suele ser deseada por alguna razón que conviene desentrañar. En todos los casos la coexistencia con alguien así resulta agotadora y uno se irrita profundamente cuando estas personas se cruzan en nuestro camino.

¿CÓMO AFECTA UNA PERSONA TÓXICA AL ORGANISMO Y A LA MENTE?

Como ya te he explicado, el estado de alerta transforma nuestro organismo en minutos. Cuando estamos preocupados por algo, cuando nos sentimos amenazados o rechazados, el sistema de alerta se activa segregando dos hormonas: la adrenalina y el cortisol, que son las sustancias que nos ayudan a hacer frente a ese desafío mediante la lucha o la huida.

Cuando uno está cerca de una persona tóxica, entra en estado de alerta y segrega cortisol.

El problema se produce cuando esa relación se convierte en crónica y dañina, sin salida, ya que puede derivar en consecuencias físicas y psicológicas severas.

Cuando uno se encuentra cerca de alguien tóxico hay una alteración en el organismo. Pero sucede algo similar cuando lo trae a su mente, es decir, gran parte del problema de estas relaciones traumáticas y dolorosas reside en nuestro cerebro. Pensar en encararse a ellas tiene un efecto muy similar al enfrentamiento en sí. Para trabajar cómo gestionar personas de este perfil hay que analizar cuánto hay de real y cuánto existe tan solo en nuestra cabeza; eso nos ayudará a manejar la situación de forma mucho más práctica.

La mente y el cuerpo no distinguen
lo real de lo imaginario.

El ejemplo de la suegra es un clásico, ya que es un «personaje» que todos visualizamos con facilidad. Yo tengo mucha suerte con la mía, pero he escuchado historias relacionadas con ellas que llegan a quitar el sueño. Uno de mis pacientes, que ha estado casado tres veces y, por tanto, ha tenido tres suegras, las define de esta manera: «Mujeres que se sienten con derecho a opinar sobre tu vida, y, de hecho, lo hacen». Si Dios quiere, yo seré suegra dentro de unos cuantos años. Muchas veces fantaseo con cómo será mi forma de ser y he de reconocer que a veces me sale una sonrisa imaginando la relación con cuatro nueras. ¡Espero no intoxicarlas de cortisol!

Reconocer a una persona nociva

Bien, volvamos al tema: persona tóxica. ¿En quién estás pensando? Probablemente ya tienes a alguien en mente. Quiero que lo analices mientras lees estas líneas. Esa persona te puede afectar porque: tienes que verla de forma reiterada, debes hablar con ella con frecuencia por teléfono, tienes que gestionar asuntos pendientes que te resultan incomodos, te escribe mensajes a menudo reclamándote, la tienes en tu cabeza de forma obsesiva y no puedes deshacerte de ese pensamiento (el caso del ex es típico), aunque no la veas habitualmente en cada reunión te genera tremenda incomodidad y tirantez.

Las personas tóxicas son aquellas con las que pasar un rato nos hace sentir mal. Incluso tras su marcha quedamos con una sensación de irritabilidad, tristeza y vacío. Cuando convivimos mucho con ellas nos duele el cuerpo debido a que activan nuestro sistema de alerta —¡nos sube el cortisol!—.

Cuando estamos cerca de gente dañina no estamos relajados ni en paz, sino tensionados y en alerta constante, lo que genera agotamiento.

En terapia, al hacer el esquema de la personalidad, pido a mis pacientes que analicen quién puede ser una persona que les altere o que les saque de su zona de confort.

A veces no somos conscientes de tener gente que nos perturba en nuestro entorno. El organismo y la mente se han acostumbrado a esas micro o macro agresiones y uno ya no lo detecta como una relación negativa.

EL CASO DE FABIOLA

Fabiola acude a mi consulta triste y agotada. Lleva diez años casada con su marido, Bosco, y tienen dos niños.

—Desde hace dos años me trata mal —me dice—. Me insulta, me llama la atención por todo y me humilla. En otros momentos me hace sentir especial y me dice que no puede vivir sin mí. De cierta manera creo que estoy viviendo un maltrato, pero no soy capaz de separarme de él. Es como si necesitara su aprobación, aunque sean migajas de pan, para sentirme bien. Si lo pienso fríamente, sé que tengo que separarme, pero no puedo.

Fabiola estaba sufriendo enormemente por una relación tóxica, pero generó una dependencia enfermiza hacia su marido. Esto sucede en muchas ocasiones en casos de violencia en el seno de la familia.

En las primeras sesiones, tras nuestras conversaciones, le hice ver el maltrato sufrido y el grado de dependencia que tenía hacia su marido. Aunque asentía con la cabeza, yo reconocía esa mirada, había una lucha interna entre lo que sentía por un lado y lo que quería y sabía que debía hacer por el otro. No era capaz de soltarle, aun sabiendo que tenía que hacerlo.

Fueron meses de acompañamiento con una delicadeza inmensa. Abrirle los ojos y ayudarle a entender cómo enfrentarse al futuro sin miedo ni bloqueos. Aceptó finalmente que Bosco era una persona profundamente dañina para ella, analizando de forma detallada el comportamiento de él y cómo se sentía ante sus ataques y adulaciones.

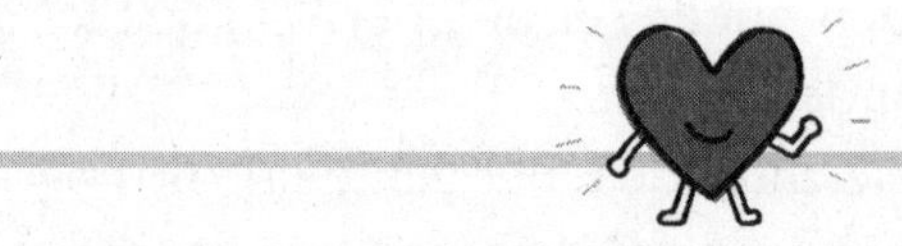

La clave es identificarlo y darse cuenta de la toxicidad de la relación para poder enfrentarse a ello.

Pensemos en el ejemplo siguiente: tienes que ver a tu cuñado, al que no soportas, en una comida familiar. Imaginemos: antes de acudir te percatas de tu mal humor, durante el rato que estás en la comida apenas hablas mientras tu cabeza es un cúmulo de pensamientos negativos y al llegar a casa sientes agotamiento mental, tris-

		ANTES	DURANTE	DESPUÉS
CUÑADO	SÍNTOMAS FÍSICOS	X	X	MALA DIGESTIÓN
	SÍNTOMAS PSICOLÓGICOS	MAL HUMOR	PENSAMIENTOS NEGATIVOS	AGOTAMIENTO MENTAL ELEVADO
EX	SÍNTOMAS FÍSICOS	DIARREA	TEMBLOR	MIGRAÑA
	SÍNTOMAS PSICOLÓGICOS	X	IRA Y DESCONTROL	XX
MADRE	SÍNTOMAS FÍSICOS	✓	NUDO EN EL ESTÓMAGO	✓
	SÍNTOMAS PSICOLÓGICOS	ANSIEDAD ANTICIPATORIA	FALTA DE CONCENTRACIÓN	RELAJACIÓN
HERMANO	SÍNTOMAS FÍSICOS			
	SÍNTOMAS PSICOLÓGICOS			
JEFE	SÍNTOMAS FÍSICOS			
	SÍNTOMAS PSICOLÓGICOS			

✓✓ MUY BIEN GESTIONADO ✓ BIEN GESTIONADO = REGULAR GESTIONADO X MAL GESTIONADO XX MUY MAL GESTIONADO

Cuadro de relaciones sociales.

teza o irritabilidad e incluso trastornos físicos —«La comida me ha sentado mal»—. Tu cuñado ha generado cambios en tu organismo.

Cuando somos capaces de analizar esto, de darnos cuenta de lo que sucede en el cuerpo y en la mente, es más fácil que podamos gestionarlo. No olvidemos que para superar algo en esta vida hay que seguir esta dinámica:

Conocerse → comprenderse → aceptar/arreglar la situación + perdonar

«Tóxico universal» y «tóxico individual»

Los que yo denomino «tóxicos universales» son aquellos que por su manera de ser alteran a muchas personas. No es un término que me guste especialmente, pero describe bien a lo que me refiero. Los «individuales» son los que te alteran a ti; sin embargo, a gente de tu entorno no le genera similar malestar. Un ejemplo: imagina que tu jefe es tu persona tóxica, ya que te perturba y te desconcierta, pero en cambio el resto del equipo se siente a gusto y tiene buena relación con él.

Hay personas que perturban a muchos por su complicado modo de ser, pero también existen individuos que te irritan solo a ti por alguna razón especial. Es muy interesante analizarlo para gestionarlo de la forma más precisa posible.

Paso a describirte símiles de algunas de estas personas para que entiendas mejor tus relaciones humanas.

21
Identificar a las personas que no convienen

No es sencillo. Un comportamiento o un comentario concreto no convierten a una persona en dañina. Hay que estar atentos a conductas repetitivas o a hechos especialmente graves. Por lo general, estudiarse a uno mismo y captar los pequeños síntomas que alguien nos genera en esos casos nos ayudará a discernir lo que más y menos nos conviene. La línea que separa un mero roce de una relación nociva puede ser en personas extremadamente sensibles muy fina. Favorece conocerse, aprender de los errores y de vez en cuando analizar nuestro comportamiento y nuestra manera de conectar con los demás.

Hay ciertas características comunes en los tóxicos universales que nos pueden ayudar a identificarlos —y a evitar convertirnos en uno de ellos—, y es que estos suelen ser egoístas, negativos, envidiosos, víctimas, amargados, criticones, manipuladores, dependientes, dramáticos... Pasemos a analizar algunas de estas facetas.

El egoísta

Les llamo «espejito espejito». Su vida empieza y termina en ellos mismos. Yo, mí, me, conmigo. Solo se hace lo que quieren.

Necesitan ser el centro de atención en todas las conversaciones. Les cuesta ser empáticos, ponerse en el lugar de los otros y percibir los problemas de su entorno. No escuchan porque no les interesan las dificultades de los demás. Vivir cerca de un egoísta-espejito puede resultar agotador, ya que en el fondo están deseando que le recuerdes que son el centro de tu atención. Buscan ser los protagonistas de tu vida, de tus comidas, de tus reuniones y de tus conversaciones.

El negativo

El famoso «no es no». Son personas que se quejan siempre. Ven el vaso medio vacío. Tienen una visión dramática y pesimista de su entorno. Tienen su SRAA —sistema reticular activador ascendente— activado en negativo, con un filtro oscuro que les impide disfrutar y percibir las cosas buenas de la vida.

Están enfadados con cualquier cosa o persona; contigo, la temperatura, la comida, el tráfico, el Gobierno y, en general, con el mundo. Les cuesta horrores admitir una buena noticia o algo que vaya bien. Si tienes alguien así cerca, aléjate y toma distancia, porque puedes recibir con frecuencia ataques que no te mereces, pero que te alterarán. Da la sensación de que te culpan por sus problemas y les cuesta aceptar que a otros les vaya bien; es más, les irrita profundamente y te lo hacen saber con su mal humor. Si estás cerca de ellos, notarás que te sientes incómodo, inseguro y con ansiedad.

El envidioso

Es un rasgo muy frecuente de las personas tóxicas. Sufren cuando a otros les va bien y, por tanto, necesitan criticarles y hacerles de menos. Ahí se originan el desprecio, el insulto y la humillación.

Estas personas suelen presentar un fondo inseguro que tapan con esta actitud envidiosa. Esta es la razón por la que no se alegran ante los logros de los demás. Como medida «defensiva», solemos inconscientemente hacernos perdonar, ocultar nuestros éxitos para así no generar rechazo en el otro.

La víctima

Siempre tienen una excusa para todo. Desde su perspectiva, su historia es un drama y ocupan el papel de damnificados en todo lo que les sucede. Debido a esto generan en los demás un sentimiento de culpabilidad que saben utilizar: abusan de tu tiempo y de tu buena fe, se aprovechan de cualquier situación para pagar menos, conseguir favores o que les regalen cosas. Esto va unido a una característica que molesta especialmente: no están disponibles cuando de verdad se les necesita.

Suelen culpar a los demás de sus contratiempos, lo que a la larga genera problemas de autoestima en el otro.

El amargado

Las personas amargadas te apagan y te quitan la luz que tienes dentro. Llenan de tristeza tu corazón y tu mente en cuestión de minutos. Arrastran un halo de tristeza que te contagia cuando estás cerca de ellos. Muchas requieren ayuda porque están en un proceso depresivo o tienen una biografía con grandes heridas que necesitan ser cuidadas con mimo.

Ese carácter amargado se retroalimenta, puesto que al no resultar atractivos se van aislando y cada vez cuentan con menos personas a su alrededor que son, en definitiva, las que acaban sufriéndoles con gran desgaste psicológico.

El que juzga

Siempre tienen una palabra para comentar tu vida, tu relación de pareja, la educación que le das a tu hijo, tu físico o tu trabajo.

Se sienten llamados a opinar sobre todo aquello que tenga que ver contigo, normalmente sin limitaciones y bordeando la mala educación, hiriendo al otro, que lo encaja como un ataque y una agresión directa.

La sensación percibida es que estás siendo regañado siempre. Se da con frecuencia en la relación con padres que conservan la costumbre de «educar» cuando ya pasó el momento vital para ello.

Todos tenemos defectos. El hecho de que alguien nos los corrija —aunque sea con cariño— genera malestar. Es muy difícil y requiere mucho tacto y delicadeza corregir a alguien sin herirle. Estas personas constantemente reprochan y analizan nuestro comportamiento. Hay que prestar atención a si este tipo de actitudes comienza en una relación, porque sentirnos juzgados y examinados siempre suscita una dinámica muy peligrosa para la subsistencia de la pareja, puesto que activa el estado de alerta e impide que descansemos y disfrutemos de la vida.

El que critica

Todos conocemos a alguien así. Esa persona que cuando la ves, quedas con ella o la llamas por teléfono tiene una palabra negativa sobre otro. Su vida es como un «gran hermano» sobre la vida de los demás, incansablemente pendiente de sus fallos y errores.

Al estar cerca de personas que critican, nuestro sistema de alerta se pone en marcha, el cortisol y demás reacciones físicas nos ponen en tensión, y esa tensión nos desgasta. ¡Ojo, si eres tú la persona que tiendes a hacer eso! Cuando a uno no le llena la vida que tiene, se siente inseguro o vacío es muy probable que decida entrar en el mundo de la crítica fácil.

Suelo explicar que existe una crítica interna, que es aquella que surge en la mente cada vez que conocemos o nos cruzamos con alguien por la vida. Luego existe la crítica externa, que es la que compartimos con otros. La interna tiene un efecto muy perjudicial en el organismo, pues la manera en la que nos hablamos impacta directamente en la salud. La externa, la que comunicamos a los demás, tiene un doble efecto pernicioso: nos perjudica a nosotros mismos y, adicionalmente, intoxicamos el ambiente y el equilibrio fisiológico de los que nos rodean.

Algunos piensan que al criticar se consigue conectar con otros porque unimos puntos en común, ya que brota una conversación de rabia, envidia o cotilleo que genera risas, pero, ¡cuidado!, la línea que une lo «divertido» de lo «tóxico» es realmente fina.

El manipulador

Son personas que tienen ascendencia e influencia sobre ti. Puede ser tu pareja, tu padre, tu jefe o un amigo. Suelen desarrollar una memoria prodigiosa a fuerza de retener información y datos por si los necesitan en algún momento para atacarte o conseguir que hagas lo que ellos quieren de ti.

Mientras no eres consciente de la manipulación a que te están sometiendo no sufres realmente, pero en el instante en que te das cuenta de que has sido manipulado, además en numerosas ocasiones, te sientes traicionado, pequeño y vulnerable, quedando muy afectadas tu autoestima y tu seguridad en ti mismo.

El dependiente

Son personas que sienten que necesitan a otra con tanta intensidad que acaban esclavizándola y negándole su propio espacio y libertad. Evidentemente una cosa es el dependiente que por motivos objetivos no puede valerse por sí mismo —que no es el caso que ahora tratamos— y otra bien distinta es aquel que fuerza la situación por tener un comportamiento patológico.

Controlan todo lo que haces, pretenden constantemente formar parte de tu vida y no soportan la idea de que tengas una vida aparte y separada de la que tienes con ellos. Esto produce un gran desgaste y un sentimiento intenso de sentirse atrapado. No dudan en recurrir al chantaje emocional para evitar que te desligues de ellos. Darte cuenta de esto te ayudará a gestionarlo de forma sana.

EL *PUT DRAMA IN YOUR LIFE*[1]

Hace unos años vi un anuncio espectacular en un canal de la televisión belga. En un pueblo en el que no sucedía nada, en medio de una plaza, habían instalado un botón con un aviso que decía así: *push to add drama* —presiona el botón para añadir drama o suspense—. Al apretarlo empezaban a suceder cosas de todo tipo en un espacio muy corto de tiempo. A los pocos minutos la vida del pueblecito retornaba a su calma habitual. Este anuncio, que uso en ocasiones en terapia, me sirve para explicar a muchos de mis pacientes este concepto tan interesante al que yo denomino «personas *put drama in your life*» —pon drama en tu vida—. Son aquellas que buscan constantemente el drama, lo inventan si no existe y, finalmente, disfrutan del conflicto. Es como si, en cierta manera, se comportaran de modo adictivo con las situaciones donde existe un componente dramático o incluso trágico. Convivir con una persona así es como pisar un campo de minas.

Puede ser que padezca un trastorno límite de la personalidad, que sea una persona con rasgos histriónicos o que sufra ansiedad y lo canalice en forma de agresividad. Estas personas viven en constante alerta y eso les lleva a saltar y enfadarse con frecuencia. Tienen poca tolerancia a la frustración, viven en una constante búsqueda de problemas, reales o inventados, y, según su percepción, los demás siempre son culpables de todo. Si has conocido a alguien así, sabes perfectamente a qué me refiero.

---

[1] Te dejo el *link* del anuncio por si quieres verlo: https://www.youtube.com/watch?v=vzoFXZ5pT1w&feature=emb_logo&ab_channel=RoughCharms

Son especialistas en desestabilizar el entorno en cuestión de segundos. Alteran el equilibrio familiar y en muchas ocasiones provocan con mayor o menor sutileza las disputas entre familiares o cónyuges.

Son personas que buscan cualquier ocasión para generar una disputa, un conflicto o una discusión.

En terapia el tema del conflicto es un asunto que pregunto en las primeras sesiones. ¿Eres de los que disfrutas con el enfrentamiento?, ¿lo evitas?, ¿lo creas?

Es importante que puntualicemos este tema, ya que muchas de estas personas están relacionadas con casos legales, denuncias y choques en el trabajo. En algunos lugares las denominan personalidad de alto conflicto, pero es cierto que muchas estarían englobadas en un tipo de trastorno de personalidad[2] denominado trastorno límite de personalidad (TLP).

Trastorno límite de la personalidad

El caso de Teresa

Teresa acude acompañada de su madre. Tiene veinticuatro años. Hace unos días descubrió que su hija tenía cortes en las muñecas. Teresa le dijo que cuando se sentía muy angustiada hacerse daño le aliviaba.

[2] Son rasgos de la forma de ser que te hacen sufrir o que hacen que las personas de tu entorno sufran. Tienen un patrón de comportamiento y de pensamiento que les perjudica y suelen tener relaciones personales complejas.

—Es muy inestable —cuenta la madre—. De repente te quiere y es la persona más cariñosa del mundo, y minutos más tarde cambia de golpe, te grita y te insulta. Nunca sabes cómo te la vas a encontrar. Ha cambiado dos veces de carrera porque dice que no acaba de encontrar su lugar. Tiene peleas con su grupo de amigos y los dos novios que ha tenido han significado un drama para ella. Mi marido y yo no sabemos cómo ayudarla, como padres tenemos división de criterios.

—No soy feliz —explica Teresa—. No sé qué me pasa; hay momentos en los que me siento triste y muy angustiada. Bebo mucho alcohol y me atraen las drogas, pero no me atrevo a consumirlas por miedo de hacerme adicta. Me da vergüenza confesarlo, pero he hecho sufrir a mis novios y les montaba escenas terribles. No sé controlarme, a veces me siento vulnerable y otras con una fuerza desorbitada para decir lo que pienso. Soy consciente de que necesito ayuda.

Teresa tiene un trastorno límite de la personalidad. Se trata de aquellas personas que viven las emociones y las situaciones al límite, llevándolas al extremo. Su vida y su percepción de las cosas pasan del blanco al negro. No existe escala de grises.

Los síntomas —no siempre aparecen todos— son:

- Inestabilidad emocional.
- Baja gestión emocional.
- Descontrol de impulsos.
- Pasan del amor al odio a sus seres queridos en poco tiempo.
- Idealizan a las personas para luego humillarlas y rechazarlas.
- Ataques de ira.
- Relaciones personales muy conflictivas con grandes problemas para gestionar a los demás.
- Búsqueda de emociones y necesidad de experimentar con sensaciones intensas.
- Conductas de autolesión.

— Baja capacidad de empatizar.
— Sensación de vacío.

Neurobiológicamente subyacen una serie de desajustes en los circuitos de la gestión emocional: por un lado, la amígdala cerebral se activa de forma rápida y brusca, a la vez que la corteza frontal —zona de control de impulsos y encargada de la reflexión— está inhibida. Muchas de estas personas cuentan con historias traumáticas de dolor, abuso y rechazo en la infancia.

Si te reconoces en estas líneas, sabes que es un estado de gran sufrimiento. Cuesta pedir ayuda, pero cuando uno consigue dar ese paso y se deja orientar por un profesional la solución está mucho más próxima y la relación con los cercanos mejora enormemente.

Si tienes diagnóstico de TLP te habrás sentido incomprendido en muchas ocasiones y habrás experimentado un gran vacío emocional a la hora de sentarte delante de un terapeuta y advertir que no empatiza contigo o que no percibe tu dolor.

He acompañado a lo largo de los años a muchas personas con TLP en su terapia y sé lo difícil que resulta ayudarles a salir del bucle de angustia en el que se encuentran. Encontrar los resortes, los puntos de inflexión y los factores de estrés desarticula muchos de los momentos de crisis. El tratamiento farmacológico, con una buena psicoterapia integrando el aprendizaje de su gestión emocional con grandes dosis de cariño y delicadeza les permite paliar sus síntomas.

Si tienes un familiar con este trastorno o convives con alguien con estos rasgos, te dejo algunas ideas que te ayudarán a gestionarlo de la mejor manera posible.

— Lo primero que tienes que hacer es cuidarte tú. Por las características propias del TLP, ellos buscan ser el centro, lo cual deriva en una atención casi exclusiva hacia cómo están en cada momento. Necesitas ratos para ti donde halles paz y serenidad.

— Entiende que detrás de ese comportamiento «límite» existe un malestar importante y que su manera de manejarlo se basa en la agresividad. Es una persona con una gran carga de frustración. Esto sirve para entender desde un conflicto bélico hasta una reacción política, o la propia de tu jefe o de tu pareja cuando las cosas no salen como uno quiere. La frustración desencadena en muchas ocasiones agresividad y rabia.

— Lo que dice, cómo grita y cómo insulta es una reacción por ese circuito que tiene de frustración. Muchas de las cosas no las piensa, pero su modo de expresarlo es a través del insulto.

— La comunicación con ellos es enrevesada y confusa. De lo que uno dice a cómo lo interpreta hay un mundo. En las crisis conviene eludir las discusiones, ya que pueden terminar en un sinsentido muy doloroso para ambas partes. En los momentos de paz y calma intenta hablar desde el refuerzo positivo y desde el cariño. Que se sientan escuchados y comprendidos les ayudará a estar mejor, evitando los ultimátums y las amenazas[3].

— En el hogar tiene que existir un consenso sobre las normas y límites, saber ponerse de acuerdo entre los convivientes para que la relación sea lo menos perjudicial posible.

— Solicita apoyo para que te puedan orientar. Si es una persona cercana como un hijo, una pareja o un hermano, debes saber que este comportamiento tiene tratamiento y que existe mucho escrito al respecto. También contamos con medicación que, como mínimo, ayuda a mitigar esta conducta. Respalda todo lo que puedas para que tu familiar acuda a su terapia, a su grupo de apoyo o a las

[3] Esta pauta de comunicación es la base de muchas sesiones de psicoterapia con pacientes y familiares de TLP. No es sencillo resumir todo en un libro, pero unas pinceladas pueden acercarte a la solución si tienes a alguien cercano con estos síntomas.

reuniones que le sean de utilidad. No niegues los recursos que son la llave para desactivar el sufrimiento que tienen.

Son personas que generan conflicto porque ellas mismas viven en constante conflicto.

22
Saber gestionar a las personas tóxicas

No es un tema sencillo. El trato frecuente con una persona nociva genera en quien lo padece mucho desgaste y puede ser el germen de enfermedades físicas y/o psicológicas si no se hace una buena gestión. No existe una solución única, sino que en cada caso concreto, en atención a las circunstancias y al tipo de relación que se tiene, se deben priorizar o reforzar unas u otras de las soluciones que propongo.

Herramientas útiles

1. El valor de la discreción

Algunas de estas personas, por sus características y personalidades, pueden emplear lo que saben sobre ti para hacerte daño de una manera u otra en un momento dado.

Cuidado con lo que cuentas y lo que publicas en tus redes sociales, ya que hay gente que lo observa todo minuciosamente para recabar información sobre tu vida.

2. Evitar el trato

Aléjate de las personas que te alteren. Toma distancia y haz un trabajo interior para fortalecerte y así poder gestionarlo de la mejor forma posible.

En el caso de que tengas que tratarlas porque son de tu círculo cercano —familiar o profesional—, intenta prepararte antes de estar con ellas para sufrir menos. Si has hecho un trabajo previo, la interacción con ellas será menos perjudicial. No se trata de una reacción egoísta ni tampoco de una muestra de debilidad o cobardía; se trata de protegerte. Estos casos requieren distancia.

3. Ignorar las opiniones

Hemos hablado de que gran parte del efecto tóxico radica en que opinan de modo constante o malévolo sobre tu vida, desgastándote. Si les consigues ignorar, te sentirás más libre frente a sus palabras y comportamientos.

Relativiza lo que te dicen y cómo te lo dicen. Aprende a usar el «impermeable psicológico»[1], que los comentarios y las miradas te resbalen. Recuérdate a ti mismo que esos comentarios hirientes vienen de quien vienen, alguien frente a quien ya sabes que tienes que tener precaución.

4. No dar tanto poder a los demás sobre tu salud

Ya conoces el efecto que produce en tu mente y en tu cuerpo. ¿Quieres que esta persona te altere? ¿Eres consciente de que si lo permites va a haber una serie de secuelas fisiológicas muy negativas en tu cuerpo como intoxicación de cortisol o inflamación?

Si conoces el impacto serás más consciente de las consecuencias y podrás enfrentarte a ello mejor. Te dará cierta fuerza interior para lograrlo.

---

[1] Lo que recomiendo a los pacientes y a mi gente cercana para no sufrir tanto en la vida. Es un protector frente a los dramas y a las agresiones.

5. Aprender a adaptarte

Hay personas que por motivos que se nos escapan están en nuestro camino sí o sí. No hay forma de eludirlas siempre. Si ese es el caso y no puedes alejarte de ellas, realiza un ejercicio de adaptación. Comienza estudiando si es un «tóxico universal» o uno «individual».

Investiga las raíces del problema que esa persona te genera. Intenta entender por qué te altera tantísimo. ¿Qué te sucede cuando la ves? ¿Te sientes inseguro? ¿Notas que te juzga? ¿Hay sentimientos de rabia, de temor o de ira? Procura ser tu propio terapeuta y ve avanzando en el diagnóstico.

6. Comprender el comportamiento

Una vez más, comprender es aliviar. Si intentas discernir lo que hay detrás del comportamiento de esa persona, sus problemas, sus dificultades, entenderás mejor su forma de actuar contigo y tu cortisol se elevará menos. ¿Qué le pasa a la persona que tienes enfrente?, ¿cuál es su historia?, ¿es tímido o inseguro?, ¿tiene problemas de autoestima?, ¿nadie le ha enseñado a querer?, ¿es agresivo?, ¿eres su vía de escape?, ¿te tiene envidia?, ¿solo reacciona de esa forma contigo? Es decir, cuando uno comprende a la persona tóxica siente alivio, y a veces hay que pararse y analizarla, sea tu madre, tu jefe, tu exmarido o tu hijo. ¿Qué fase vital está atravesando?

Para sentirse bien hay que saber cuál es su biografía, y eso a veces requiere escuchar, entender, profundizar, preguntar… que es justo lo que no queremos hacer con esta clase de personas.

7. Usar el corazón

¡Qué difícil es utilizar el corazón con la persona que te hiere! No digo que te machaque ni que se aproveche. Me refiero a que no juzgues con tanta dureza. Esa frialdad y rabia es un veneno que se apodera de ti.

Busca entender, si ves que eso te alivia; habrás avanzando mucho en crecimiento personal. Si en cambio percibes que abusa más por emplear tu corazón, aléjate y protégete. No te conviene estar con una persona así.

8. Perdonar

El perdón es un acto de amor. Es ir al pasado y volver sano y salvo. ¡Qué difícil, pero a la vez qué importante! No es tarea sencilla y requiere de madurez, tiempo y humildad. Es un camino de purificación y liberación interior lento y progresivo. Si uno no perdona, queda enquistado en el ayer y se convierte en un ser resentido y sin capacidad de amar.

No conozco a nadie feliz que tenga activado el sentimiento de odio hacia algún sujeto de su entorno, ya que el odio es un veneno que intoxica el organismo. A veces el perdón significa pasar a una fase de distanciamiento con esa persona que te está haciendo daño. No se trata de decir «te veo y no siento nada», eso es casi imposible, es utópico. Significa decir algo como «yo sé que me tengo que distanciar para verlo con perspectiva, para que no me afecte tan profundamente cuando veo o pienso en esta persona».

El caso de Nicolás y Sole

Sole se separó hace dos años y tiene dos niños de cinco y tres años. Nicolás, su exmarido, la machacó psicológicamente durante mucho tiempo. Le ha costado tomar la decisión, pero por fin, con ayuda de sus padres y amigos, ha sido capaz de separarse. Desde entonces su vida se ha convertido en un calvario. Sole depende económicamente de Nicolás, y él, cada mes, le pasa el dinero en una fecha distinta. Es un padre controlador sobre los niños y juzga y critica sin piedad todo lo que hace Sole como madre.

—Sabía que separarme sería traumático —me confiesa—, pero nunca pensé que sufriría de esta manera. Cuando veo que me ha llegado un mensaje de él empiezo con taquicardia. Llevo meses enferma del estómago, con reflujo, diarreas constantes y un nudo en la garganta.

Tras solicitar las pruebas necesarias y derivarla a un médico de digestivo de confianza para confirmar que no era nada grave, comenzamos la terapia psicológica. Nicolás es su persona tóxica. Hacemos su esquema de personalidad y observamos que todo lo relacionado con él genera en ella un alto estado de tensión.

Sole me reconoce que los pensamientos negativos le han ganado la batalla:

—Cuando estoy haciendo algo, pienso en cómo me criticará si hago esto o aquello con los niños. Tengo la sensación de sentirme juzgada constantemente. Vivo adelantándome a sus críticas y comentarios.

En este caso lo primero es detectar el problema. Entender el cortisol, el sistema de alerta y su intensa somatización. Nicolás intoxica a Sole a pesar de la separación. ¿Cuáles son los momentos de mayor vulnerabilidad? Ella reconoce que este cuadro empeora las noches que descansa peor, los meses que va más justa de dinero y los fines de semana que Nicolás se lleva a los niños. Trabajamos de forma precisa esos momentos, para que cuando lleguen, el efecto no sea tan devastador.

Factores de estrés.

El gran miedo que generan estas personas proviene de cómo juzgan y de cómo hacen sentir a los demás.

Muchas veces a los pacientes les hago escribir mensajes positivos en su libreta de pautas. En la de Sole pone: «Si yo estoy fuerte, todo lo que venga de Nicolás me afectará menos. En cambio si estoy débil —bien porque estoy peor económicamente, porque ando de salud un poco renqueante, porque mis hijos llevan unos días más desobedientes y rebeldes, bien porque he tenido más trabajo de lo habitual— cualquier ataque suyo me afectará el triple».

A continuación proseguimos con el siguiente paso: ¿por qué le afecta tanto? ¿Será porque la ve débil o porque le encantaría ser más fuerte que él?, ¿será porque le gustaría no depender de él económica, psicológica y emocionalmente?, ¿es porque tiene la capacidad de que sus palabras debiliten su autoestima?

En ocasiones subyace una dependencia emocional hacia esas personas, pero no porque les queramos, sino porque nuestra estabilidad social, familiar, personal, económica… depende de estar bien con ellas.

Sole progresa poco a poco. Está aprendiendo a gestionar sus momentos malos de vulnerabilidad y estrés. Trabaja su asertividad y su capacidad de comunicarse con su exmarido con firmeza y sin sensación de ser arrollada por él. La gran alegría es que con su mejoría psicológica ha remitido su trastorno digestivo.

Un abrazo y un plan

Para terminar, dos últimos *tips* para desbloquear a las personas nocivas de tu entorno. No quiero dejar de mandar un mensaje positivo en este capítulo. Los que me conocen lo saben: soy una gran fan de los abrazos, como ya he explicado en el capítulo de la oxitocina.

Los abrazos son un arma muy poderosa. El covid parece habérnoslos robado temporalmente, pero en cuanto las circunstancias lo permitan, hay que hacer la revolución del abrazo. Volver a demostrarnos afecto, regar con chorros de oxitocina a las personas que nos gustan y reconciliarnos con «los tóxicos» a través del abrazo. No olvidemos que un porcentaje muy elevado de estas personas —¡yo diría que casi el noventa por ciento!— es gente que no se siente querida y que arrastra una gran frustración emocional.

Cuanto más amor transmites a una persona tóxica,
más desarticulas su capacidad de afectarte.

Por otro lado, puedes regalarles un libro, una conferencia, un plan para disfrutar conjuntamente: pescar, correr, cantar. Es más fácil comenzar con una actividad que con una conversación —muchos individuos, sobre todo los hombres, perciben las conversaciones serias y directas como una agresión—. Si realizas un plan se genera una conexión; cuando esa puerta se ha abierto es mucho más sencillo que se inicie un diálogo que ayude a la otra persona a salir del bucle.

¿Y SI EL TÓXICO ERES TÚ?

Recuerdo una de las primeras conferencias que impartí en Madrid hace ya muchos años. Era en el salón de actos de una universidad y traté sobre algunos de estos temas. En el turno de preguntas se levantó una chica y me dijo:

—Todo el mundo dice que soy una persona tóxica, ¿qué me recomiendas?

Me pilló de sorpresa, nunca me habían planteado algo así y delante de tanta gente; la respuesta no era fácil.

Ninguno queremos ser persona dañina para otros. Nos desagrada el pensamiento de que esto pueda ser así. A veces nos tenemos que enfrentar a que alguien nos lo transmita de forma directa con más o menos delicadeza, o nos damos cuenta de que nuestra presencia o comportamiento alteran y molestan a los demás.

Para estar bien con alguien,
hace falta estar bien con uno mismo.

Si te notas en paz es más difícil que seas la persona nociva de alguien. Analiza tu relación de pareja o, si es tu caso, tus «no-relaciones-de-pareja» —plantéate si fuera así por qué terminas eligiendo siempre a personas que no te convienen y vives con ellos historias de sufrimiento y mucho dolor—. Profundiza en la relación con tus hijos, tus padres, tus amigos y tus compañeros de trabajo.

Si crees que todo el mundo tiene algo contra ti, quizá seas tú quien generes algo de toxicidad en tu entorno. Si todo lo ves desde una perspectiva negativa, si culpas al resto de tus problemas, si buscas el conflicto en cualquier oportunidad, puede ser que tu comportamiento altere a otros.

No eres una persona tóxica, ya he dicho que no me gusta el concepto como tal. Eres una que desencadena subidas de cortisol en gente de tu entorno y quizá con un esfuerzo y gestionándolo con delicadeza desarticules ese proceso dañino.

El caso de Isabel

Isabel es madre de cuatro hijos. Necesita ayuda para gestionar a dos de ellos de diecinueve y diecisiete años.

—Me tratan mal, me ignoran, no me obedecen y nunca cumplen las normas —admite.

Cito a su marido un día, quien me confirma lo referido por Isabel, pero añade:

—Mi mujer es muy controladora. Está demasiado encima de los niños. Creo que se han rebelado.

Cuando conozco a su hijo mayor, me confiesa lo que está pasando en casa:

—Mi madre es insoportable. Mi hermana y yo no la soportamos. Nos juzga, nos critica, no nos da libertad. Es agotador. Es muy perfeccionista y tenerla cerca nos produce un desgaste constante.

Detrás de unos padres controladores puede existir el miedo a que si pierden el control sobre su hijo a este le ocurra algo malo en su vida, por lo que suele ser frecuente en perfiles perfeccionistas y obsesivos de la educación ya desde la más tierna infancia. Un padre que comienza así, tan encima, tan controlador, probablemente no sepa cortar las amarras cuando su hijo entra en la edad adulta. La consecuencia es la lógica: mediante toda clase de subterfugios buscan dominarle en todos los campos de su vida.

Este caso fue delicado, porque en cierta manera tuve que transmitirle que su comportamiento era perjudicial para sus hijos y su marido. Comenzamos a trabajar juntas la personalidad controladora y perfeccionista para poder conectar mejor con la familia.

¿Y SI LA PERSONA TÓXICA ES DE TU ENTORNO MÁS CERCANO?

Si esa persona vive bajo tu mismo techo o el trato es diario o muy frecuente, la situación es más complicada de gestionar porque la distancia es difícil de mantener. Este ha sido uno de los dramas emocionales más frecuentes durante el confinamiento. Muchas personas se han visto encerradas en viviendas donde la relación entre los convivientes ya era perjudicial desde antes. Analizar la causa de esa toxicidad ha sido en estos casos la clave para no desfallecer. Es primordial entender lo que subyace. Por ejemplo, si es por la edad del niño —el adolescente que tienes en casa que hace lo que quiere—, tu marido —que está distante y agobiado con mil preocupaciones—, tu mujer —que vive obsesionada con los niños y no te hace caso—, tu madre —controladora que no te deja respirar sin preguntar—, tu padre —poco empático e independiente, que te ignora delante de toda la familia— o mil posibilidades más que surgen en el hogar.

Uno de los temas que más puede hacer sufrir es sentir que uno no es querido o respetado por sus padres. Aquí te dejo unas claves.

¿Qué hay detrás de un «maltrato» de los padres?

Lo deseable sería que nunca hayas pasado por esto. Si alguna vez has sentido algo de lo que voy a describir, sabes que es una situación desgastante, triste y muy frustrante.

Un maltrato de los padres puede ser de tipo físico o psicológico. Los instrumentos empleados son la intimidación, la coacción, la amenaza, el miedo, la manipulación, el ataque, el insulto o el menosprecio... Cuando un niño ha sufrido por parte de sus padres maltrato psicológico en su infancia, existen muchas probabilidades de que si no se corta y no se trata, ese daño perdure y se cronifique. Solemos pensar que al dejar la infancia ese daño que infligían a sus pequeños desaparece; sin embargo, en muchas ocasiones, no es así. Cuando esto perdura en la edad adulta yo lo denomino «sufrimiento silencioso». Las personas que padecen esto, aunque sean muy conscientes de ello y del daño que les inflige, no suelen compartirlo con nadie. Les avergüenza. En ocasiones ni le han puesto nombre a lo que sienten. El cuerpo es el depositario de nuestra verdad, lleva dentro nuestro historial y cuida en cierta manera de que seamos capaces de equilibrar las experiencias, las emociones y la salud. Mediante algunos síntomas nos alerta de que algo no funciona bien. No es fácil encontrar la causa, y en ocasiones requiere una entereza complicada de lograr —¡hay que ser muy valientes para abrir y gestionar una herida emocional tan profunda!—, pero cuando uno lo logra, la sensación de victoria es maravillosa.

El caso de Silvia

Silvia me explica que lleva años encadenando diferentes médicos por migrañas, colon irritable y alergias. Tiene un puesto de responsabilidad en una empresa de *marketing* y está bien reconocida por sus compañeros de trabajo. Lleva tres años casada y tiene un niño pequeño.

Le pido que me hable de su familia. Sus padres tienen un pequeño negocio de electrodomésticos en una ciudad del sur de España. Es la mayor de tres hermanos, tras ella hay dos chicos.

—Mi madre —me cuenta— es una persona con mucha personalidad. Siempre opina de todo. Desde pequeña ha tenido mucha influencia en mi vida. Mi padre tiene un gran corazón, pero la que manda en casa es mi madre. Es poco cariñosa, le cuesta mucho decir te quiero y alabar lo bueno que hago. Con mis hermanos es distinta, es mucho más cercana, pero a mí me machaca. Es muy exigente consigo misma y conmigo. Cuando viene a mi casa opina de la limpieza, del orden y de la manera en que educo a mi hijo. Lo que más me afecta es cuando se mete en la vida de mi marido. Mi madre se ha convertido en un factor de discusión en mi matrimonio. Siempre han querido que mi marido, que es electricista, trabaje con ellos, pero yo no quiero porque me da miedo que la relación se enturbie. Sé que mi marido sería de gran apoyo, pero no deseo que mi madre le controle a él ni controle su sueldo.

Ya has leído a lo largo de estas páginas la influencia que tienen los padres en el comportamiento del niño convertido en adulto.

El drama es que uno suele normalizar una relación tóxica con los padres en la infancia y creer que eso pasa en todas las familias.

Recuerdo una chica joven que vino un día a ayudarme con los niños durante la pandemia. Me sorprendió lo dura que era al hablar a mis pequeños y me dijo que yo era demasiado blanda con ellos. Le pregunté cómo le habían tratado sus padres a ella.

—Me pegaron muchas veces, pero me lo merecía porque yo no me portaba bien. Recibía castigos constantes, pero ellos lo hicieron por mi bien, la culpa era mía.

Esa declaración tan sincera me conmovió. Tenía veintitrés años, llevaba unos meses saliendo con un chico, acababa de terminar la universidad y asumía un comportamiento abusivo de sus padres.

Le pregunté también sobre su voz interior:

—¿Te tratas bien a ti misma?

—Siempre he tenido problemas de autoestima —me respondió—, creo que no valgo mucho y me culpabilizo sobre muchos asuntos. Soy de las personas que atraen la mala suerte.

Yo no estuve en su infancia, pero estoy segura de que su «grabadora» captó conversaciones y pensamientos negativos hacia ella durante la niñez que ahora le siguen haciendo daño.

Cuando uno ha sufrido una madre o un padre tóxico, su interior se debate entre el amor, la obediencia, la responsabilidad, la rabia, la frustración, la dependencia y el odio.

¿Qué hacer en esas circunstancias? Lo primero y más importante es que el hijo se dé cuenta y sea consciente de ello. Posteriormente ayuda mucho entender cómo vivió su infancia y qué dinámica persiste en la edad adulta. ¿Es dependencia? ¿Es miedo? ¿Es necesidad de aprobación? ¿Es manipulación?

La solución es compleja. Por un lado, en algún momento hay que hablar con ellos, hacérselo ver de la forma más delicada posible. No es fácil. Se puede abrir un conflicto con la familia, pero a veces, si hay la suficiente madurez y serenidad en los afectados, ello desarticula gran parte de la herida. Otra opción más sencilla e igual de válida es evitarles o reducir la relación al máximo. En mi experiencia la distancia es un gran método para poder recuperarse.

Por otro lado, todo ser humano lleva dentro de sí la inercia, necesidad o instinto de sentirse querido por sus padres. A veces cuesta reconocer que uno está mal con ellos y sobre todo cuando uno observa cómo se van haciendo mayores.

Es muy duro escuchar a un hijo ya adulto relatar el desgaste que le supone la relación con ellos, describir la pugna interior entre sus ansias de cortar todo vínculo por un lado, y la sensación de saber que no es correcto abandonarlos por mucho que uno o ambos puedan dañarle. Son sesiones complicadas, ya que el dolor al expresar esa emoción suele ser intenso. No es sencillo admitir que nuestras principales figuras de apego, de afecto, desde nuestra niñez han sido o se han convertido en una carga psicológica. No estoy hablando de las necesidades de dependencia física, sino del desgaste psicológico. El primer paso consiste en hacerle ver al paciente que eso está sucediendo, explicándole cómo funcionan el organismo y la mente ante ese estado de tensión debido a la relación con los progenitores.

Si en alguna ocasión notas que estar cerca de tus padres te altera o te enferma, intenta analizar la causa por la que te sucede. ¿Qué surge en ti? ¿Cómo es tu estado de alerta? ¿Qué síntomas se activan?

En estos casos recomiendo dejarse ayudar, debido a que es una situación que desgasta mucho. La autoestima y la seguridad en uno mismo suelen estar dañadas y es bueno trabajarlas y fortalecerlas.

La flecha emocional, una idea que ayuda

Me parece interesante apuntar un planteamiento aquí. Cuando uno está cansado, agobiado o enfermo, la tolerancia que tiene hacia la gente nociva es mucho menor.

Con mis pacientes e incluso conmigo misma trabajo lo que yo denomino la flecha emocional. Cuánto más cansado, alterado, triste, frustrado o enfermo estés, más te va a afectar una persona tóxica. Mídete.

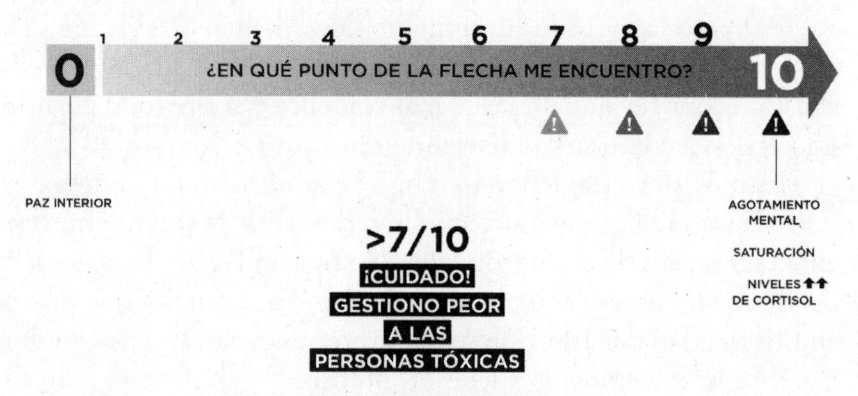

La flecha emocional.

Si ya estás en siete sobre diez, existen más posibilidades de que la comida te altere o sufras más de lo necesario. Analiza tu estado basal previo a momentos tensos, eso te ayudará a protegerte. Reunirte con tu persona tóxica te afectará menos y tendrás más resistencia a ella si has dormido bien, vienes de vacaciones, te han subido el sueldo y te encuentras feliz. Por el contrario, te afectará mucho más si estás en un momento vital de una mala racha, no has descansado bien, tus hijos se han portado mal, te han bajado el sueldo, estás de malhumor o has tenido una pelea. Si tu «flecha emocional» te indica que estás al límite elude la reunión en ese momento o aplázala. La persona tóxica podría fácilmente hacerte perder los papeles provocando una crisis de difícil solución.

Si la persona que te daña se encuentra en tu entorno —hijo, padre o madre, suegro, cuñado, la gente que ves constantemente—, tienes que saber cómo estás, cómo se encuentra tu flecha emocional el día en que quedas con ella. Si es tu padre y has quedado en ir a visitarlo, prepárate interiormente la víspera para que el impacto sea lo menos doloroso posible. Durante el rato que estáis juntos puede resultar muy útil ponerte el impermeable psicológico, ese donde te resbalan las cosas que te digan. Gracias a él, lo que te va sucediendo lo percibes con más distancia, no lo ves como una cosa que te empapa y te ahoga, sino con cierta sensación de invulnerabilidad. Percibes esos comentarios que en otro momento te habrían sacado de tus casillas como un espectador en vez de como el protagonista de la relación. No puedes evitar siempre el dolor. A veces en la vida hay que saber sufrir.

El caso de Julia

Julia, de treinta y cuatro años, lleva dos casada y tiene un niño de veinticuatro meses. Reconoce ser una persona ansiosa, insegura y con miedos difusos. Le preocupa la relación que tiene con sus padres desde hace mucho tiempo. Ella es la pequeña de tres hermanos. El mayor tiene cincuenta y el siguiente cuarenta y ocho. Su padre tiene ochenta y su madre, setenta y nueve. Le pido que me hable de su infancia:

—Tengo pocos recuerdos; es como si tuviera lapsus de memoria. Me cuesta enfocar mi mente en recuerdos concretos[2].

Me cuenta que su padre fue un hombre con un trabajo muy demandante, debido al cual viajaba varios meses al año. Le evoca como un padre ausente, siempre hablando de asuntos profesionales, lejano y poco empático. Su madre era una mujer en un constante estado de irritabilidad y enfado. Asegura que solía embarcarse en discusiones eternas con ella donde acababan gri-

[2] Sabemos que algunos casos donde existen lapsus de memoria hay detrás una infancia traumática o donde uno no se ha sentido querido en algunos momentos.

tándose y la madre las zanjaba con un «eres culpable de todo, eres insoportable». Ella entonces se encerraba en su cuarto, llorando de rabia, de tristeza y de frustración. Los gritos proseguían a través de la puerta.

Cuando cumplió diez años, su tía, hermana de su padre, que vivía más cerca del colegio, se ofreció para que Julia pasase temporadas en su casa. Las semanas que residió con ella fueron más felices, y las vueltas a su hogar se convertían en momentos de gran angustia.

Hoy, el simple hecho de pensar en su madre activa un sentimiento de indignación e ira.

—No la entiendo, es mala persona —se enfurece mientas me lo cuenta.

En la actualidad acude a visitar a sus padres todos los miércoles. Teletrabaja desde ahí y luego se queda a comer.

—Los martes por la noche ya no descanso bien al pensar que a la mañana siguiente es miércoles y lo que me espera. Esos días me concentro peor en el trabajo y luego por la tarde me siento baldada, como si hubiera realizado un ejercicio agotador. Les tengo rencor y manía, pero, por otro lado, me siento culpable. Los ratos con ellos son de muchísima tensión y enfado. Luego me encuentro llorando mientras intento trabajar. Quiero visitarles porque son mayores y me encantaría perdonarles para estar en paz, pero no soy capaz. Mi madre es mi persona tóxica. Mi padre me ha hecho daño, pero no me altera tan profundamente como ella.

El caso de Julia tiene el componente de que su madre ha sido lesiva durante muchos años. Cuando la persona del entorno que te intoxica es tan cercana, la terapia y la labor de curación son más complejas y delicadas. Las heridas más profundas las generan siempre las personas más próximas.

Hemos trabajado su problemática de varias maneras. Una es analizar su flecha emocional, entender cómo llega a casa de sus padres y comprender los síntomas físicos y psicológicos que se producen. Por supuesto, hay que intentar cerrar las heridas de su infancia para poder avanzar. El EMDR le ha ayudado a mitigar el dolor y la perturbación que le generan esas escenas. Finalmente, Julia está aprendiendo poco a poco a gestionar sus emociones y a poner límite a situaciones que le superan y le alteran profundamente.

El vínculo con una madre o un padre es importante, pero se pueden crear otras relaciones poderosas y fuertes —que acaban siendo curativas— con otras personas que existan en el entorno —tíos, abuelos, amigos, pareja, monitores, profesores…—. Durante el proceso de curación, uno puede acercarse a esas personas y dejarse querer, sintiendo el cariño de esa maternidad robada.

Conozco a muchas mujeres que no han sido madres, pero tienen «corazón de madre» y que han sanado y aliviado a mucha gente que sufre. Tengo una amiga soltera, sin hijos, que escucha como nadie. Tiene ese don especial de estar cuando la necesitas, de apoyarte y calmarte en los peores momentos.

Pareja tóxica

Hay que distinguir entre una pareja dañina y otra en la que lo que hay es un desgaste por un motivo u otro. En muchas relaciones y matrimonios, con el tiempo, aparece el deterioro. Situaciones de cansancio o tensión hacen que los miembros de la pareja no se traten con la misma delicadeza que al principio. Pueden surgir pequeñas faltas de respeto a las que no se estaba acostumbrado o pueden darse situaciones en las que uno exige y el otro, sin embargo, no está a la altura.

Las parejas tienen una evolución natural y lógica que no siempre es aceptada. Pensamos inocentemente que uno va a sentir siempre las mismas mariposas en el estómago que cuando la chispa comenzó entre los dos. A veces la propia evolución lleva a un punto de incomodidad, pero por un desgaste natural. Y en ese momento es cuando conviene retomar las riendas y esforzarse en pelear por el otro. Recomiendo libros, charlas, cursos, grupos matrimoniales… Todo aquello que ayude. Necesitamos volver a mirarnos a la cara y decir «aquí estoy yo, aquí estás tú, nos queremos, nos entendemos, tenemos ganas de que esto siga pero nos hemos desgastado, nos hemos convertido en personas que a veces nos hacemos sufrir en vez de en personas que nos hacemos felices».

Muchas crisis de pareja se originan con una situación de crisis individual en uno de los dos, ¡que frecuentemente estará intoxicado de cortisol y vive por ello en estado de alerta! Otras veces el momento temporal que atravesamos puede ser duro por razones naturales —la época de lactancia, las dificultades para dormir de alguno de los hijos, una adolescencia problemática y cargante, la aparición de una enfermedad, los cada vez más frecuentes problemas económicos, el síndrome del nido vacío cuando los hijos se van de casa…—. Toda vida, y la vida en pareja no es una excepción, tiene «sus momentos» buenos y malos, memorables y olvidables. Por instantes somos felices y luego llegan épocas de dolor o privación. Es conveniente ser optimistas, alegres y soñadores, pero no podemos ser inmaduros e inocentes. Como dice el ritual, «en lo bueno y en lo malo, en las alegrías y en las tristezas, en la salud y en la enfermedad». Algo tendrá el agua cuando la bendicen. Como dice mi padre, «no conozco nada más complicado que la convivencia en el matrimonio». Los años pesan y si uno no tiene ganas de luchar, de cuidar y de proteger su compromiso, es difícil que llegue a buen puerto.

Hay diferentes momentos en la relación de pareja que tendremos que ir aprendiendo a gestionar y, por otro lado, es importante aceptar las distintas etapas de nuestra vida en común. Llegados esos momentos de prueba, hay que luchar porque se superen y de esa forma crezca la unión. Y para eso hay que poner los medios oportunos: cenas a solas en las que hablar de las cosas que nos preocupen y recordar lo que hemos vivido y nos gusta del otro y de nuestra familia, escapadas de fin de semana, viajes que nos permitan recuperar el cansancio acumulado, deportes en común, reuniones con amigos que nos levantan el ánimo e, incluso, llegado el caso, recurrir a una persona externa que pueda asesorarnos.

Yo suelo recomendar pedir consejo a otras parejas amigas que luchan ante circunstancias adversas, contra viento y marea. También hay que saber a quién recurrir. Tengo un paciente que le consultó su crisis matrimonial —mientras estaba inmerso en una potente lucha por conservar a su esposa— a un amigo del trabajo que se había casado tres veces y cuyo «consejo» fue:

—¡Déjate llevar, mis etapas entre una mujer y otra han sido las más divertidas!

Si lo que buscas es reconciliarte y rehacer lo herido, habla con amigos que sepas que han pasado por situaciones similares y las han superado. Ellos te hablarán desde el cariño y la experiencia.

Existe una situación bastante frecuente que consiste en cogerle manía a la otra parte. Puede sucederte una vez cada diez años, o una vez al año, o una vez al mes. Son esos momentos donde comportamientos habituales del otro, a los que estás acostumbrado, te generan, sin embargo, una reacción fuerte y perjudicial. De pronto todo lo que hace esa persona te altera: cómo habla, cómo trata a los demás, cómo viste, cómo ronca o cómo come. Aspectos y comportamientos a los que antes eras invulnerable de repente te afectan. Las causas son diversas: una fase de intoxicación de cortisol —todo te altera más—, las hormonas en la mujer —que generan mayor sensibilidad al entorno—, la aparición de la enfermedad en la familia, problemas económicos o el propio agotamiento por noches sin descansar bien.

A veces la persona que tienes delante cambia. ¡Hay cientos de posibilidades! Puede ser por algo negativo como que haya perdido el trabajo, que se haya juntado con compañías indeseables o que se haya fijado en otra persona o que haya caído en una adicción. Cada cierto tiempo es sano un *stop and think,* un momento de reflexión donde la pareja hace un pequeño análisis de cómo va la relación. Lo he apuntado en alguna ocasión, pero muchas crisis son oportunidades de crecimiento y de salir fortalecidos.

Otras veces esas crisis tristemente son tan perniciosas que la solución parte por distanciarse temporalmente o separarse para siempre.

Personas vitamina

Una de mis personas vitamina es mi amigo Rodrigo. Le conocí cuando estaba realizando la residencia con especialidad de Psiquiatría en Madrid. Coincidimos en una fiesta y estuvimos hablando hasta tarde. Simpático, con mucho sentido del humor y gran corazón. Desde aquel día se originó una amistad entrañable entre él y mis hermanas, mis padres, mi marido y, con los años, con mis hijos. Le llamamos cariñosamente tío Rodrigo porque se ha convertido en uno más de la casa. Ha estado presente en todos los eventos familiares desde hace más de diez años y es alguien que quiere mucho y se hace querer. Tiene un corazón de oro.

Durante mis guardias en el hospital solía tener noches muy duras tratando pacientes graves. La mayor parte de las veces no descansaba y apenas cenaba. Rodrigo vivía muy cerca y más de una noche o madrugaba, cuando él volvía de trabajar, se acercaba a la puerta con algo de chocolate —soy una apasionada del chocolate, a cualquier hora del día— o un bocadillo para que no desfalleciera.

¿Por qué te hablo de mi amigo Rodrigo? El día 13 de abril del 2019, a las doce de la mañana, me encontraba con mi marido rumbo a Hong Kong, a un viaje que teníamos cerrado desde hacía un año. Le llamamos desde el aeropuerto para decirle que nos íbamos, pero no conseguimos localizarle. Cuando llevábamos una hora de vuelo, me conecté al teléfono para comprobar algunos datos del destino y vi que me había llegado un audio de su hermana mayor al WhatsApp: «Rodrigo ha sufrido un ictus. Se encuentra en urgencias y es irreversible. Ven a despedirte de él».

La angustia se apoderó de mí. Estaba atrapada en un vuelo de más de diez horas. Tremendos pensamientos se apoderaron de mi mente. ¿Fallecerá? ¿No volveré a verle nunca? Los minutos se me hacían eternos mientras lo hablaba con mi marido. Estar conectada al wifi del avión generó más pesar que alivio, ya que los amigos y la familia que se iban enterando me escribían, cada uno compartiendo su enfoque al respecto.

Rodrigo entró en coma profundo. Tenía la mitad del cerebro —el hemisferio derecho— infartado. Yo conocía a uno de los médicos de la UCI donde estaba ingresado y le llamé desde Hong Kong. Me contó que el pronóstico era muy malo, tardaría meses en recuperar algo de «normalidad», si es que sobrevivía y se despertaba.

Cuando regresé y por fin pude acudir a la unidad de cuidados intensivos a visitarle me contaron su evolución. Debido al aumento de la presión intracraneal le habían extirpado un trozo de calota —hueso del cráneo— y tenía la cabeza deformada. La imagen era impactante y muy dura. Los más cercanos le acompañábamos los pocos ratos que nos permitían y le hablábamos contándole como siempre nuestras cosas, pero el sentimiento era de enorme tristeza.

Rodrigo seguía muy grave, no respondía a ningún estímulo y la lesión persistía. Pasaron los días, las semanas... y el milagro sucedió. Me llamaron una mañana para decirme que se había despertado del coma. Corrí hacia el hospital y cuando entré en la habitación comenzó a balbucear palabras en inglés —nunca en mi vida le había oído hablar este idioma—. Me acarició la cara en cuanto me acerqué. Los médicos nos pedían prudencia y nos avisaron de que la evolución iba a ser muy lenta, de meses o incluso de años. Sobre todo hacían hincapié en la agresividad que podía aparecer tras un ictus tan masivo y advertían que le costaría mucho conectar emocionalmente con nosotros.

De forma asombrosa comenzó a hablar a los pocos días. Recuerdo, estando aún en cuidados intensivos, una conversación que mantuve con él donde me preguntaba por mi libro, por cada uno de mis hijos —¡con sus nombres!— y por temas que recordaba plenamente del pasado. Se emocionaba, con lágrimas en los ojos, al tratar sobre nuestras cosas.

Solicité ver una resonancia magnética de su cerebro porque como médico no me explicaba cómo era capaz de conectar, recordar, sentir y expresar lo que yo estaba viendo. La resonancia mostraba la mitad del cerebro negra, completamente infartada. Desde ese día Rodrigo se convirtió en un reto científico y psicológico para mí. Seguía siendo nuestro tío Rodrigo, nuestro amigo del alma, pero, además, su recuperación constituía un desafío desde el punto de vista profesional. Nada cuadraba. Los médicos no entendían su evolución.

Dos meses después del alta volvió a la unidad de intensivos para agradecer a todos su cuidado. Fue saludando uno a uno, llamándoles por su nombre, con gran sentido del humor —no lo ha perdido nunca— y los médicos le miraban estupefactos y maravillados por su mejoría.

Rodrigo ingresó durante algunos meses en diferentes centros de rehabilitación. En un momento dado fue sometido a una operación de neurocirugía para volver a insertar el trozo de cráneo que le habían tenido que quitar y a los pocos días estaba físicamente mejor y seguía con su memoria prodigiosa y su incomparable alegría.

He consultado a muchos colegas y he intentado estudiar su caso desde la perspectiva de la medicina. Es cierto que va en silla de ruedas y que tiene una hemiparesia izquierda, pero su mente funciona muy bien. Recuerda todos los pormenores, se emociona y tiene siempre un detalle o un comentario apropiado para cada circunstancia. Si estás un rato con él, sales renovado y feliz.

En una ocasión un neurólogo que le atendió, especialista en cuadros similares, nos transmitió una idea:

—**Las personas que han querido mucho y que se han sentido muy queridas a veces nos sorprenden con sus mejorías.**

Sus palabras causaron un gran impacto en mí. Esta reflexión daba respuesta a algo que yo, inconscientemente, sabía, aunque no entendiera el mecanismo que lo hace posible.

Es verdad, toda su vida Rodrigo se ha sentido muy querido por los suyos y desprende afecto a raudales. También la sensación de sentirse acompañado y cuidado ha podido ser un bálsamo en su mente. No lo dudo.

Encontrar personas vitamina tiene un impacto en el cerebro.

Después de leer estas páginas sabes la importancia que tiene en la salud querer y sentirse querido.

El neurocientífico israelí de la Universidad de Northwestern y profesor del Kellogg School of Management, Moran Cerf, ha investigado este tema en profundidad. Cerf observó cómo el ser humano tomaba decisiones. Ha estudiado el cerebro de cientos de pacientes desde el punto de vista del sueño, de las emociones, de la toma de decisiones y del comportamiento. Los resultados mostraron que cuando varias personas pasan tiempo juntas, realizando las mismas actividades, sus ondas cerebrales comienzan a asemejarse y pueden llegar a ser casi iguales. Es decir, pasar tiempo con personas alinea nuestro cerebro con el de ellas. Esto se debe a que las ondas van teniendo una actividad muy similar, lo que afecta a las conexiones neuronales —¡las famosas neuronas espejo!— y a la neuroplasticidad.

La ventaja es que el único esfuerzo que tenemos que hacer es elegir a esas personas que van a rodear nuestra vida. Dicen que mi hermana Isabel y yo tenemos gestos muy similares a mi padre. No me extraña. Trabajamos los tres juntos desde hace muchos años y me he sorprendido a mí misma gesticulando y empleando inconscientemente las mismas expresiones que él usa en más de una ocasión. ¿Qué sucede? ¿Existe sincronía cerebral? Hay algo de esto. La ciencia lo avala. Por un lado, significa que hay que tener cuidado si convivimos durante muchos años con alguien nocivo. Por otro, es un mensaje esperanzador. Sé persona vitamina siempre que puedas. Si, como hemos visto existe sincronía y alineamiento entre los cerebros de las personas con las que pasamos más tiempo, quiere decir que podemos influir de manera positiva en individuos tóxicos ayudándoles a salir de su bucle negativo.

Las personas vitamina conectan con lo mejor que tenemos, potencian nuestras ideas, abren nuestro corazón, radian entusiasmo y cada conversación o actividad con ellas nos levanta el ánimo. Su alegría es contagiosa, tienen una desbordante capacidad para hacer sonreír, para darle la vuelta a la tortilla, para mirar el lado bueno de las cosas. Son un tesoro con piernas para nuestro equilibrio emocional. Me quedo sin palabras para definirlas, ¿qué podemos decir de alguien que, sistemáticamente, nos motiva y nos ayuda a encontrar la ilusión en cualquier momento y circunstancia? Si conoces a una persona así, mímala, pues te transmitirá paz cuando estés en guerra.

Yo tengo la suerte de tener personas vitamina a mi lado. Mi familia y sobre todo mi marido, que es un chute vitamínico. Tengo un equipo en la consulta maravilloso y amigos muy especiales. Me gusta rodearme de gente que saca lo bueno de mí y me impulsa a ser cada día mejor.

Soy de las que busca la vitamina que hay dentro de los que me cruzo por el camino. Marta —mi amiga que tiene respuesta para las dolencias del alma—, mi ginecólogo —gran apoyo—, la persona que me ayuda a cuidar de mis pequeños, la pastelera de mi pueblo —hace las mejores palmeras de chocolate que existen en el mundo—, el tutor de mis hijos en el colegio —que tiene una paciencia infinita—, mis amigos de Normandía, de Colombia y de los caballos, y tantos otros a los que agradezco que formen parte de mi vida.

Propongo encontrar la vitamina que todos llevamos dentro. Hasta el individuo más complicado tiene algo maravilloso que compartir.

¿Cómo identificar a las personas vitamina?

Pero si hay algo que me fascina de ellas es que cuando nos pasa algo bueno, se alegran incluso más que nosotros mismos.

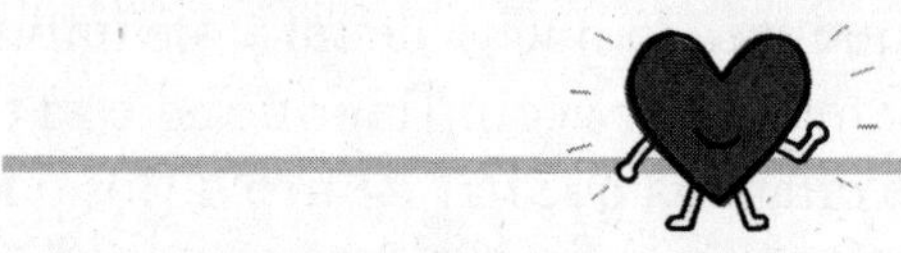

Sé y rodéate siempre de personas vitamina.

Agradecimientos

A mi padre, por enseñarme a querer a los pacientes y a acompañarles con un cariño especial.

A mi madre, por enseñarme cómo cuidar de los demás sin medida.

A mis hermanas, por haber sido mis primeras personas vitamina en la vida.

A Carmen, por haberme enseñado tanto del apego y del vínculo hacia sus hijos.

A mis cuñados Miguel Ángel y Rocío, Pilar, María, Fernando e Ignacio, por formar parte de mi entorno vitamínico.

A Ana Rosa y Virginia, mis editoras, por impulsarme a seguir comunicando a través de las letras, mis ideas y pensamientos. A Pepa, por hacer magia con mis líneas.

A David por su paciencia, cariño y profesionalidad durante estos meses de aventura literaria.

A todo el equipo de Espasa, por acompañarme en esta travesía y guiarme con su sabio criterio.

A Valentina, apoyo y amiga en este fascinante mundo de la mente y de las emociones.

A mis pacientes, mis grandes maestros, por confiar en mí para curar y aliviar sus heridas más profundas.

A Maravillas, gracias por inspirarme los meses que estuviste con nosotros. Me has enseñado mucho del amor y de la oxitocina: todos deberíamos tener un poquito de ti.

Bibliografía

Aron, E., *El don de la sensibilidad en la infancia,* Obelisco, 2017.

—, *El don de la sensibilidad en el amor,* Obelisco, 2017.

Arponen, S., *¡Es la microbiota, idiota!,* Alienta, 2021.

Barudy, J. y Dantagnan, M., *Los buenos tratos a la infancia. Parentalidad, apego y resiliencia,* Gedisa, 2006.

Basallo A. y Díez T., *Pijama para dos,* Planeta, 2008.

Bergmann, U., *Fundamentos neurobiológicos para la práctica de EMDR,* Punto Rojo, 2015.

Best-Rowden, L., *et al.,* «Automatic face recognition of newborns, infants, and toddlers: A longitudinal evaluation», *International Conference of the Biometrics Special Interest Group* (BIOSIG), 2016.

Bilbao, A., *El cerebro de los niños explicado a los padres,* Plataforma, 2015.

Botton, A. de, *El placer del amor,* Lumen, 2017.

Bowlby, J., *El apego: el apego y la pérdida,* Paidós Ibérica, 1993.

Bravo, J. A., *et al.,* «Ingestion of Lactobacillus Strain Regulates Emotional Behavior and Central GABA Receptor Expression in a Mouse Via the Vagus Nerve», *Proc. Natl. Acad. Sci.,* 2011, https://pubmed.ncbi.nlm.nih.gov/21876150/.

Catlett, J., «Avoidant Attachment: Understanding Insecure Avoidant Attachment», *PsychAlive,* 2019, https://www.psychalive.org/anxious-avoidant-attachment/.

CERIOTTI MIGLIARESI, M., *Erótica y materna,* Rialp, 2018.
CYRULNIK, B., «Resiliencia: el dolor es inevitable, el sufrimiento es opcional», AprendemosJuntos, BBVA, 2018, https://www.youtube.com/watch?v=_IugzPwpsyY.
—, *El amor que nos cura,* Gedisa, 2006.
DODGSON, L., «Some People can't Commit to Relationships Because they Have an "Avoidant" Attachment Style - here's What it Means», *Business Insider,* 2018, https://www.businessinsider.com/what-is-avoidant-attachment-style-2018-3.
ECKSTEIN, M., *et al.,* «Calming Effects of Touch in Human, Animal, and Robotic Interaction-Scientific State-of-the-Art and Technical Advances», *Frontiers in Psychiatry,* 2020, https://www.frontiersin.org/articles/10.3389/fpsyt.2020.555058/full.
EDWARDS, D. J., *et al.,* «The Immediate Effect of Therapeutic Touch and Deep Touch Pressure on Range of Motion, Interoceptive Accuracy and Heart Rate Variability: A Randomized Controlled Trial With Moderation Analysis», *Frontiers in Integrative Neuroscience,* 2018, https://www.ncbi.nlm.nih.gov/pmc/articles/PMC6160827/.
EISENBERGER, N., «The Neural Bases of Social Pain: Evidence for Shared Representations with Physical Pain», *Psychosomatic Medicine,* 2012, https://www.ncbi.nlm.nih.gov/pmc/articles/PMC3273616/.
ESCACENA M., «Por qué lo de "déjalo llorar para que duerma solo" debe pasar a la historia», *Tribu CSC.* https://www.criarconsentidocomun.com/por-que-lo-de-dejalo-llorar-para-que-duerma-solo-debe-pasar-a-la-historia/.
FABER, A. y MAZLISH, E., *Cómo hablar para que sus hijos le escuchen y cómo escuchar para que sus hijos le hablen,* Medici, 1997.
FISHER, H., *El primer sexo,* Taurus, 2000.
—, *Por qué amamos. Naturaleza y química del amor romántico,* Debolsillo, 2005.
FONAGY, P., *Teoría del apego y psicoanálisis,* ESPAXS, 2004.
GALÁN BERTRAND, L., *El gran libro de Lucía, mi pediatra,* Planeta, 2020.

GANGER, C., «6 Signs your Kid Has the Avoidant Attachment Style», *Romper,* 2018, https://www.romper.com/p/6-signs-your-kid-has-the-avoidant-attachment-style-3265056.

GONZALO MARRODÁN, J. L., «La relación terapéutica y el trabajo de reconstrucción de la historia de vida en el tratamiento psicoterapéutico de los niños crónicamente traumatizados», *Cuadernos de psiquiatría y psicoterapia del niño y del adolescente,* 2010.

GRAY, J., *Los hombres son de Marte, las mujeres de Venus,* Grijalbo, 2004.

GREBE, N., *et al.,* «Oxytocin and Vulnerable Romantic Relationships», *Hormones and Behavior,* 2017, https://pubmed.ncbi.nlm.nih.gov/28254475/.

HALEY, D., «Relationship Disruption Stress in Human Infants: a Validation Study with Experimental and Control Groups», *Stress,* 2011, https://pubmed.ncbi.nlm.nih.gov/21438783/.

HE, W., *et al.,* «Auricular Acupuncture and Vagal Regulation», *Evidence-based Complementary and Alternative Medicine,* 2012, https://pubmed.ncbi.nlm.nih.gov/23304215/.

HOLMBOE, S. A., *et al.,* «Influence of marital status on testosterone levels-A ten year follow-up of 1113 men», *Psychoneuroendocrinology,* 2017, https://pubmed.ncbi.nlm.nih.gov/28376340/.

ILLOUZ, E., *Intimidades congeladas,* Katz, 2007.

KEY, A. P., *et al.*, «What do infants see in faces? ERP evidence of different roles of eyes and mouth for face perception in 9-month-old infants», *Infant and Child Development: An International Journal of Research and Practice,* 2009.

KROLL-DESROSIERS, A. R., *et al.,* «Association of Peripartum Synthetic Oxytocin Administration and Depressive and Anxiety Disorders within the First Postpartum Year», *Depression and Anxiety,* 2017, https://pubmed.ncbi.nlm.nih.gov/28133901/.

KÜHN, S. y GALLINAT, J., «Brain Structure and Functional Connectivity Associated with Pornography Consumption: The Brain on Porn», *JAMA Psychiatry,* 2014.

KUMPERSCAK, H. G., *et al.,* «A Pilot Randomized Control Trial With the Probiotic Strain *Lactobacillus rhamnosus* GG (LGG) in ADHD: Children and Adolescents Report Better Health-Related Quality of Life», *Frontiers in Psychiatry,* 2020, https://www.frontiersin.org/articles/10.3389/fpsyt.2020.00181/full.

LIEW, M., «10 Signs that your Partner Has an Avoidant Attachment Style and How to Deal with Them», *Life Advancer,* 2017, https://www.lifeadvancer.com/avoidant-attachment-style/.

LU, W.-A., *et al.,* «Foot Reflexology Can Increase Vagal Modulation, Decrease Sympathetic Modulation, and Lower Blood Pressure in Healthy Subjects and Patients with Coronary Artery Disease», *Alternative Therapies in Health Medicine,* 2011, https://pubmed.ncbi.nlm.nih.gov/22314629/.

MARAZZITI, D., *et al.,* «Sex-Related Differences in Plasma Oxytocin Levels in Humans», *Clinical Practice and Epidemiology in Mental Health,* 2019, https://www.ncbi.nlm.nih.gov/pmc/articles/PMC6446474/.

MCNAMEE, S. y Gergen, K. J., *La terapia como construcción social,* Paidós, 1996.

MILLER, A., *El cuerpo nunca miente,* Tusquets, 2005.

MONTAGU, A., *El tacto,* Paidós, 2004.

MOORE, E., *et al.,* «Early Skin-to-Skin Contact for Mothers and Their Healthy Newborn Infants», *Cochrane Database of Systematic Reviews,* 2012, https://www.ncbi.nlm.nih.gov/pmc/articles/PMC3979156/.

MURTHY, V. H., *Juntos. El poder de la conexión humana,* Crítica, 2021.

NAGASAWA, M., *et al.,* «Dog's Gaze at Its Owner Increases Owner's Urinary Oxytocin During Social Interaction», *Hormones and Behavior,* 2009, https://pubmed.ncbi.nlm.nih.gov/19124024/.

NARVÁEZ, D., *Neurobiology and the Development of human morality. Evolution, Culture, and Wisdom,* Norton, 2014.

OOISHI, Y., *et al.,* «Increase in Salivary Oxytocin and Decrease in Salivary Cortisol after Listening to Relaxing Slow-Tempo and

Exciting Fast-tempo Music», *PLoS One,* 2017, https://www.ncbi.nlm.nih.gov/pmc/articles/PMC5718605/.

RIMMELE, U. *et al.,* «Oxytocin Makes a Face in Memory Familiar», *The Journal of Neuroscience,* 2009, https://www.jneurosci.org/content/29/1/38/tab-article-info.

ROTHSCHILD, B., *EL cuerpo recuerda,* Eleftheria, 2015.

RUIZ, J. C., *Filosofía antes del desánimo,* Destino, 2021.

RYGAARD, N. P., *El niño abandonado. Guía para el tratamiento de los trastornos del apego,* Gedisa, 2008.

SABATER, V., «Madre que no quieren a sus hijos, ¿por qué ocurre?», 2020, https://lamenteesmaravillosa.com/madres-que-no-quieren-a-sus-hijos-por-que-ocurre/.

SASSLER, S., *et al.,* «The Tempo of Sexual Activity and Later Relationship Quality», *Journal of Marriage and Family,* 2012, https://www.researchgate.net/publication/262959345_The_Tempo_of_Sexual_Activity_and_Later_Relationship_Quality.

SIEGEL, D. J. y PAYNE T., *El cerebro del niño,* Alba Editorial, 2020.

STAMATEAS, B., *Gente tóxica,* Ediciones B, 2013.

STEVENS, G., *Positive Mindset Habits for Teachers,* Red Lotus Books, 2018.

STONER, J. R. y HUGUES D. M., *Los costes sociales de la pornografía,* Rialp, 2014.

SUGAWARA, K., «5 Signs your child has an avoidant attachment style (and how to fix it!)», *Marie France Asia,* 2018, https://www.mariefranceasia.com/parenting/parenting-tips/5-signs-child-avoidant-attachment-style-can-fix-321908.html#item=1 .

SUNDERLAND, M., *La ciencia de ser padres,* Grijalbo, 2006.

TERRASA, E., *Un viaje hacia la propia identidad,* Astrolabio, 2005.

UHLS, Y. T., *et al.,* «Five Days at Outdoor Education Camp without Screens Improves Preteen Skills with Nonverbal Emotion Cues», *Computers in Human Behavior,* 2014, https://www.sciencedirect.com/science/article/pii/S0747563214003227.

WALLIN, D. J., *El apego en psicoterapia,* Desclée De Brouwer, 2012.

WELSS, R., «Los efectos psicológicos del sexo casual», 2020, https://www.psychologytoday.com/es/blog/los-efectos-psicologicos-del-sexo-casual.

ZAK, P. J., *Trust Factor. The Science of Creating High-Performance Companies,* Harper Collins, 2017.

ZSOK, F., HAUCKE, M., *et al.,* «What kind of love is love at first sight? An empirical investigation», *Personal Relationships,* 2017.

Libros recomendados

Alonso Puig, A., *Resetea tu mente. Descubre de lo que eres capaz,* Espasa, 2021.
Rojas, E., *Todo lo que tienes que saber sobre la vida,* Espasa, 2020.
Rojas Estapé, M., *Cómo hacer que te pasen cosas buenas,* Espasa, 2018.

La oxitocina

Zak, P. J., *La molécula de la felicidad,* Indicios, 2012.

El apego

Ceriotti Migliarese, M., *La familia imperfecta. Cómo convertir los problemas en retos,* Rialp, 2019.
Guerrero, R., *Educación emocional y apego,* Timun Mas, 2018.
Meeker, M., *Padres fuertes, hijas felices,* Ciudadela Libros, 2010.
Siegel, D. J., *La mente en desarrollo,* Desclée de Brouwer, 2007.

Placer y amor

Aron, E., *El don de la sensibilidad. Las personas altamente sensibles,* Obelisco, 2006.

BECK, A. T., *Con el amor no basta,* Paidós, 1990.
CHAPMAN, G., *Los cinco lenguajes del amor,* Revell, 2011.
GOTTMAN, J. M., *Siete reglas de oro para vivir en pareja,* Debolsillo, 2020.
HARLEY, W., *Lo que él necesita, lo que ella necesita,* Revell, 2007.
MENÁGUEZ, M., *Solo quiero que me quieran,* Rialp, 2021.
ROJAS, E., *El amor inteligente,* Temas de Hoy, 2012.
—, *El amor: la gran oportunidad,* Temas de Hoy, 2011.

PERSONAS TÓXICAS

ÁLVAREZ ROMERO, M. y GARCÍA-VILLAMISAR D., *El síndrome del perfeccionista,* Books4pocket, 2010.
STAMATEAS, B., *Gente tóxica,* Ediciones B, 2013.

Este libro terminó de escribirse el 13 de junio de 2021,
festividad de San Antonio de Padua.